支付架构实战

苏博亚 | 著

电子工业出版社
Publishing House of Electronics Industry
北京·BEIJING

内 容 简 介

本书首先讲解支付的发展历史；然后介绍支付业务和支付体系架构的演进过程，并简单阐述支付牌照的诞生背景；接着以微服务的思路讲解支付体系是如何划分微服务系统的，以及划分后每个系统的职责与实现，并详细阐述每个系统的技术难点等；最后介绍跨境支付、支付运营平台，以及支付体系的高可用，主要讲解如何抽象出支付业务系统使用的公共能力，以及如何实现多机房互备，如何实现支付链路压测使支付体系更加稳定等内容。

本书以微服务架构为基础搭建了一套支付体系，详细介绍了微服务的拆分过程及支付架构的搭建过程，既讲解了支付业务，又根据每一个业务模块拆分出了微服务系统的实现逻辑。书中提供了大量的微服务拆分思路，以及技术难题的解决方案和源码。希望本书能够帮助读者构建技术架构理论体系，以及利用技术架构解决业务问题的思维模型。

未经许可，不得以任何方式复制或抄袭本书之部分或全部内容。
版权所有，侵权必究。

图书在版编目（CIP）数据

支付架构实战 / 苏博亚著. 一北京：电子工业出版社，2022.4
ISBN 978-7-121-43148-7

Ⅰ．①支⋯ Ⅱ．①苏⋯ Ⅲ．①电子商务－电子支付－程序设计 Ⅳ．①F713.361.3②TP393.092

中国版本图书馆 CIP 数据核字（2022）第 049069 号

责任编辑：陈晓猛
印　　刷：北京七彩京通数码快印有限公司
装　　订：北京七彩京通数码快印有限公司
出版发行：电子工业出版社
　　　　　北京市海淀区万寿路 173 信箱　　　　邮编：100036
开　　本：787×980　1/16　　印张：15.5　　字数：347.2 千字
版　　次：2022 年 4 月第 1 版
印　　次：2024 年 3 月第 4 次印刷
定　　价：108.00 元

凡所购买电子工业出版社图书有缺损问题，请向购买书店调换。若书店售缺，请与本社发行部联系，联系及邮购电话：（010）88254888，88258888。
质量投诉请发邮件至 zlts@phei.com.cn，盗版侵权举报请发邮件至 dbqq@phei.com.cn。
本书咨询联系方式：（010）51260888-819，faq@phei.com.cn。

前言

写作目的

支付是商业贸易中最后也是最关键的一个步骤，随着科技的发展，支付已经步入移动支付时代，移动支付深入人们生活的方方面面，我们到酒店住宿，到超市购物，甚至到异国他乡旅游，只需要带一部手机或一张银行卡，就可以完成所有的支付操作。如此便捷的支付能力的实现是无数支付行业从业者的智慧和辛勤劳动的成果。支付行业的发展也经历了很多波折，笔者从事支付行业的开发和设计工作近10年，见证了支付行业从无序到有序、从乱象到合规的变迁历史，也经历了支付体系从单体架构到集中式架构再到微服务架构的演进过程。笔者参与过老支付机构支付体系的升级与重构，也帮助过新兴支付机构从0到1搭建支付体系。笔者希望通过分享自己在支付行业的经验和思考，抛砖引玉，推动支付行业的研究与发展。同时本书以技术实战为基础，介绍了支付体系在微服务架构下的设计与实现。技术是实现业务的工具，微服务能够受到互联网企业的青睐，有其独特的优势，它究竟有何魅力，读者可以通过本书了解微服务架构在支付体系中的应用。

本书结构

全书分为3部分，采用总—分的结构。读者既可以按章节顺序阅读，也可以根据具体需求阅读某个章节。

第1部分（第1章）：首先讲解支付的发展历史，然后介绍支付业务和支付体系架构的演进过程，并简单阐述支付牌照的诞生背景。另外，这部分还从技术的角度分析如何使用微服务的思路拆分支付体系。

第2部分（第2章~第9章）：以微服务的思路讲解支付体系是如何划分微服务系统的，以及划分后每个系统的职责与实现，并详细阐述每个系统的技术难点等。支付体系主链路上的微服务系统有支付网关系统、支付核心系统、收银台系统、账务系统、清结算系统、计费系统、渠道路由系统、商户中心系统及核对系统等。第 2 部分包含 8 章的内容，每章都介绍了一个微服务系统，详细阐述了每个微服务系统解决的业务问题及技术实现。每个微服务系统都是独立的，读者可以自行选择想要了解的章节进行阅读。

第 3 部分（第 10 章~第 12 章）：介绍跨境支付、支付运营平台，以及支付体系的高可用。第 3 部分以架构师、运维人员等角色的角度讲解如何抽象出支付业务系统使用的公共能力，以及如何实现多机房互备，如何实现支付链路压测使支付体系更加稳定等内容。

配套资源

本书相关配套资源请登录 www.broadview.com.cn/43148 的资源下载处下载。

勘误

若您在阅读本书的过程中有任何问题或者建议，可以通过邮件告知笔者（邮箱：18311069668@163.com）。笔者十分感谢并重视您的反馈，会对您提出的问题、建议进行梳理与回复，并在本书后续版本中及时做出勘误与更新。

苏博亚

目录

第 1 部分 支付概述

第 1 章 支付业务与支付架构简介 2
- 1.1 支付业务简介 3
  - 1.1.1 支付牌照的诞生 3
  - 1.1.2 支付业务架构 4
- 1.2 支付系统架构演进 5
  - 1.2.1 支付系统架构发展历程 5
  - 1.2.2 理想的支付系统架构 7
- 1.3 技术选型 9
  - 1.3.1 Spring Cloud 技术简介 9
  - 1.3.2 支付系统技术架构 14

第 2 部分 模块详解

第 2 章 支付网关 18
- 2.1 网关概要 18
  - 2.1.1 网关的由来 18
  - 2.1.2 网关的基本功能 19
- 2.2 网关的设计 21

2.2.1　网关架构设计 21
　　2.2.2　参数校验 22
　　2.2.3　加签与验签 25
　　2.2.4　加密与解密 29
2.3　网关的高可用 35
　　2.3.1　动态路由 35
　　2.3.2　负载均衡 38
　　2.3.3　依赖隔离 42
　　2.3.4　限流与熔断 45

第3章　支付核心 54

3.1　支付核心架构 54
　　3.1.1　业务简介 54
　　3.1.2　系统架构 55
　　3.1.3　接口 57
3.2　支付核心技术 69
　　3.2.1　生成唯一支付单号 69
　　3.2.2　百亿级数据量处理——分库分表 75

第4章　渠道路由 82

4.1　支付渠道 82
　　4.1.1　中国银联 82
　　4.1.2　中国网联 84
　　4.1.3　微信接入 86
　　4.1.4　支付宝接入 90
4.2　渠道路由设计 91
　　4.2.1　渠道路由架构设计 92
　　4.2.2　入金路由设计 93
　　4.2.3　出金路由设计 94
4.3　渠道护航 97
　　4.3.1　渠道自动切换业务简介 97

4.3.2　渠道护航系统架构设计 98

第 5 章　收银台 102

5.1　收银台架构设计 103
　　　5.1.1　收银台架构 103
　　　5.1.2　收银台流程处理 105

5.2　收银台 SDK 107
　　　5.2.1　收银台接口定义原则 107
　　　5.2.2　收银台接口定义实践 108
　　　5.2.3　收银台 SDK 设计 115

5.3　收银台路由设计 117
　　　5.3.1　收银台业务简介 117
　　　5.3.2　收银台路由架构 119

第 6 章　清结算和计费 123

6.1　清结算 123
　　　6.1.1　清结算业务简介 123
　　　6.1.2　清结算系统设计 124

6.2　计费 128
　　　6.2.1　计费业务简介 128
　　　6.2.2　计费系统设计 131

第 7 章　账务系统 134

7.1　账户体系 134
　　　7.1.1　B 端账户 135
　　　7.1.2　C 端账户 136
　　　7.1.3　会计账户 136
　　　7.1.4　备付金账户 139

7.2　账务系统设计 141
　　　7.2.1　账务架构 141
　　　7.2.2　热点账户处理 142

第 8 章　高效的核对体系 146

8.1　对账简介 146
8.1.1　支付机构的信息流和资金流 146
8.1.2　对账业务简介 149
8.1.3　对账架构设计 151

8.2　对账实现 155
8.2.1　渠道对账 155
8.2.2　银存核对 162
8.2.3　实时核对 165
8.2.4　离线核对 170

8.3　对账闭环功能 173
8.3.1　闭环功能建设 173
8.3.2　差错处理 174

第 9 章　商户中心 177

9.1　业务简介 177
9.1.1　商户入驻 177
9.1.2　业务架构 181

9.2　系统架构设计 183
9.2.1　商户中心系统架构 183
9.2.2　认证系统架构 185

第 3 部分　支付扩展

第 10 章　跨境支付 188

10.1　业务简介 188
10.1.1　什么是跨境支付 188
10.1.2　跨境支付相关的支付机构 191
10.1.3　跨境支付业务的模式 192

10.2 技术实现 193
　　10.2.1 业务流程 193
　　10.2.2 交互设计 195

第 11 章　支付运营平台 197

11.1 业务简介 197
　　11.1.1 支付运营平台发展历程 197
　　11.1.2 支付运营平台业务逻辑 198
11.2 支付运营平台设计 200
　　11.2.1 系统交互设计 200
　　11.2.2 支付运营平台技术架构 201
11.3 权限模型设计 202
　　11.3.1 菜单分类 202
　　11.3.2 角色权限 203
　　11.3.3 权限模型的演进 204
　　11.3.4 用户划分 207
　　11.3.5 理想的 RBAC 模型 210
　　11.3.6 权限系统表设计 210

第 12 章　支付体系高可用设计 213

12.1 抽象公共能力 213
　　12.1.1 加密系统 213
　　12.1.2 链路追踪系统 223
12.2 支付稳定性 227
　　12.2.1 支付链路压测 228
　　12.2.2 多机房互备 230

第 1 部分 支付概述

第 1 章 支付业务与支付架构简介

第 1 章 支付业务与支付架构简介

货币是人类发展史上一个极为重要的角色，它不仅是市场上物品交换的媒介，更是人类文明发展史上里程碑式的代表物。几千年前人类在贸易市场上使用实物交换，可以想象一下我们的祖先进行市场贸易：一个人手上有羊奶，另一个人手上有牛肉，如果两个人都需要对方的物品，那么交换一下就可以了，这是最早的贸易。但是随着人类文明的发展，这种实物交换已经无法满足人类的市场需求，比如拥有牛肉的人不喜欢羊奶，交易就无法进行。这时候智慧的古人学会了使用媒介，大家所熟知的古时候的媒介是金、银、铜等。使用媒介给每种物品定价，所有的物品都可以通过媒介来购买和出售。到了近代，金、银、铜的弊端也逐渐浮现出来，比如携带不便，大量金银放在身上会有安全隐患。在这种情况下，纸币应运而生，纸币的诞生解决了大部分金属货币的弊端，成本也非常低，并且携带方便。随着科技的飞速发展，人类更加依赖电子产品，就出现了电子货币。货币发展经历的四大阶段如图 1-1 所示。

| 实物货币 | 金、银、铜币 | 纸币 | 电子货币 |

图 1-1

每一种货币的发展都经历了漫长的过程，每一种货币能够生存下来都经历了严格的考验。现在电子货币深入我们生活的方方面面，我们去商场购物，去餐厅吃饭，搭乘交通工具等，带一部手机就可以解决所有的支付问题。使用手机支付需要依靠互联网，通过互联网实现支付能力催生出了一大批支付机构。

1.1 支付业务简介

1.1.1 支付牌照的诞生

支付机构诞生之初市场是非常混乱的，没有统一的管理，没有统一的规范，所有的支付机构可以直接对接银行，可以实现资金留存，这样操作存在极大的风险，比如支付机构"跑路"了会造成很多人的资金损失。所有行业的发展都要经历从混乱到有序的过程，2005 年 6 月中国人民银行（简称央行）出台《支付清算组织管理办法（征求意见稿）》，在一定程度上规范了支付行业。2010 年 6 月《非金融机构支付服务管理办法》的出台使整个支付行业终于有据可依，行业发展得以规范化。2011 年 5 月央行开始发行支付牌照，从事支付行业的人士都非常了解支付牌照（也称支付业务许可证）的重要性，有支付牌照的机构做三方支付业务才是合规的，不然就是所谓的无证机构，是央行严厉打击的对象。目前全国有支付牌照的企业只有 200 多家，这 200 多家在央行是有备付金账户的，即客户资金是安全有保障的，且支付机构可以在此基础上为客户提供资金清算和管理的服务。是不是只有有支付牌照的企业才能做支付业务？答案是否定的，没有牌照的也可以，但是没有央行的备付金账户，所以不能进行资金的清算和管理，只能做支付信息服务，我们称之为聚合支付。这样做的目的是保护消费者的财产安全，使市场更加合规稳定。有支付牌照的支付机构的业务流程如图 1-2 所示。

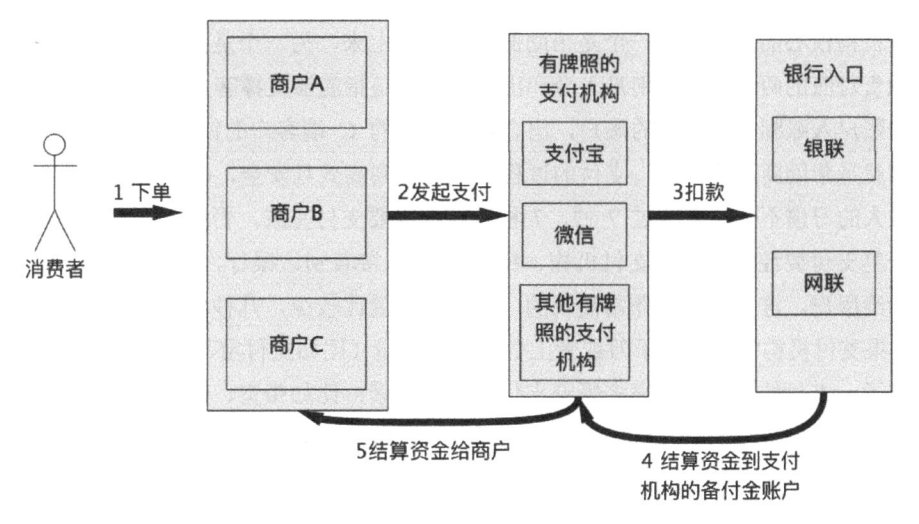

图 1-2

没有支付牌照的支付机构的业务流程如图 1-3 所示。

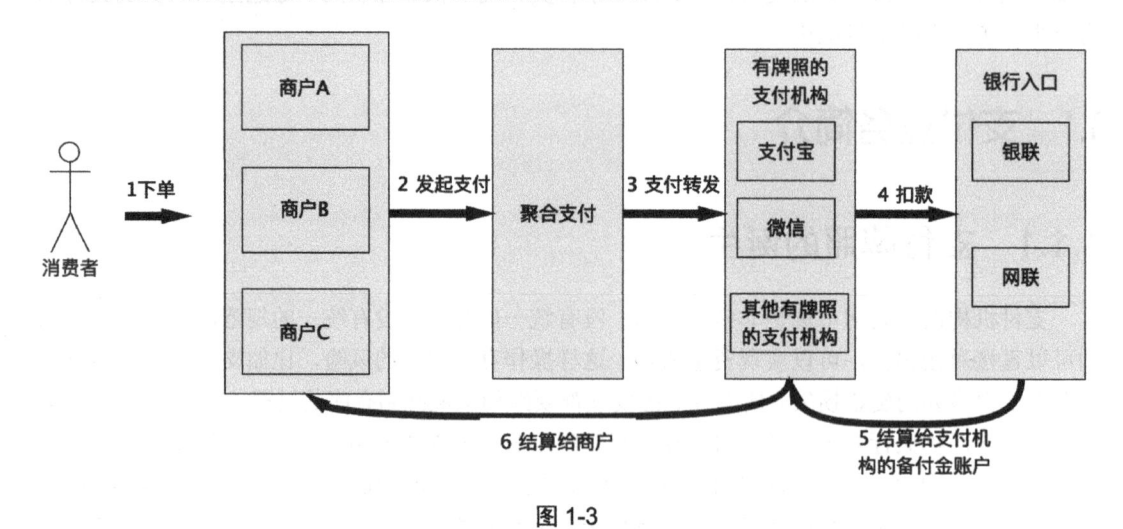

图 1-3

可以看出，有牌照和没有牌照的业务处理流程是不一样的，没有牌照的支付机构需要通过有牌照的支付机构实现资金的流转，并且有牌照的支付机构直接把钱结算给商户，资金不经过聚合支付机构。本书接下来的章节中出现的"支付机构"指的都是有支付牌照的三方支付机构。

1.1.2 支付业务架构

支付机构核心的两个职责一个是帮助商户把钱收上来，另一个是把收到的钱结算给商户。这两个职责对应的两个过程分别是入金和出金，入金是指能够支撑客户的支付能力，把钱从 C 端客户的账户入账到支付机构的账户，出金是把收到的 C 端客户的钱结算给商户。通俗地讲，支付机构就是帮助商户管好钱。支付的过程一定要做到高效且安全，C 端客户在支付的过程中按照一般人的习惯不会等待超过 7 秒，7 秒之内一定要支付完成，否则会给客户造成很不好的体验。一笔支付要经过商户、支付机构、银联/网联，接着到达银行，然后银行再把结果返回，最终展示给用户，这个过程是非常漫长的。如果订单量比较少，几秒内完成这些工作完全没有问题，如果支付机构每天有上千万或者上亿的支付单量（比如支付宝、微信），保证支付的高效就非常难了。支付的过程中有很多影响支付速度的因素，比如带宽、硬件设备等，这些因素对于开发人员来说应该考虑，但是并不能起到决定性的作用，开发人员能做的是使用最少的资源，实现最高的效率。如何设计一套高效且安全的支付体系呢？首先业务架构要清晰，支付体系的业务架构如图 1-4 所示。

图 1-4

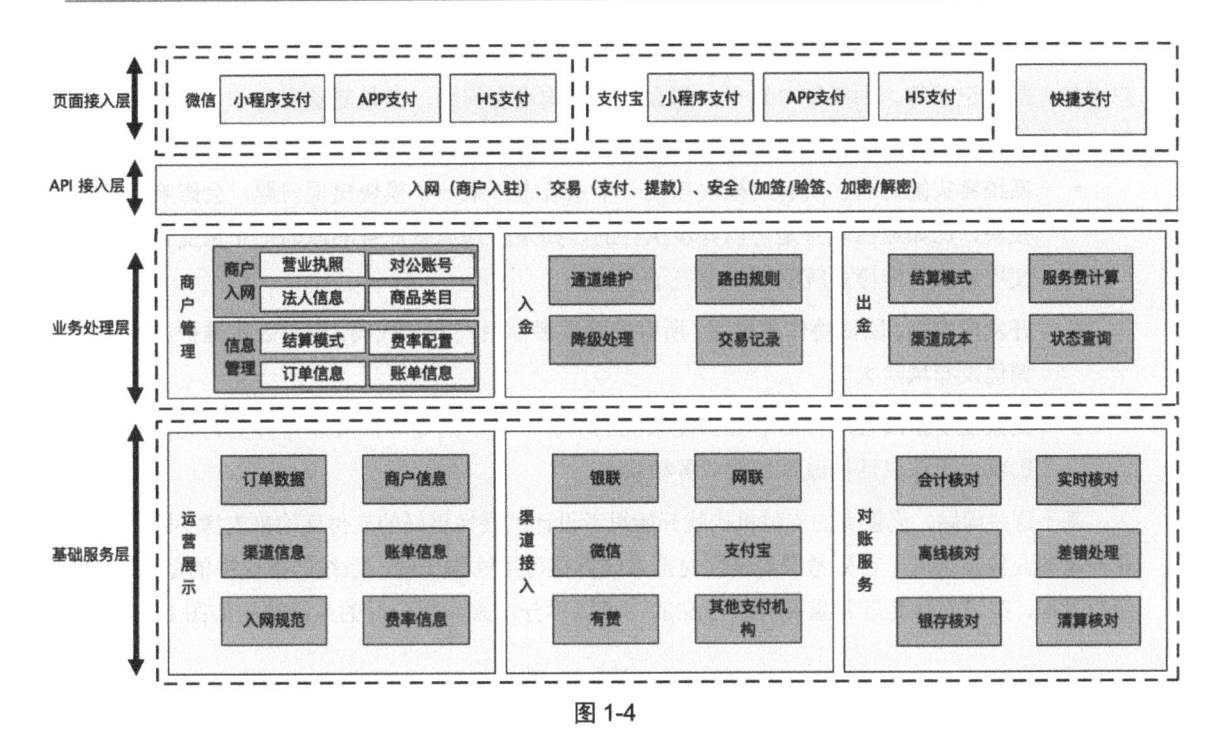

我们常使用的支付方式除了微信、支付宝，还有快捷支付（即绑定银行卡支付）。微信支付包含扫码支付、JSAPI 支付、Native 支付、APP 支付、H5 支付、小程序支付等。支付宝支付包含手机网站支付、APP 支付、电脑网站支付等。聚合支付机构要具备这些支付能力就需要对接对应的接口。合规的支付机构之间不能相互对接，只能和银联/网联对接。如果要具有微信、支付宝支付能力，则需要通过银联/网联来对接微信和支付宝。

1.2 支付系统架构演进

1.2.1 支付系统架构发展历程

随着支付业务的发展，线上支付单量的增加，支付系统架构也经历了几次演进。早先使用线上支付的人非常少，一个支付机构的日单量可能只有十几万甚至几万笔。这时候不需要太多的系统资源，也不需要太复杂的架构设计，一个系统基本"搞定"所有的事情，如图 1-5 所示。

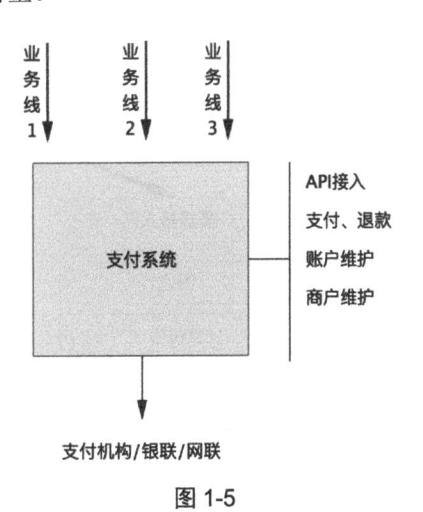

图 1-5

同一个系统里的业务分不同的模块来处理，支付系统不外乎 API 接入、交易逻辑处理、商户维护、账务记录等。如果订单量小，那么这个架构没有问题，但是随着支付业务复杂性的增加，订单笔数的增多，系统的弊端就逐渐暴露出来了。

- **系统容灾能力弱**：所有的模块都在一个系统中，某一个模块出现问题，会影响其他的模块，比如退款本身是可以异步执行的，如果因为退款业务的原因把正常支付的资源使用完或者拖垮系统就得不偿失了。
- **开发成本高，团队协作不灵活**：所有的开发者都用同一套代码，编码版本维护成本高，调优发布风险大。
- **复杂业务扩展性差**：随着业务复杂性的增加，系统的业务扩展能力会受到架构的严重影响，无法灵活修改系统的业务模块。

基于这些问题，流量大的支付机构就开始思考设计扩展性更好的支付架构来支撑不断增长的业务量和业务复杂度，首先考虑的是如何把系统拆得可用性强一些，系统的模块中的账务管理、商户管理、渠道对接是非常重要并且独立的，可以拆分出来，拆分后的系统结构如图 1-6 所示。

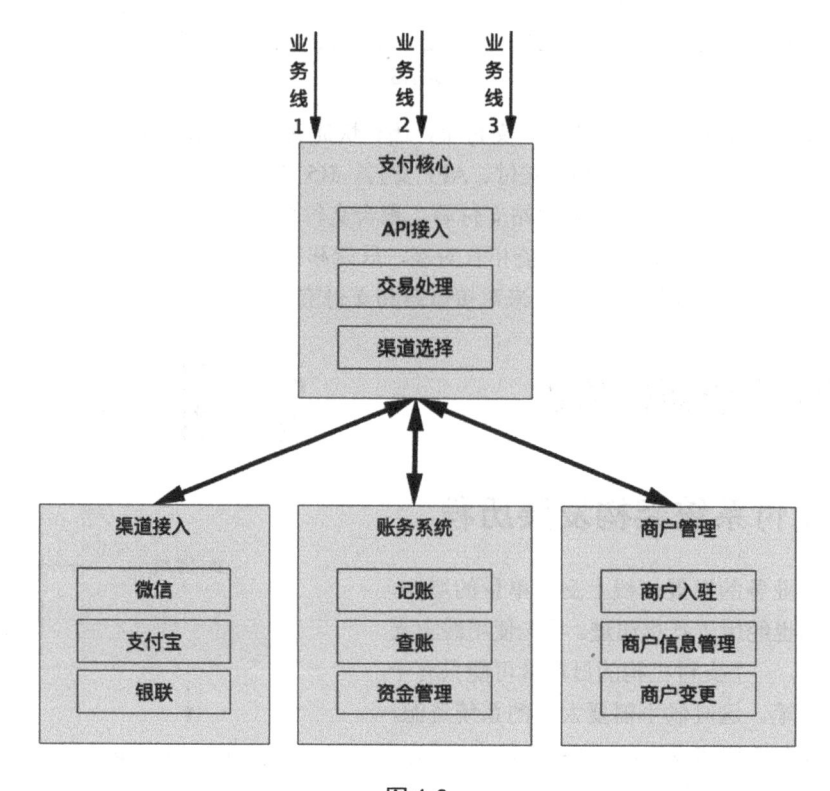

图 1-6

这样拆分后系统扩展性相对来说就比较高了，但技术永远都是向前发展的，微服务思想大大提升了系统的可扩展性，接下来分析使用微服务设计支付系统架构的思路。

1.2.2 理想的支付系统架构

微服务的核心思想是把复杂的系统拆分为多个简单的子系统。明确了支付业务模型之后，需要把确定的支付产品转化为系统，以支撑我们的业务需求。支付体系架构经过多次演进，根据业务架构我们需要把系统拆解一下，每个小系统只负责一个业务模块。按照微服务的思想把支付系统拆分为多个小模块，如图1-7所示。

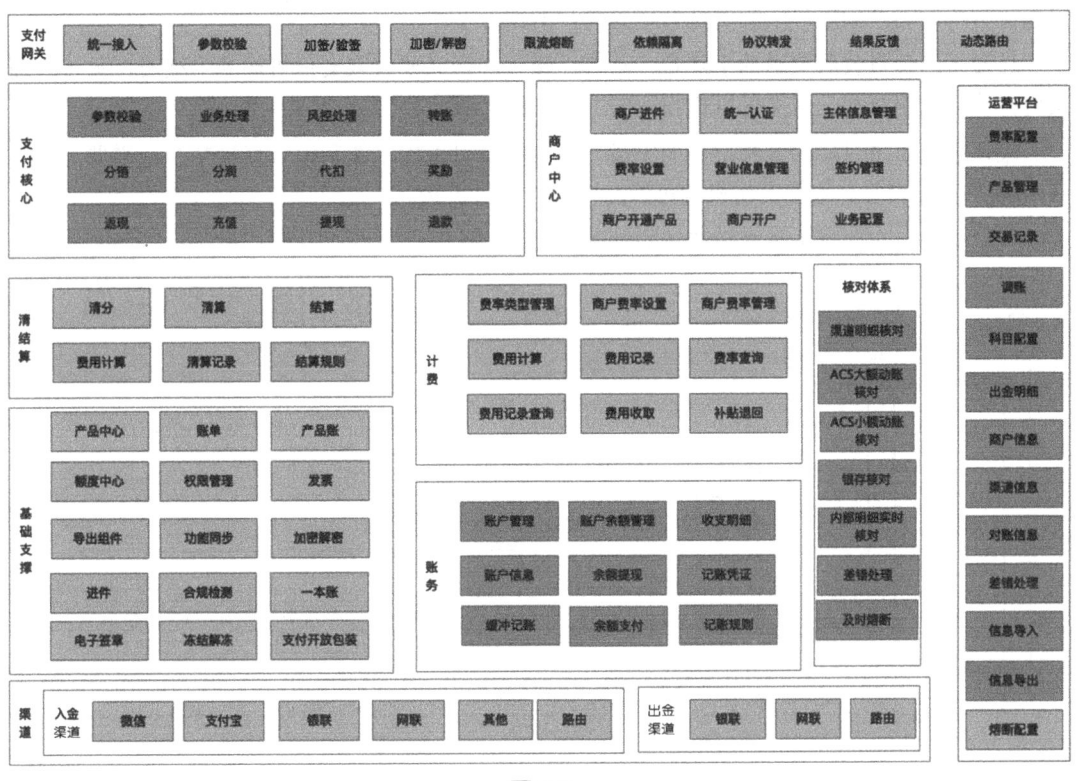

图 1-7

每个模块都可以单独作为一个微服务的小系统，每个小系统负责不同的业务，某一个模块出现问题不会影响其他的业务模块。

支付网关是支付的入口，所有的交易都要经过支付网关再分发给各个系统，对支付机构起到门户的作用，给接入的商户提供统一的入口，方便商户的接入。

商户中心负责管理商户信息，商户想要使用支付平台，就要先提交入驻申请，把营业执照、法人信息、收款账户等上传到支付机构，支付机构存储并管理这些信息，在支付、结算的时候都需要用到这些信息。

支付核心系统（简称支付核心）负责处理业务逻辑，相当于一个系统的Service层，交易经过支付网关之后首先到达支付核心，支付核心根据交易报文的内容去"商户中心"收集信息，去请求"渠道"完成支付或者退款，去调用"账务"完成记账等。

账务系统负责管理商户的资金，商户入驻支付机构的时候，需要开通一个或多个管理资金的账户，商户使用支付渠道支付的每一笔资金都会在账户中体现，最终结算的时候也从账户中把资金结算给商户。

清结算系统负责把收到的资金结算给商户，结算的时候以支付、退款的明细为依据，把商户在支付机构的余额账户中的资金划转到商户的银行卡中。

计费系统负责收取渠道的手续费，一方面银联和网联要收取支付机构的手续费，另一方面支付机构会从中获利，是支付机构收入的主要来源。

渠道系统负责对接入金和出金的渠道，所有的支付机构不能和银行直接交互，需要通过银联/网联与银行交互。聚合支付机构可以对接三方支付机构。

一笔支付单在支付系统之间流转的过程如图1-8所示。

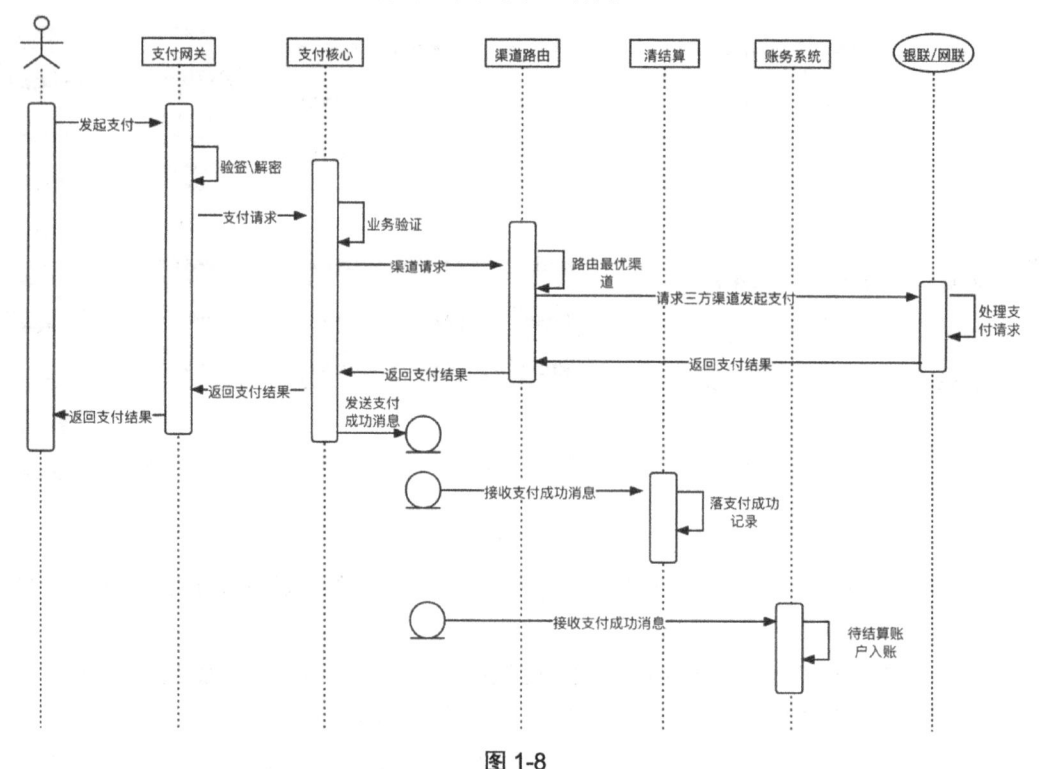

图1-8

所有的交易都要先经过支付网关，支付网关收到交易报文之后会进行验签、解密等相关的操作，校验完成之后转发报文到支付核心，支付核心会对业务字段进行验证、数据落库，然后请求渠道系统进行路由筛选，筛选出外部的交易渠道（使用银联还是网联），选定之后转发报文到银联或者网联，然后把支付结果返回到支付核心，支付核心把支付结果通过支付网关返回给商户。支付核心发送支付成功消息，清结算系统监听支付成功消息并把支付成功的记录落入数据库，等待发起结算。账务系统接收支付成功消息进行记账。支付的各个系统拆分之后，每个系统负责不同的职责，系统划分之后，就可以进行技术选型了。

1.3 技术选型

一线的互联网公司都有自己的一套实现微服务的架构，比如阿里的 Dubbo/HSF、京东的 JSF、新浪微博的 Motan、当当网的 DubboX 等，每种架构都有自己的优缺点、都经历了严格的考验。当我们提到微服务时首先想到的是 Spring Cloud，那么 Spring Cloud 到底有哪些优势能够在众多微服务架构中脱颖而出成为佼佼者呢？

1.3.1 Spring Cloud 技术简介

Spring Cloud 的组成如图 1-9 所示。

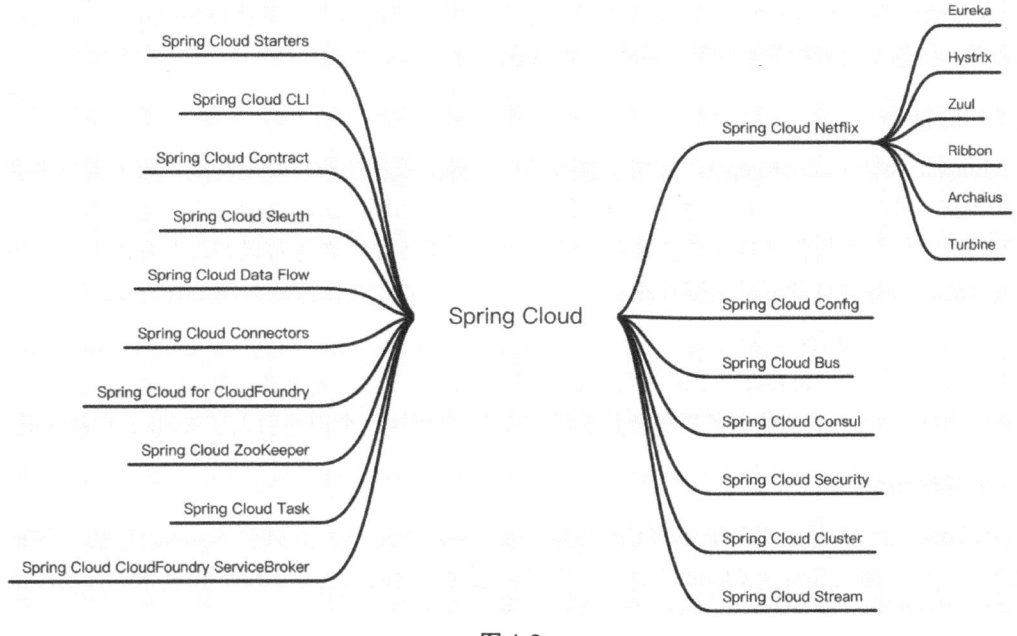

图 1-9

可以看到 Spring Cloud 是由多个独立的子项目集合而成的，每个子项目都实现了不同的功能，解决了不同的问题。当使用 Spring Cloud 实现微服务架构时，需要哪个组件直接引用即可，而 Dubbo 需要多个中间件组合起来才能实现微服务架构。以 Dubbo 为例和 Spring Cloud 进行对比，如表 1-1 所示。

表 1-1

	Spring Cloud	Dubbo
注册中心	Spring Cloud Eureka	借助 ZooKeeper
调用方式	REST API	RPC
降级/熔断	Spring Cloud Hystrix	不完善
负载均衡	Spring Cloud Ribbon	借助 Nginx
分布式配置	Spring Cloud Config	无
批量任务	Spring Cloud Bus	无
消息总线	Spring Cloud Bus	无
网关	Spring Cloud Zuul	无
数据流	Spring Cloud Stream	无

使用 Spring Cloud 搭建微服务时，不需要纠结注册中心使用哪个中间件、网关怎么设计、熔断使用哪种技术，Spring Cloud 已经提供了现成的组件，我们只需要使用即可。所以说 Spring Cloud 是微服务架构的集大成者。搭建支付体系的微服务架构技术选型使用 Spring Cloud 也是上上之选，搭建支付架构需要用到 Eureka、Ribbon、Hystrix、Zuul、Config 等核心组件。

1. Eureka

Eureka 类似于 ZooKeeper，实现了服务治理，提供服务注册与发现功能。服务提供者会注册服务到服务注册中心，并且每过一段时间服务提供者都要发送心跳向服务注册中心续约，服务下线的时候服务提供者也需要告知服务注册中心，服务提供者还可以获取服务注册中心中的服务列表。服务消费者可以从服务注册中心拉取服务列表。具体流程如图 1-10 所示。

由图 1-10 可以看出，服务消费者可以从服务注册中心拉取服务列表，然后就可以请求服务列表中的服务提供者，如果有很多服务消费者都请求到同一个服务提供者，就造成被访问的服务提供者压力特别大，而其他的服务提供者几乎没有流量。为解决这个问题引入了 Ribbon 负载均衡器。

2. Ribbon

Ribbon 是一个基于 HTTP 和 TCP 的客户端负载均衡工具，类似于 Nginx。它基于 Netflix Ribbon 实现，通过 Spring Cloud 的封装，可以轻松地将面向服务的 REST 模板请求自动转换成客户端负载均衡的服务调用。Ribbon 的功能如图 1-11 所示。

图 1-10

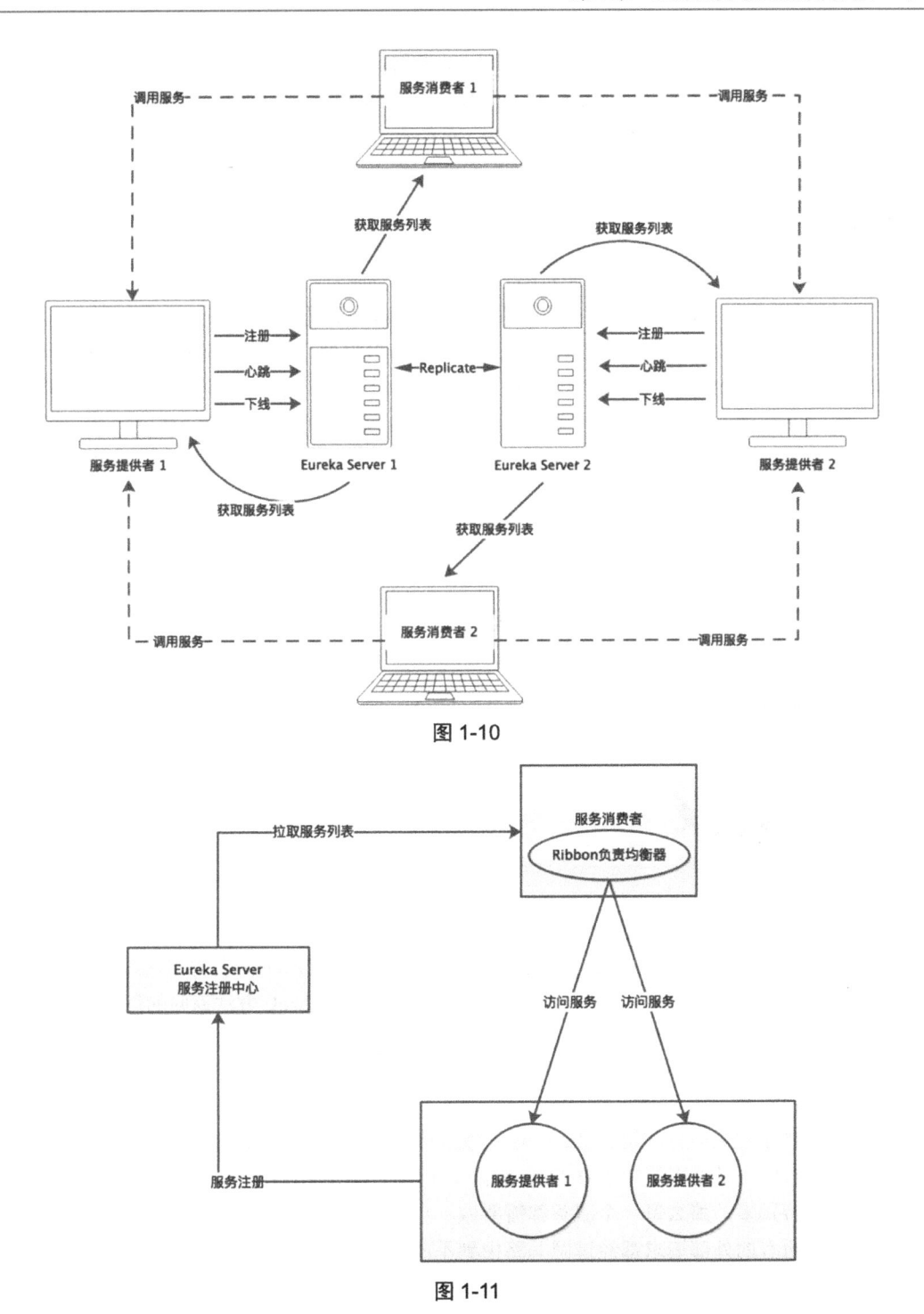

图 1-11

服务消费者拉取服务列表之后，交给 Ribbon 来确定访问哪一个服务，Ribbon 起到负载均衡的作用，保证所有的服务提供者根据配置分配不同的流量。如果流量特别大，超过了服务提供者整体的处理能力，那么 Ribbon 也无能为力，或者某一个服务提供者出现故障无法处理访问，Ribbon 也无法感知，这些情况可以使用 Hystrix 来处理。

3. Hystrix

Hystrix 提供了请求熔断与服务降级等能力。

- **请求熔断**：Hystrix 维护了一个断路器，默认断路器是闭路状态（CLOSED），当请求后端服务失败数量超过一定比例（这个比例可以设置，比如 50%）时，断路器切换到开路状态（OPEN），将后续所有请求直接置为失败而不会发送到后端服务。断路器保持在开路状态一段时间后（默认是 5s），断路器进入半开路状态（HALF-OPEN），这时会判断下一次请求的返回情况，如果请求成功，断路器切回闭路状态，否则重新切换到开路状态，如图 1-12 所示。

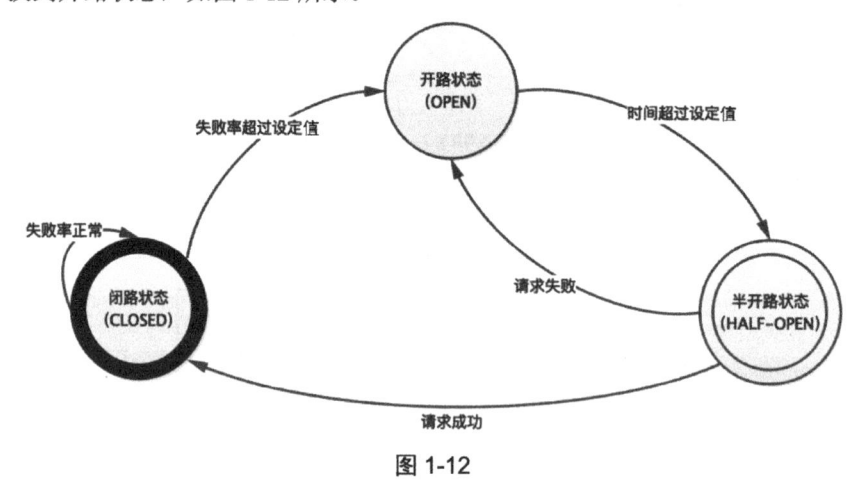

图 1-12

- **服务降级**：Spring Cloud 提供的 Fallback 接口可以起到降级的作用。可以实现一个 Fallback 方法，当请求后端服务出现异常的时候，可以使用 Fallback 方法返回的值。Fallback 方法的返回值一般是设置的默认值或者来自缓存，告知后面的请求服务不可用。

4. Zuul

Netflix 提供了网关服务的组件 Zuul。对于微服务架构，网关是非常重要的，如果没有网关，那么客户端请求服务时就需要知道 IP 地址和端口，把 IP 地址和端口暴露出去是非常不安全的，并且如果服务特别多，那么每一个服务都需要做一个鉴权，这样做非常麻烦。引入网关就解决了这些问题，所有的外部请求都经过网关路由到不同的服务，把不同服务的公共模块（比如加签/验签）都收拢在网关中来处理，如图 1-13 所示。

图 1-13

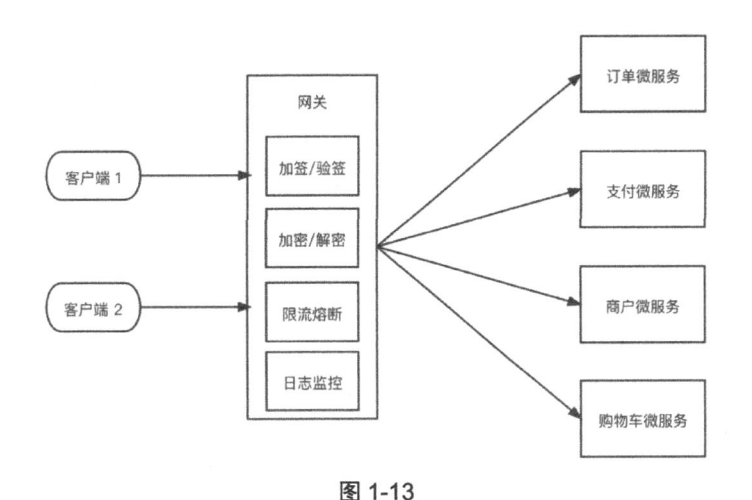

简单来说，网关是请求服务的入口，就像海关一样，Zuul 是专门提供网关服务的组件。

5. Config

Config 为每个微服务提供了配置中心，分为服务端（Config Server）和客户端（Config Client）两部分。简单来说，服务端负责管理配置，客户端负责加载配置。

我们在使用 Config 的时候，服务端提供配置文件存储的能力，默认使用 Git 进行存储，因此它轻松支持标签版本的配置环境。服务端以接口的形式提供配置文件的内容，客户端通过接口获取数据，并依据此数据初始化自己的应用，如图 1-14 所示。

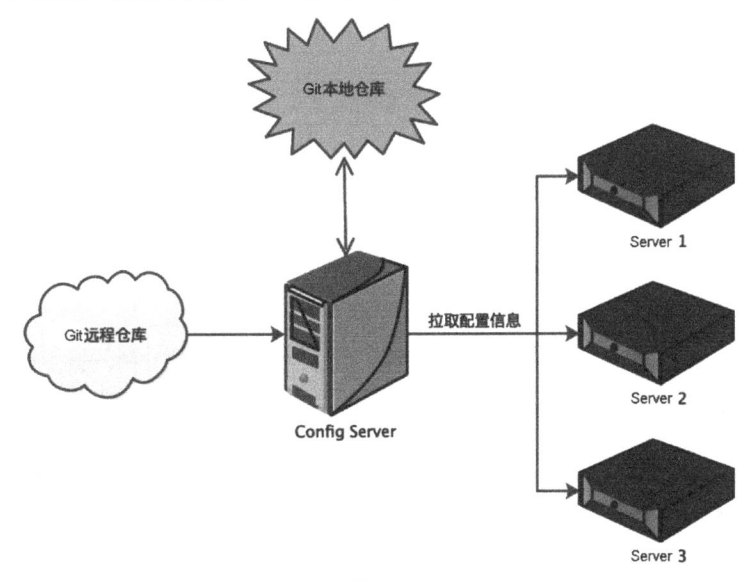

图 1-14

Spring Cloud 将一系列优秀的组件进行了整合,我们在搭建微服务技术架构的时候,需要什么样的能力,使用对应的组件即可,省去了中间件技术选型的麻烦。对于负载均衡、路由、熔断这些非常棘手的问题,Spring Cloud 都提供了很成熟的组件,使用起来非常方便。微服务解决了去中心化的问题,在业务架构非常清晰的情况下,将系统拆分成多个子系统来实现业务,开发人员按照业务模块可以拆分成多个小组,每个小组负责自己模块的开发、运维,大大提升了资源的利用率,Spring Cloud 完全符合这些特性,开发、发布、运维可以实现完全独立。

综上所述,支付机构要实现微服务架构,首先考虑选用 Spring Cloud。接下来的章节,技术架构都是以 Spring Cloud 为基础来搭建的。

1.3.2 支付系统技术架构

能够支撑支付业务的技术架构非常多,但是当数据量特别大的时候,技术选型就比较困难了。支付业务是非常复杂的,把复杂的事务简单化是技术人员的一个重要能力,业务越复杂,技术越要精细。针对支付业务烦琐的模块,我们使用微服务是最佳之选,基于 Spring Cloud 实现支付的技术架构如图 1-15 所示。

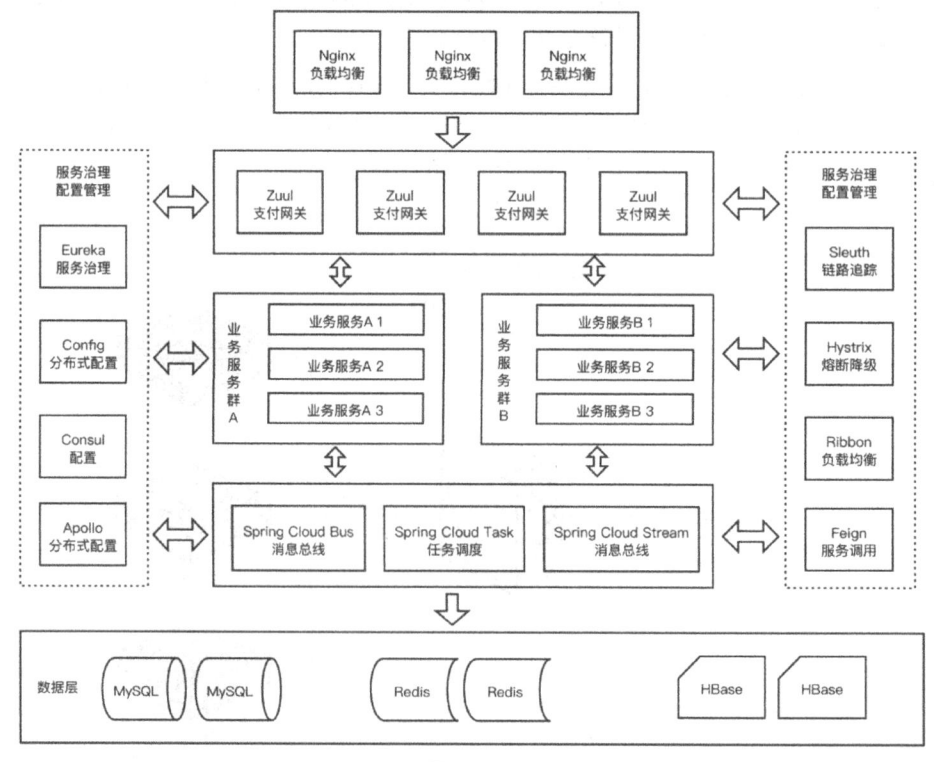

图 1-15

支付机构需要统一的入口，Zuul 为我们提供了网关的实现，交易进入网关之前需要均匀分发，我们使用 Nginx 实现负载均衡。

业务处理模块会拆分成不同的子系统，每个子系统负责不同的职能，支付订单经过 Zuul 网关之后动态路由到各个子系统，子系统之间通过 Feign 实现声明式服务调用，使用 Ribbon 实现客户端负载均衡，同时使用 Eureka 注册和管理业务子系统来实现服务治理。因为是微服务，所以会涉及服务之间的调用，使用统一配置中心 Config 配置相关的调用信息来实现服务调用。排查问题时需要把各个系统的数据串联起来，这个功能我们使用 Sleuth 来实现。数据存储使用 MySQL，缓存使用 Redis。

本章介绍了支付的发展史，支付系统架构的演进史，最后分析了适合大数据量的支付架构模型。技术选型使用支持微服务的 Spring Cloud，按照微服务的思想把支付系统拆分成多个微服务系统，每个微服务系统负责自己的业务。接下来的章节详细分析各个微服务系统的实现。

第 2 部分 模块详解

第 2 章　支付网关

第 3 章　支付核心

第 4 章　渠道路由

第 5 章　收银台

第 6 章　清结算和计费

第 7 章　账务系统

第 8 章　高效的核对体系

第 9 章　商户中心

第 2 章 支付网关

2.1 网关概要

2.1.1 网关的由来

随着互联网支付的崛起，人们越来越追求更便捷的支付方式，很多商户直接对接银行，实现了客户使用银行卡的快捷支付。但这种方式的弊端很快就暴露出来了，如果商户要支持多种银行卡的支付，就得对接多个银行，消费者也不满足于到一个地方只能用特定的几种银行卡支付。这时支付机构就顺势而起，对接了大部分的银行支付接口，包装统一的接入方式并提供给商户使用，这样就可以支持市场上大部分银行的支付，这是支付机构最核心的功能。之后支付行业合规化，所有的三方支付机构对接银联和网联，银联和网联再去统一对接所有的银行，这样支付机构支持的银行卡就更多了。

我们从一个国家到另一个国家需要经过海关，海关的作用是检查所有通过海关的人和物是否合法，合法的就通过，不合法的就挡在国门之外。网关是从一个网络到另一个网络的"关口"，最主要的作用是接收协议，并检查收到的协议是否符合规定，符合的就通过，不符合的就挡住。

同样，支付网关是支付机构的"关口"，所有的支付交易都需要经过支付网关的过滤再分发给各个支付系统，并经由支付渠道转发给银联或者网联。为什么需要这个关口呢？作为一家现代的支付机构，需要支持微信支付、支付宝支付、协议支付等各式各样的支付方式，每种支付方式的后端接入接口都是不一样的。如果不同的支付方式都要不同的接口接入，则是非常耗费资源的，支付网关就是支付机构为商户提供的统一接入方式，更是支付机构的"关口"。支付网关的作用如图 2-1 所示。

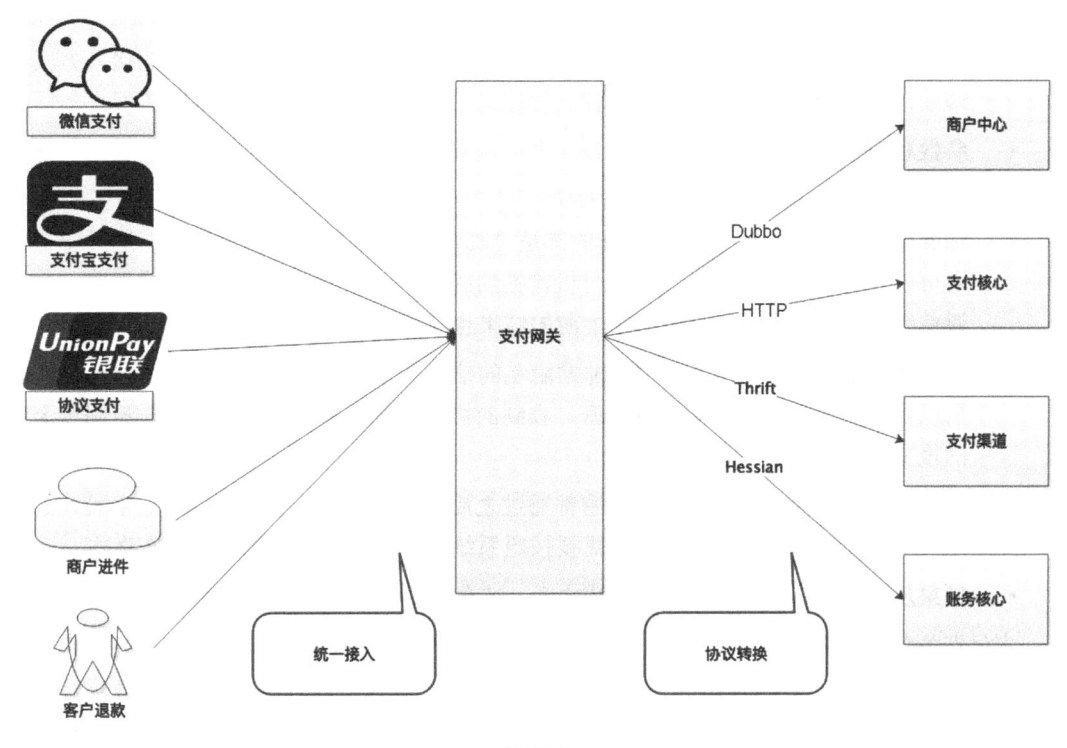

图 2-1

可以看出，支付网关是支付机构的门户，它实现了统一接入和协议转换的重要作用，但支付网关只做到这两点是远远不够的，那么支付网关还可实现哪些功能呢？

2.1.2 网关的基本功能

支付网关作为支付交易的入口，可以把公共处理的模块收拢在支付网关这一层来处理，这样设计的优点如下：

- **减轻下游系统的压力**：像参数校验这类功能可以拆分出公共模块，在网关层对基础参数做校验，校验通过后再转发给下游系统进行处理，大大降低了下游系统的压力。
- **系统更加安全**：将不符合标准的请求都挡在网关层外，对恶意刷单、恶意攻击的行为有一定的防控作用。只把网关这一层暴露给外部服务，避免支付核心系统的 IP 地址等信息的泄露。

- **容错能力强**：当下游某一个系统有性能问题时，网关层能够直接感知，后续的交易直接被挡在网关层外，防止交易堆积把其他的系统也"拖死"。

那么作为支付网关都需要具备哪些业务能力，才能有效地体现上面的优点呢？

- **统一接入**：作为支付机构最核心的功能，支付网关需要为上游提供统一的接入方式，即接口要统一，不管客户使用哪种支付方式，上游只需要对接一个接口即可。
- **参数校验**：支付网关收到上游的报文之后需要校验参数的合法性，如果参数不合法，则要及时丢弃，避免给下游造成压力。
- **加签/验签**：作为支付机构，操作的都是"真金白银"，所以要慎之又慎，通过验证签名可以验证服务的上游是不是支付机构签约的客户，一来为资金安全提供保障，二来避免受到不良攻击，另外返回给上游的结果也需要加签。
- **加密/解密**：互联网支付涉及很多非常隐私的信息，比如银行卡号、密码、身份证号等，所以协议传输的过程中更需要加密，收到的协议也需要解密后才能处理，返回给上游的报文也需要加密后才能返回。
- **协议转换**：参数校验、验签、解密都通过之后，支付网关需要根据特定的字段判断将报文转发给哪个系统，转发之前需要按照系统的标准转化为可识别的报文格式。
- **结果反馈**：等待支付系统处理完成之后，支付网关需要接收处理结果并返回给上游。

支付网关各个功能的部分处理流程如图 2-2 所示。

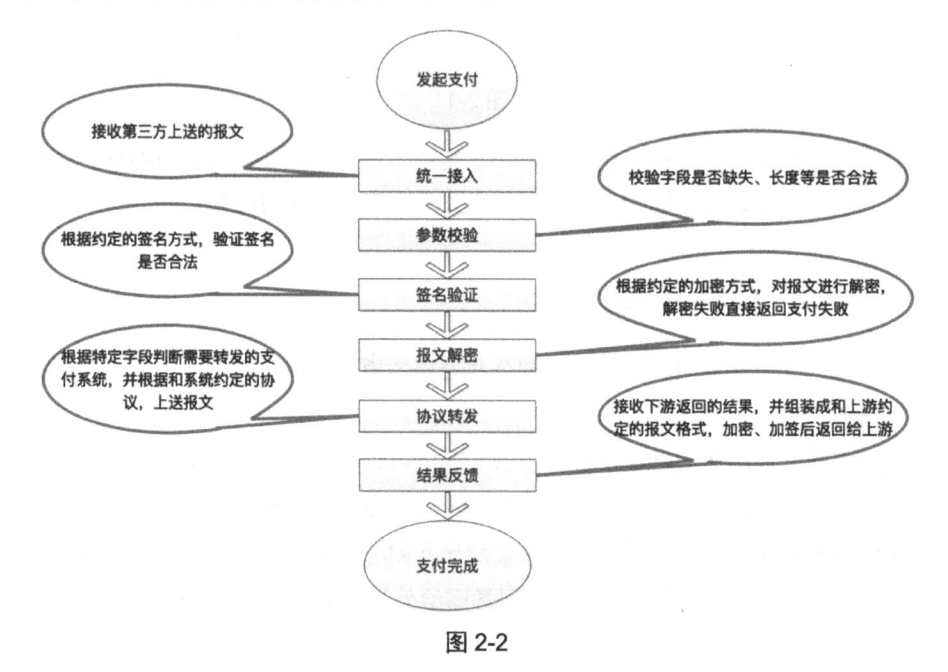

图 2-2

每个网关都有自己的业务特点，支付网关对加密/解密、加签/验签的要求比较高。作为支付网关，具备上面的业务能力是必需的，但却是远远不够的。网关的特点是流量非常大，所以对性能的要求是非常苛刻的。网关要具备高负载的能力，同时网关肩负保护下游的职责。在流量暴增的情况下，为了防止把下游系统"拖死"，网关要具有容错限流的能力。

2.2 网关的设计

业务能力梳理清楚之后我们需要选用技术架构来实现这些能力，实现网关的开源框架非常多，常见的有 Spring Cloud Zuul、Open Resty、Kong。本书选用的技术架构是 Spring Cloud，所以使用 Spring Cloud Zuul 来演示相关的示例。

2.2.1 网关架构设计

在支付体系中，对外提供的接口都是由支付网关统一收拢、管理的，所有通过三方支付机构的资金操作都需要经过支付网关分发到对应的支付业务系统模块上。网关一旦定型，后续就很少也很难调整，所以支付网关的实现是重中之重。支付网关在支付业务系统中的作用类似设计模式中的 Wrapper，封装了各个支付业务系统的差异，对网关呈现统一的接口。而网关的功能是为业务提供通用接口，一些和支付业务系统交互的公共操作也会放到支付网关中处理。

支付系统提供的支付服务主要有签约、支付、退款、充值、转账、解约等。有时还会额外提供签约并支付的接口，用于支持在支付过程中绑卡。每个服务实现的流程基本类似，包括下单、取消订单、退单、查单等操作。每个操作的实现都包括参数校验、支付路由、生成订单、风险评估、更新订单这几步。支付网关起到的作用是保证交易的安全并转发相应的报文。支付网关的业务处理架构如图 2-3 所示。

支付网关分为交互层、业务处理层、协议转发层三层。交互层对外提供 API 接口，主要有支付接口、退款接口、结果查询接口等。业务处理层收到报文之后会对数据进行验签、解密、参数校验，如果都通过，则会组装成内部系统需要的报文格式，通过协议转发层转发给支付业务内部系统。协议转发层封装相应的交互协议，通常采用 Dubbo 和 HTTP。支付内部系统处理完成之后，通过相反的路径将结果通过支付网关反馈给商户或 C 端消费者。

图 2-3

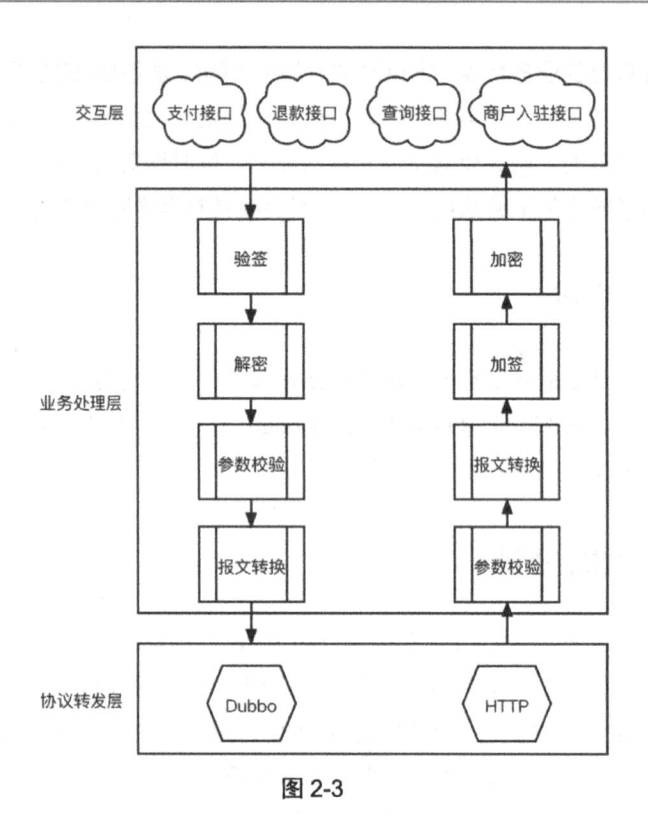

2.2.2 参数校验

支付网关是支付业务的门户，所有的交易都需要经过支付网关，所以在这一层对基础参数做校验是最合适不过的。基础参数校验包括对必填字段的校验、字段长度的校验、字段类型的校验等。在网关层做基础参数校验能够减轻业务系统的压力，业务系统只需要对业务参数进行校验即可。举个例子：支付的时候有付款金额，基础校验会对金额字段做必填校验和类型校验，而业务校验是对字段业务的含义进行校验，即金额是否合理、支付金额是否和预下单金额一致等。

字段基础校验的方式有很多种，常用的有注解校验、正则表达式校验、代码校验等。在支付网关的设计中，这三种校验方式可以同时使用，用得最多的是注解校验。以注解校验为例：

```
public class PayRequest {
    /**
     * 支付场景 WX_APPLET...
     */
```

```java
@Length(max = 48, message = "支付场景长度非法")
@InEnum(clazz = PaySceneEnums.class, message = "支付场景不支持")
private String payScene;
/**
 * 交易金额.单位：分
 */
@NotNull(message = "交易金额不能为空")
@Min(value = 1, message = "支付金额最少为 1 分钱")
private Long tradeAmount;
/**
 * C 端用户 IP 地址
 */
// todo
@NotBlank(message = "C 端用户 IP 地址不能为空")
@Length(max = 32, message = "用户 IP 地址长度非法")
private String clientIP;
/**
 * 币种，目前只有 CNY
 */
@Length(max = 8, message = "币种长度非法")
private String currency = "CNY";
/**
 * 通知地址，可为空（不是给微信的，内部回调三方使用）
 */
@Pattern(regexp = "(^((Https)://))(.+)", message = "地址格式不正确")
@Length(max = 1024, message = "通知地址长度非法")
private String notifyUrl;
/**
 * 商品描述
 */
@NotBlank(message = "商品描述不能为空")
@Length(max = 128, message = "商品描述长度非法")
private String goodsDesc;
/**
 * 交易描述
 */
@NotBlank(message = "交易描述不能为空")
```

```java
    @Length(max = 128, message = "交易描述长度非法")
    private String tradeDesc;
    /**
     * 交易起始时间 yyyy-mm-dd hh:mm:ss
     */
    private String startTime;
    /**
     * 交易失效时间，东八区，yyyy-mm-dd hh:mm:ss
     */
    @NotBlank(message = "交易失效时间不能为空")
    @Length(max = 32, message = "交易失效时间长度非法")
    private String expireTime;
    /**
     * 扩展信息JSON串
     */
    @Length(max = 1024, message = "扩展信息长度非法")
    private String ext;
}
```

支付基础实体类中使用了 5 种注解来校验参数的合法性，使用注解的好处有很多，比较突出的是业务代码量少，代码显得整洁，容易理解。

- @Length(max = 48, message = "支付场景长度非法")：表示字段的长度，max 表示最大长度，max=48 表示最大长度不能超过 48，如果超过则会校验错误，并返回 message 定义的内容"支付场景长度非法"。

- @InEnum(clazz = PaySceneEnums.class, message = "支付场景不支持")：表示字段的值要从枚举类 PaySceneEnums.class 中获取，如果枚举类中没有匹配到上送的值，则会校验失败，返回 message 定义的错误信息"支付场景不支持"，枚举类这里不再展示。

- @NotNull 和@NotBlank：都表示该字段不能为空，不同点在于@NotBlank 只用于 String，不能为 null 且执行 trim()之后 size>0，@NotNull 不能为 null，但可以为 empty，没有 Size 的约束。

- @Pattern(regexp = "(^((Https)://))(.+)", message = "地址格式不正确")：表示该字段必须是 Https 开头的 URL，使用正则表达式作为注解的验证条件来验证字段的合法性。

上面的示例演示了使用注解校验字段的方法。校验字段的方式不止一种，根据个人爱好来确定使用哪一种方式即可。

2.2.3 加签与验签

商务合同、契约关系等都需要合作双方签名之后才能生效,签名能够证明是本人授权的合作协议,如果被伪造了合作关系,则可以根据签名的笔迹判断出来。同样这个思路可以引入支付行业,支付机构收到支付报文之后能否判断出是合法机构上送的信息非常关键,如果被不法分子恶意上送支付或者转账信息到支付机构,则可能直接把消费者银行卡的资金扣除,这是非常严重的安全漏洞。签名是防止这种情况发生的最有效的办法之一。支付机构会根据签名来判断是不是合作的商户上送的信息。另外支付数据在网络上传输,很容易被黑客拦截并篡改,把篡改之后的支付信息上送给支付机构,同样会给消费者造成很严重的资金损失。黑客拦截并篡改信息之后给消费者和商户造成的损失如图 2-4 所示。

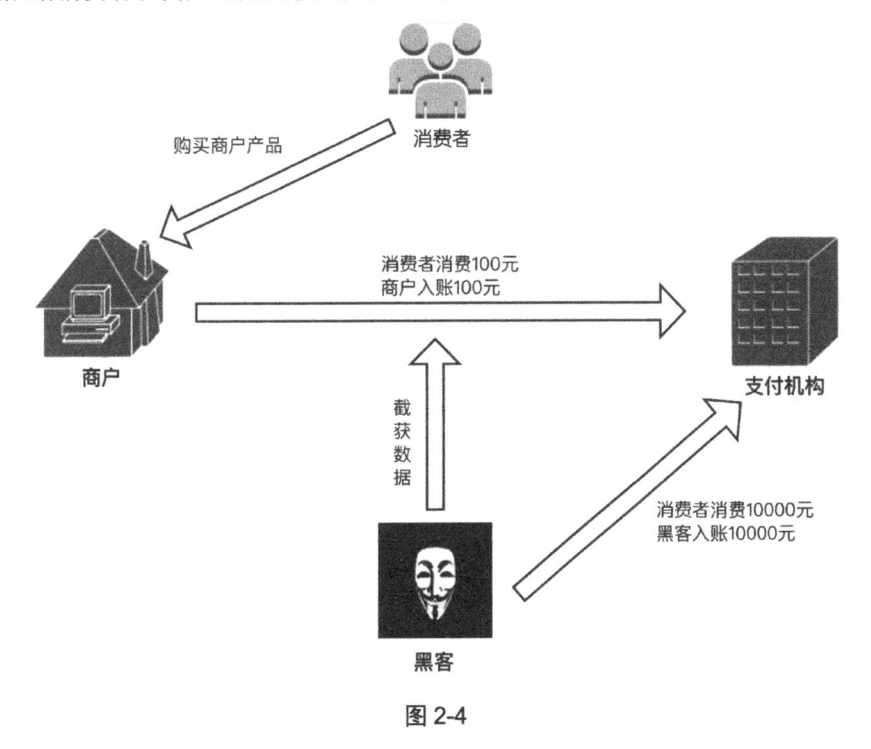

图 2-4

由图 2-4 可以看出,传输的数据被黑客篡改,本来消费者只需要支付 100 元,商户应该收到 100 元,但是数据被篡改成了消费者需要支付 10000 元,黑客的账户中会收到 10000 元。那么如何解决这个安全漏洞呢?这就引入了电子签名,常见的加签/验签算法有 RSA、AES、MD5 等。

以 MD5 为例,MD5 算法的核心原理是利用 Hash 的不可逆性,被加密后的明文无法通过解密函数得到明文,并且一旦明文被改变,加密后的密文也是完全不一样的。基于这个特性,支付机构就可以判断出明文是否被篡改了。比如带加签的报文如下所示。

```
{
    "trade_no": "192376547821987234",
    "mch_id": "180212110446000000",
    "bank_card_no": "622**********123",
    "name": "苏**",
    "phone": "188********",
    "expiry_date": "2901",
    "cvn2": "123",
    "trade_amount": "100",
    "trade_desc": "牙膏",
    "currency_code": "CNY",
    "sign": "C9F6D25A07EF1709EAA7F644CAAC131F"
}
```

如果修改其中的金额，那么支付机构收到报文之后，会根据约定的加签方式，对数据重新加签，并与报文中的签名进行对比，如果与上送的签名不一致，就判定报文被篡改，直接返回错误信息，不予处理。

加签/验签示例

```java
public class MD5Utils {
    static char hexDigits[] = {'0', '1', '2', '3', '4', '5', '6', '7', '8', '9',
'A', 'B', 'C', 'D', 'E', 'F'};
    static String MD5 = "MD5";
    public static String sign(String data,String key) throws Exception {
        //得到明文的字节数组
        byte[] btInput = (data+key).getBytes();
        //创建一个提供信息摘要算法的对象（MD5摘要算法）
        MessageDigest messageDigest = MessageDigest.getInstance(MD5);
        //使用指定的字节更新摘要
        messageDigest.update(btInput);
        //得到二进制的密文
        byte[] encryptData = messageDigest.digest();
        //把密文转换成十六进制的字符串形式
        String encryptDataStr = bytesToHex(encryptData);
        return encryptDataStr;
    }
```

```java
    public static boolean verifySign(String data,String key,String sign) throws
Exception {
        //调用加签方法，对比加签后的签名是否和收到的一致
        String encryptData = sign(data,key);
        if (encryptData.equals(sign)){
            return true;
        }else {
            return false;
        }
    }
    //将 byte 数组转化为十六进制的字符串
    public static String bytesToHex(byte[] bytes) {
        int k = 0;
        char[] hexChars = new char[bytes.length * 2];
        for ( int i = 0; i < bytes.length; i++ ) {
            byte byte0 = bytes[i];
            hexChars[k++] = hexDigits[byte0 >>> 4 & 0xf];
            hexChars[k++] = hexDigits[byte0 & 0xf];
        }
        return new String(hexChars);
    }
}
```

支付网关收到报文之后会按照约定对报文进行验签，验签通过后继续进行下一步，验签失败会直接返回错误信息，无须请求支付业务系统，为支付主业务系统减轻了压力。MD5 加签需要有一个密钥，服务端和客户端的密钥需要一致，这也是对称加密算法的特性，所以支付机构需要把密钥传输给入驻的商户。

涉及网络传输就会有安全的漏洞，在传输的过程中密钥可能被截获，如何解决这个问题呢？我们可以对传输的密钥做一层加密，使用 RSA 加密算法（后面会讲到，这里不再赘述）把加密后的密钥传输给商户。基于 MD5 的特性，只要明文相同，MD5 加密后的密文就相同，于是黑客有可能通过撞库的方式来破解出明文。这种问题可以使用加盐的方式解决。加盐就是向明文中加入随机数，再使用 MD5 加密算法生成密文，这样即使明文相同，每次生成的密文也不同，如此就加大了暴力破解的难度。整个过程的时序图如图 2-5 所示。

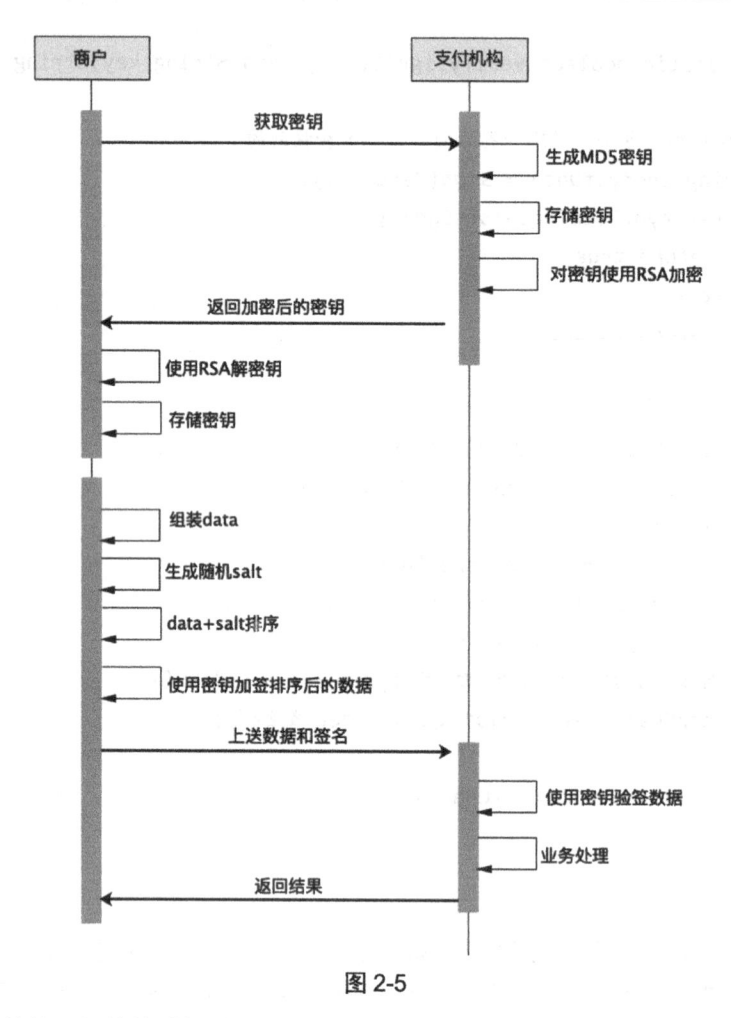

```
                ┌──────┐                    ┌────────┐
                │ 商户 │                    │支付机构│
                └──┬───┘                    └────┬───┘
                   │       获取密钥              │
                   │────────────────────────────>│
                   │                             │<── 生成MD5密钥
                   │                             │<── 存储密钥
                   │                             │<── 对密钥使用RSA加密
                   │    返回加密后的密钥          │
                   │<────────────────────────────│
                   │<── 使用RSA解密钥            │
                   │<── 存储密钥                 │
                   │                             │
                   │<── 组装data                 │
                   │<── 生成随机salt             │
                   │<── data+salt排序            │
                   │<── 使用密钥加签排序后的数据 │
                   │     上送数据和签名           │
                   │────────────────────────────>│
                   │                             │<── 使用密钥验签数据
                   │                             │<── 业务处理
                   │      返回结果                │
                   │<────────────────────────────│
```

图 2-5

需要注意的是，加签的时候需要约定加签的规则，才能保证服务端和客户端的签名是一致的，比如参数的顺序，否则客户端和服务端加签后的签名可能不一致。一般会按照 key 的 ASCII 码排序后再进行加签，Java 的 TreeMap 是根据 key 排序的，默认情况下是升序排列。参数之前的拼接方式也需要提前约定好，比如拼接方式为：

```
key1=valu01&key2=value2……
```

以 TreeMap 为例，对报文排序的源码如下所示。

```java
public static String sortData(Map maps){
    //把 maps 的值存储到 treeMap 中
    TreeMap<Object,Object> treeMap = new TreeMap<>();
```

```
        for (Object map : maps.entrySet()){
            Object value = ((Map.Entry) map).getValue();
            if (!isEmpty(value)) {//value 不为空时对数据进行排序
                treeMap.put(((Map.Entry) map).getKey(),value);
            }
        }
        //遍历 TreeMap 并生成签名 data
        Iterator iter = treeMap.keySet().iterator();
        StringBuffer sortData = new StringBuffer();
        while (iter.hasNext()) {
            String key = (String) iter.next();
            String value = (String) treeMap.get(key);
            sortData.append(key);
            sortData.append("=");
            sortData.append(value);
            if (iter.hasNext()) {
                sortData.append("&");
            }
        }
        return String.valueOf(sortData);
    }
```

随机 salt 的生成方式有很多种，既可以使用时间戳，也可以使用随机数。总结一下签名的规则：

（1）参数名需要按照一定的规则排序，比如按照 ASCII 码从小到大排序。

（2）参数值为空时不参与签名。

（3）为了增加安全系数，可以通过加盐的方式提升破解难度，盐值既可以是随机数，也可以是时间戳等。

（4）提供的接口可能会增加字段，验签时必须支持增加的扩展字段。

（5）参数名区分大小写。

2.2.4 加密与解密

作为支付机构，传输的数据大多是非常隐私的，比如身份证号、银行卡号、银行卡密码等，一旦这些信息被不法分子截获，就可以直接盗刷银行卡，给消费者造成巨大的损失。如果不法分子截获的信息是加密的，且没有解密的密钥，那么对于不法分子来说这些信息就是一堆乱码，这就是加密最重要的意义。

目前常用的加密/解密算法主要有两类：对称加密算法和非对称加密算法。两者的主要区别在于加密和解密的密钥是否一致，一致的就是对称加密，不一致的就是非对称加密。对称加密常用的是 AES 加密算法，非对称加密常用的是 RSA 加密算法。下面分别介绍 RSA 加密算法和 AES 加密算法在支付中的应用。

RSA 是一种非对称加密算法，可以在不传递密钥的情况下完成解密，避免了对称加密直接传递密钥所造成的被破解的风险。RSA 加密/解密由一对密钥（公钥和私钥）共同完成，公钥是公开的，用来加密，私钥是保密的，用来解密。两者之间通过一定的算法关联，最核心的思想是利用对一极大整数做因数分解的困难性来保证安全性。

1. RSA 加密过程

假设甲是支付机构，乙是支付机构的商户，甲乙之间需要进行数据的传输。如果要对数据进行加密/解密，则需要先生成密钥：甲生成一对密钥（公钥和私钥），公钥给乙，私钥自己保留。同样乙也生成一对公钥和私钥，公钥给甲，私钥自己保留。具体过程如图 2-6 所示。

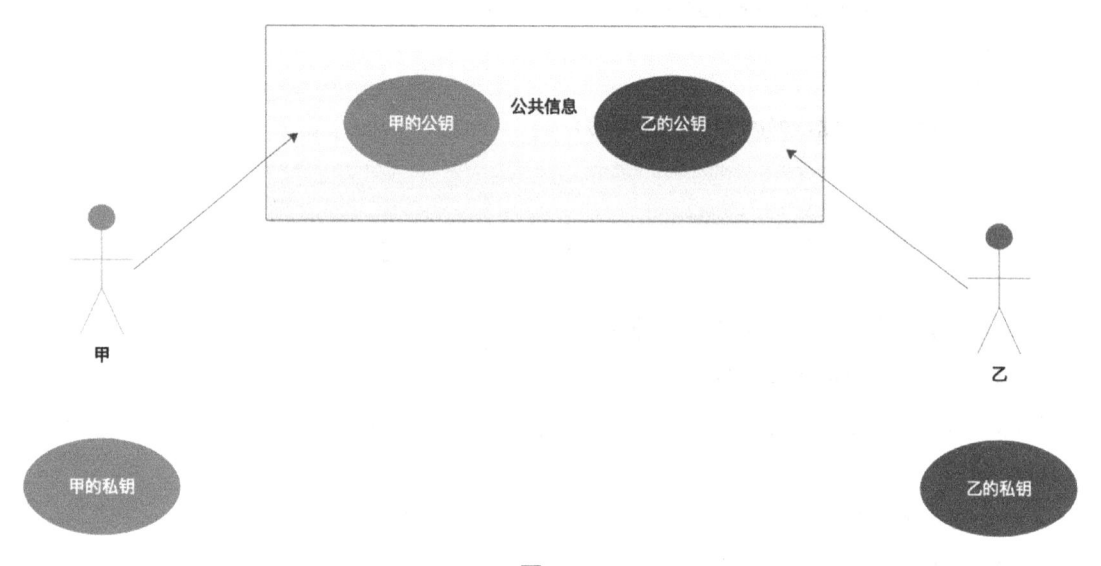

图 2-6

有了密钥之后，就可以对传输的数据进行加密了。数据传输是双向的，所以支付行业传输数据的加密/解密也是双向的，具体步骤如下：

（1）乙使用甲的公钥加密要传输的数据，并把数据上送给甲。

（2）甲接收数据，使用自己的私钥解密。

（3）甲将处理后的结果数据使用乙的公钥加密，并返回给乙。

（4）乙接收返回的数据，并使用自己的私钥解密。

以上步骤是一个支付机构比较标准的加密/解密流程。甲乙双方分别使用对方的公钥加密，使用自己的私钥解密，具体流程如图 2-7 所示。

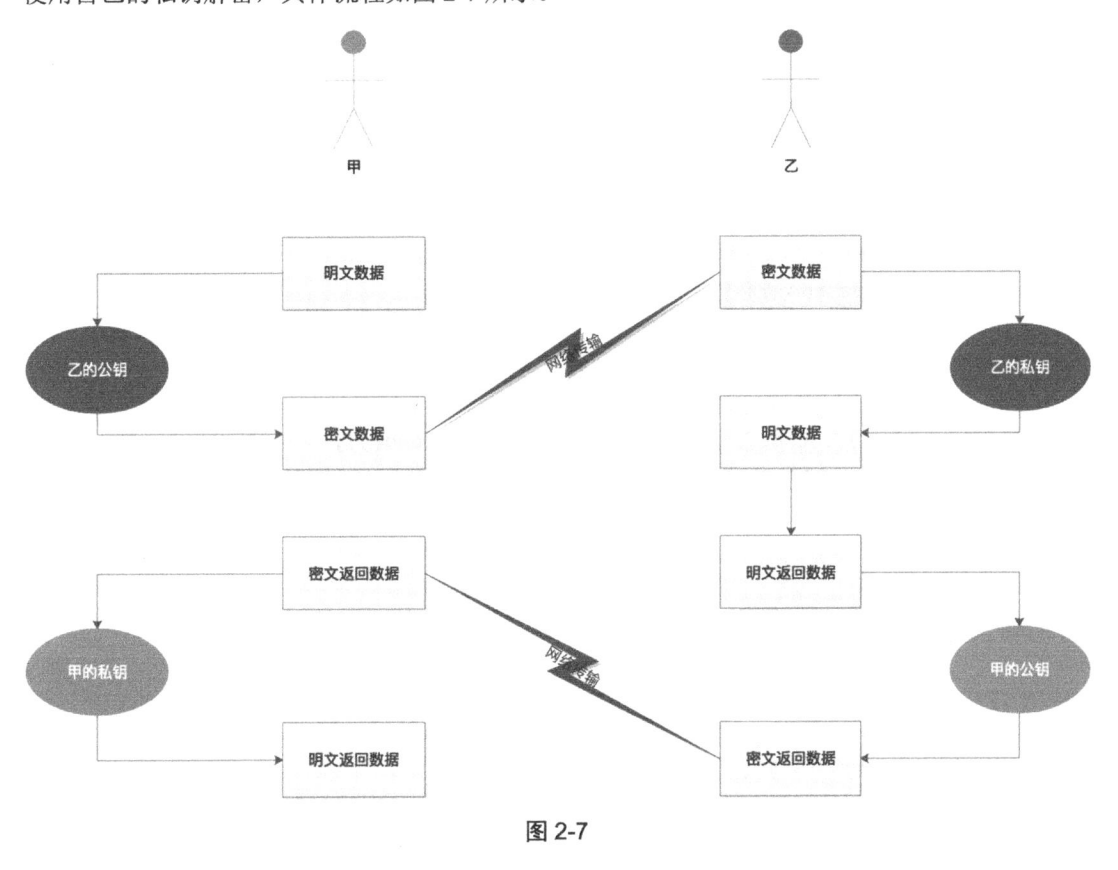

图 2-7

2. RSA 算法加密/解密示例

JDK 已经封装了 RSA 加密/解密的方法，如果要对数据加密，则需要先生成一对密钥。生成密钥的方法如下所示。

```java
public class KeyPairGenUtil {
    public static int KEY_LENGTH = 1024;//密钥大小
    public static String ALGORITHM_TYPE = "RSA";//算法类型
    public static Map genKeyPair() throws NoSuchAlgorithmException {
        Map<String, String> keyMap = new HashMap<>();//存储公钥和私钥
        //为 RSA 算法创建 KeyPairGenerator 对象
```

```java
        KeyPairGenerator keyPairGenerator = KeyPairGenerator.getInstance
(ALGORITHM_TYPE);
        //创建 RSA 算法可信任的随机数源
        SecureRandom secureRandom = new SecureRandom();
        //使用随机数源初始化 keyPairGenerator 对象
        keyPairGenerator.initialize(KEY_LENGTH, secureRandom);
        //生成密钥对
        KeyPair keyPair = keyPairGenerator.genKeyPair();
        //获取私钥
        PrivateKey privateKey = keyPair.getPrivate();
        //获取公钥
        PublicKey publicKey = keyPair.getPublic();
        //使用 Base64 将私钥和公钥转化为字符串
        String privateKeyStr =
Base64.getEncoder().encodeToString(privateKey.getEncoded());
        String publicKeyStr =
Base64.getEncoder().encodeToString(publicKey.getEncoded());
        keyMap.put("privateKey", privateKeyStr);
        keyMap.put("publicKey", publicKeyStr);
        return keyMap;
    }
}
```

生成公钥和私钥之后就可以对数据进行加密/解密了，加密/解密的示例如下所示。

```java
public class RSAUtils {
    public static String encrypt(String data, String publicKey) throws Exception {
        //将使用 Base64 编码的公钥解析为二进制值
        byte[] publicKeyByte = Base64.getDecoder().decode(publicKey);
        //得到公钥
        PublicKey pubKey = KeyFactory.getInstance("RSA").generatePublic(new
X509EncodedKeySpec(publicKeyByte));
        //加密数据
        CIPher cIPher = CIPher.getInstance("RSA");
        cIPher.init(CIPher.ENCRYPT_MODE, pubKey);
        //得到加密后的数据
        String encryptData =
Base64.getEncoder().encodeToString(cIPher.doFinal(data.getBytes()));
```

```
        return encryptData;
    }

    public static String decrypt(String data, String privateKey) throws Exception {
        //将 Base64 编码的私钥解析为二进制值
        byte[] privateKeyByte = Base64.getDecoder().decode(privateKey);
        //使用 Base64 解析后得到的加密数据
        byte[] dataByte = Base64.getDecoder().decode(data.getBytes());
        //获取私钥
        PrivateKey priKey = KeyFactory.getInstance("RSA").generatePrivate(new
PKCS8EncodedKeySpec(privateKeyByte));
        //RSA 解密
        CIPher cIPher = CIPher.getInstance("RSA");
        cIPher.init(CIPher.DECRYPT_MODE, priKey);
        //得到解密后的数据
        String decryptData = new String(cIPher.doFinal(dataByte));
        return decryptData;
    }
}
```

3. AES 加密/解密

AES 是一种经典的对称加密/解密算法，使用加密函数和密钥来完成对明文的加密，然后使用相同的密钥和对应的函数来完成解密。AES 的优点在于效率非常高，相比 RSA 要高得多。AES 的加密/解密过程如图 2-8 所示。

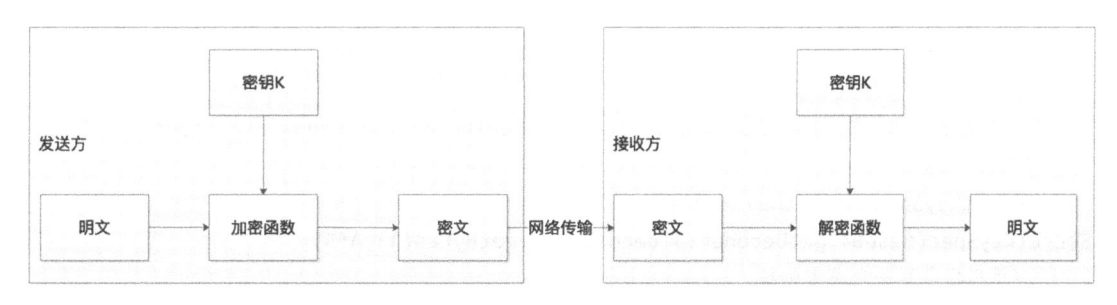

图 2-8

AES 的加密和解密需要借助密钥，密钥是提前生成的，支付机构根据一定的规则生成密钥之后，传输给商户，商户上送数据需要使用密钥进行加密，支付机构收到密文之后使用相同的密钥进行解密。

4. AES 加密/解密示例

```
public class AESUtils {
public static String AES = "AES";//指定算法类型
public static int KEY_LEN = 128;//指定密钥长度
public static String UTF_8 = "UTF-8";//编码格式
public static String genAESKey() throws Exception{
//构造密钥生成器，指定为 AES 算法
KeyGenerator keyGenerator = KeyGenerator.getInstance(AES);
//生成一个指定位数的随机源，KEY_LEN=128 就是 128 位
keyGenerator.init(KEY_LEN);
//生成对称密钥
SecretKey sKey = keyGenerator.generateKey();
return Base64.getEncoder().encodeToString(sKey.getEncoded());
}
public static String encrypt(String key,String data) throws Exception{
//获取 key
SecretKey secretKey = new SecretKeySpec(Base64.getDecoder().decode(key.getBytes()),AES);
//根据指定算法生成密码器
CIPher cIPher=CIPher.getInstance(AES);
//初始化密码器，第一个参数为加密或者解密操作，第二个参数为 key
cIPher.init(CIPher.ENCRYPT_MODE, secretKey);
//将加密内容转化为字节数组
byte [] byte_data=data.getBytes(UTF_8);
//将字节数组加密
byte [] AES_data=cIPher.doFinal(byte_data);
return new String(Base64.getEncoder().encode(AES_data));
}
public static String decrypt(String key,String data) throws Exception{
//获取 key
SecretKeySpec secretKey = new SecretKeySpec(Base64.getDecoder().decode(key.getBytes()),AES);
//根据指定算法生成密码器
CIPher cIPher=CIPher.getInstance(AES);
//初始化密码器，第一个参数为加密或者解密操作，第二个参数为使用的 key
cIPher.init(CIPher.DECRYPT_MODE, secretKey);
//将加密内容转化为字节数组，因为数据是用 Base64 转换过的，所以需要使用 Base64 解密
byte [] dataByte = Base64.getDecoder().decode(data.getBytes(UTF_8));
```

```
//解密字节数组
byte [] decryptData=cIPher.doFinal(dataByte);
return new String(decryptData);
}
```

在支付领域，考虑到对安全性和高效性的要求，通常不会只采用一种加密算法，而是采用多种加密算法组合加密的方式。RSA 加密算法虽然安全，但是计算量非常大，效率比较低，在高并发的情况下会面临严重的性能问题。AES 加密的密钥 key 在网络传输中有被拦截的风险，存在很大的安全隐患。所以通常的办法是使用 RSA 来加密 AES 的密钥，使用 AES 来对报文进行加密。

2.3 网关的高可用

2.3.1 动态路由

要了解动态路由，需要先熟悉什么是静态路由。静态路由是指由网络管理员手工配置的路由信息。当网络的拓扑结构或链路的状态发生变化时，网络管理员需要手工修改路由表中相关的静态路由信息。静态路由信息在默认情况下是私有的，不会传递给其他路由器。当然，网络管理员也可以通过对路由器进行设置使路由信息成为共享的。静态路由一般适用于比较简单的网络环境，在这样的环境中，网络管理员易于清楚地了解网络的拓扑结构，便于设置正确的路由信息。

动态路由是与静态路由相对的一个概念，动态路由能够根据路由器之间交换的特定路由信息自动建立自己的路由表，并且能够根据链路和节点的变化适时地进行自动调整。当网络中的节点或节点间的链路发生故障，或者存在其他可用路由时，动态路由可以自行选择最佳的可用路由并继续转发报文。

动态路由机制的运作依赖于路由器的两个基本功能：路由器之间适时的路由信息交换，对路由表的维护。动态路由之所以能根据网络的情况自动计算路由、选择转发路径，是由于当网络发生变化时，路由器之间彼此交换的路由信息会告知对方网络的这种变化，通过信息扩散使所有路由器都能得知网络变化。路由器根据某种路由算法（不同的动态路由协议算法不同）把收集到的路由信息加工成路由表，供路由器在转发 IP 报文时查阅。

Spring Cloud 使用 Zuul 组件和 Config 组件来实现动态路由，Config 组件提供了动态刷新机制，我们把服务信息配置在配置文件中，把配置文件放在 Git 仓库中，搭建一个分布式配置中心 config-server 应用来动态刷新配置文件，就能及时监听到服务的变更，这样就能轻松实现动态刷新路由规则的功能。

支付网关使用动态路由之后，支付机构内部的支付业务系统可以随时变更，随时上线，随时更换机器，支付网关无须发布就可以路由到变更后的服务器，这样大大提升了支付业务的稳定性。动态路由的架构如图2-9所示。

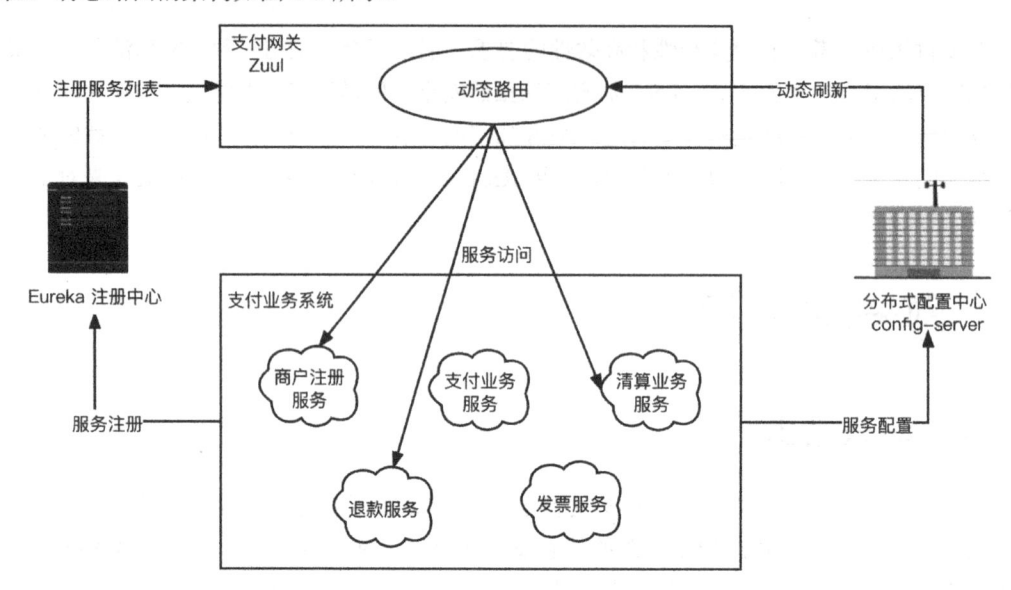

图 2-9

支付网关收到交易报文之后，通过路由判断把报文转发给内部的哪一个服务。支付内部的服务有商户进件服务、支付服务、清算服务等，每个服务可以是一个微服务系统。支付业务系统会把服务注册到Eureka注册中心，Eureka注册中心负责治理支付业务的服务系统，支付网关会通过注册中心拉取注册的服务列表，通过支付网关的路由判断接收的交易应该发送给哪个服务。如果有新增的服务，比如添加了退款服务，则需要在分布式配置中心添加对应的退款服务，然后利用Config组件的动态刷新机制，把新加的服务也加入支付网关，支付网关层就可以访问新的服务，无须重启支付网关。

Zuul+Config实现动态路由需要依赖Zuul、Eureka和Config的组件包，如下所示。

```xml
<?xml version="1.0" encoding="UTF-8"?>
<project xmlns="Http://maven.apache.org/POM/4.0.0"
         xmlns:xsi="Http://www.w3.org/2001/XMLSchema-instance"
         xsi:schemaLocation="Http://maven.apache.org/POM/4.0.0
Http://maven.apache.org/xsd/maven-4.0.0.xsd">
    <parent>
        <artifactId>Spring Cloud-dynamic-route</artifactId>
```

```xml
        <groupId>com.Spring Cloud</groupId>
        <version>1.0-SNAPSHOT</version>
    </parent>
    <modelVersion>4.0.0</modelVersion>

    <groupId>com.Spring Cloud</groupId>
    <artifactId>Spring Cloud-dynamicroute</artifactId>

    <dependencies>
        <!-- Zuul 的依赖 -->
        <dependency>
            <groupId>org.springframework.cloud</groupId>
            <artifactId>spring-cloud-starter-zuul</artifactId>
        </dependency>
        <!-- Eureka 的依赖 -->
        <dependency>
            <groupId>org.springframework.cloud</groupId>
            <artifactId>spring-cloud-starter-eureka</artifactId>
        </dependency>
        <!--Config 客户端-->
        <dependency>
            <groupId>org.springframework.cloud</groupId>
            <artifactId>spring-cloud-starter-config</artifactId>
        </dependency>
    </dependencies>
</project>
```

创建 bootstrap.yml 配置文件，指定拉取配置文件的名称和 Spring Cloud Config 开放的项目端口：

```yaml
spring:
  application:
    name: dynamic-route-zuul        #这个名字作为拉取配置文件的名称
  cloud:
    config:
      uri: Http://localhost:9898/   #指定 Spring Cloud Config 开放的项目端口
server:
  port: 5556
```

```
eureka:
  client:
    serviceUrl:
      defaultZone: Http://localhost:7001/eureka/     #注册到注册中心中
```

创建启动类 DynamicRouteApplication.java：

```
@EnableZuulProxy
@Spring CloudApplication
@ComponentScan
public class DynamicRouteApplication {

    public static void main(String[] args) {
        SpringApplication.run(DynamicRouteApplication.class, args);
    }

    @Bean
    @RefreshScope
    @ConfigurationProperties("zuul")
    public ZuulProperties zuulProperties(){
        return new ZuulProperties();
    }
}
```

2.3.2　负载均衡

支付网关的负载均衡要从两方面考虑：第一要保证支付网关自身接收报文的负载均衡，通常支付网关是支付系统里压力最大的一个组件，因为所有的交易都要经过支付网关，然后分发给各个支付业务系统，而支付网关承担了所有业务系统交易的压力，所以需要的机器是比较多的，对于接收报文的负载均衡能力就很重要了，不能一部分机器超负荷工作，另一部分机器没有被分配到交易量。第二要考虑对支付业务系统的负载均衡，我们使用 Spring Cloud 微服务架构，提供的是客户端负载均衡能力，所以需要考虑如何对支付网关下游系统做到负载均衡。我们先来看一下负载均衡算法：

- **轮询法**：负载均衡器收到请求之后，按顺序分配到后端的服务器上，不考虑服务器的性能、负载。比如有服务器 A 和服务器 B 两个服务器，轮询法的处理逻辑是第一次收到报文后交给服务器 A 来处理，第二次交给服务器 B 来处理，依次轮询。

- **随机法**：负载均衡器收到请求之后，通过随机算法计算分配给哪台服务器，如果请求量特别大，那么起到的效果和轮询法一样。通常会使用随机函数，比如随机生成 0 到 10 的数据，小于 5 的使用服务器 A，大于 5 的使用服务器 B。
- **加权轮询法**：不同服务器的配置、性能可能不一样，配置高的服务器可以多分配请求，权重可以配得高一些，配置低的服务器少分配请求，权重可以配得低一些。
- **加权随机法**：与加权轮询法一样，加权随机法也根据后端机器的配置与系统的负载分配不同的权重。不同的是，它按照权重随机请求后端服务器，而非顺序。
- **源地址哈希法**：源地址哈希法是根据请求的客户端的 IP 地址，通过哈希函数计算得到一个哈希值，将此哈希值和服务器列表的大小进行取模运算，得到的结果便是要访问的服务器地址的序号。
- **最小链接数法**：负载均衡器获取服务器的链接数，根据链接数来决定将请求分配到哪台服务器上，把请求分配给积压链接数最少的服务器。

不同的负载均衡算法各有优缺点，根据实际情况自行选择即可。支付网关实现负载均衡的架构如图 2-10 所示。

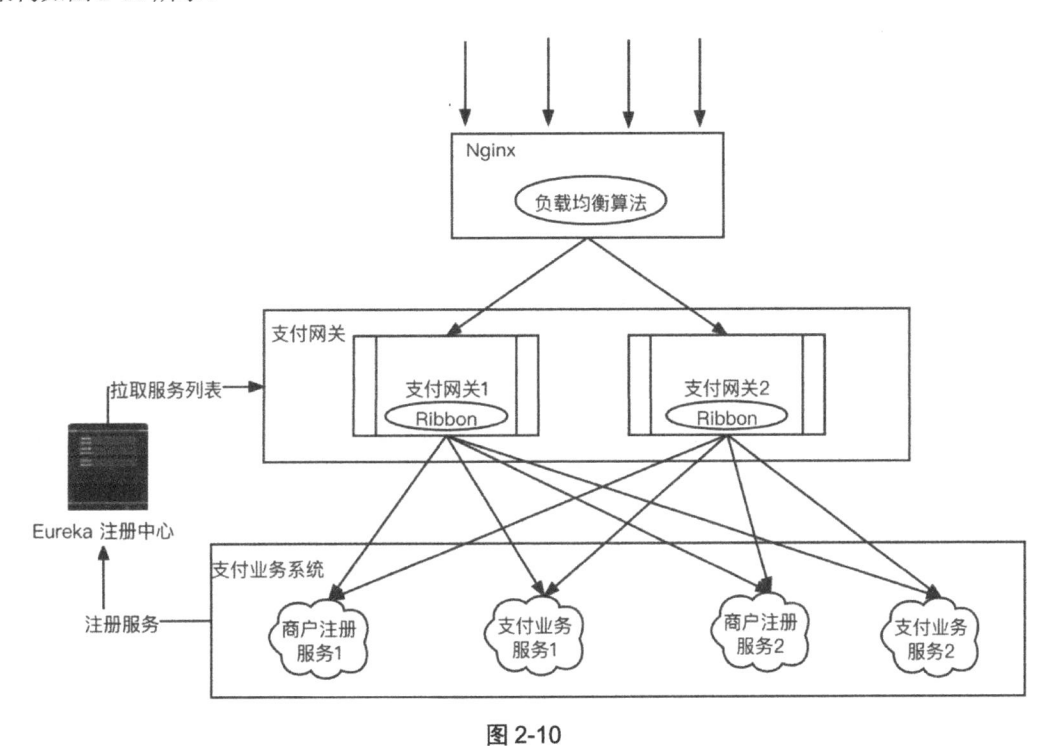

图 2-10

Nginx 是一个高性能的 HTTP 和反向代理 Web 服务器，提供的负载均衡能力非常成熟，网关可以借助 Nginx 实现针对网关层的负载均衡。针对支付业务层的负载均衡，Spring Cloud Zuul 实现的网关使用 Ribbon 客户端负载均衡能力实现负载均衡，支付网关从 Eureka 注册中心获取服务列表，根据配置的负载均衡算法分发请求即可。

Ribbon 实现负载均衡需要引入相关的组件，pom.xml 文件如下所示。

```xml
<?xml version="1.0" encoding="UTF-8"?>
<project xmlns="Http://maven.apache.org/POM/4.0.0"
         xmlns:xsi="Http://www.w3.org/2001/XMLSchema-instance"
         xsi:schemaLocation="Http://maven.apache.org/POM/4.0.0
Http://maven.apache.org/xsd/maven-4.0.0.xsd">
    <parent>
        <artifactId>Spring Cloud-Ribbon-demo</artifactId>
        <groupId>com.Spring Cloud</groupId>
        <version>1.0-SNAPSHOT</version>
    </parent>
    <modelVersion>4.0.0</modelVersion>

    <groupId>com.Spring Cloud</groupId>
    <artifactId>Spring Cloud-Ribbon</artifactId>

    <dependencies>
        <dependency>
            <groupId>org.springframework.cloud</groupId>
            <artifactId>spring-cloud-starter-Ribbon</artifactId>
            <version>1.4.0.RELEASE</version>
        </dependency>
        <dependency>
            <groupId>org.springframework.boot</groupId>
            <artifactId>spring-boot-starter</artifactId>
        </dependency>
        <dependency>
            <groupId>org.springframework.cloud</groupId>
            <artifactId>spring-cloud-starter-eureka</artifactId>
            <version>1.3.5.RELEASE</version>
        </dependency>
        <dependency>
            <groupId>org.springframework.boot</groupId>
            <artifactId>spring-boot-starter-test</artifactId>
```

```xml
            <scope>test</scope>
        </dependency>
        <dependency>
            <groupId>org.springframework.boot</groupId>
            <artifactId>spring-boot-starter-web</artifactId>
        </dependency>

    </dependencies>

</project>
```

application.yml 文件如下所示。

```yml
server:
  port: 9001
spring:
  application:
    name: Ribbon-Consumer

eureka:
  #客户端
  client:
    #注册中心地址
    service-url:
      defaultZone: Http://localhost:7001/eureka/,Http://localhost:7002/eureka/
```

创建启动类 RibbonApplication.java：

```java
@SpringBootApplication
@EnableDiscoveryClient
public class RibbonApplication {

    public static void main(String[] args) {
        SpringApplication.run(RibbonApplication.class, args);
    }

    @Bean
    @LoadBalanced
```

```
    public RestTemplate restTemplate(){
        return new RestTemplate();
    }

}
```

客户端请求类：

```
@RestController
public class ConsumerController {

    @Autowired
    private RestTemplate restTemplate;

    @RequestMapping("/consumer")
    public String helloConsumer() throws ExecutionException, InterruptedException {

        return restTemplate.getForEntity("Http://HELLO-SERVICE/helloprovider", String.class).getBody();
    }
}
```

2.3.3 依赖隔离

所有的订单交易都会经过支付网关，支付网关的稳定性很大程度上取决于下游支付业务系统的稳定性，并且存在很多不稳定性的因素，比如网络连接缓慢、资源繁忙、服务脱机等。当依赖阻塞时，大多数服务器的线程池就出现阻塞（BLOCK），影响整个线上服务的稳定性。

在复杂的分布式架构下，应用程序有很多的依赖，都会不可避免地在某些时候失败。高并发的依赖失败时如果没有隔离措施，那么当前应用服务就有被拖垮的风险。例如，所有的交易都共用支付网关的资源，如果有人恶意攻击，同时发起很多退款，或者预支付，把支付网关所有的资源都消耗掉，那么正常的支付业务就无法进行了。如果一个支付应用服务宕机，或者有其他的异常导致同步调用的返回耗时非常长，那么支付网关的链接也无法释放，很容易把支付网关也拖垮。

针对这些不稳定的因素，可以根据依赖的服务把支付网关的资源进行隔离，实现一个服务有问题不会影响支付网关其他业务的目的。

Spring Cloud Hystrix 提供了非常实用的方式实现依赖隔离，即对依赖服务实现线程池隔离。简单来说就是根据服务来创建线程池，支付业务系统提供了几种服务，支付网关就对应几个线程池。比如支付业务系统有支付服务、退款服务、商户服务、发票服务等，那么支付网关就创建对应的支付服务线程池、退款服务线程池、商户服务线程池和发票服务线程池，如图 2-11 所示。

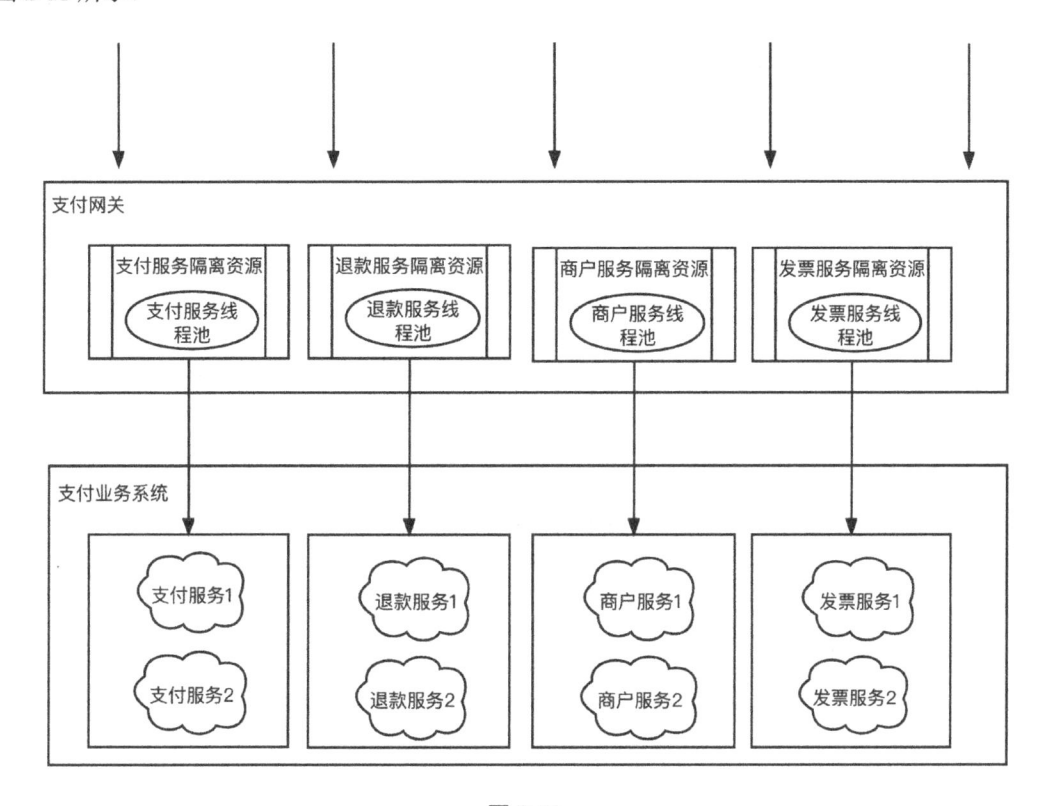

图 2-11

对依赖服务的线程池隔离可以带来如下优势：

- 支付网关自身得到完全保护，不再受不可控依赖服务的影响，即使某个依赖服务请求特别多，线程池被填满，也不会影响支付网关对其他业务的服务。
- 有效地保护了各个支付业务系统，支付网关不受依赖服务的影响，一个服务有异常不会影响支付网关，其他正常的服务就不会受到影响，有效地提升了支付业务的稳定性。
- 降低新支付服务接入的风险，通常支付机构新提供的服务相比老服务存在不稳定的风险更大，做了依赖隔离之后，即使新服务存在问题造成系统异常，也不会影响其他服务。

- 如果支付业务服务因实现机制调整等原因造成性能出现很大变化，线程池的监控指标信息会反映出这样的变化，能够第一时间感知风险从而进行相应的调整，可以通过实时动态刷新自身应用对依赖服务的阈值进行调整以适应依赖方的改变。

总之，通过对依赖服务实现线程池隔离，可以让支付网关及整个支付业务的应用更加健壮，不会因为个别依赖服务出现问题而引起非相关服务的异常。同时，也使得支付网关应用变得更加灵活，可以在不停止服务的情况下，配合动态配置刷新实现性能配置上的调整。

创建线程分组：

```java
public OrderCommand(String value) {

    super(Setter.withGroupKey(
            //服务分组
            HystrixCommandGroupKey.Factory.asKey("OrderGroup"))
            //线程分组
            .andThreadPoolKey(HystrixThreadPoolKey.Factory.asKey("OrderGroup"))
            //线程配置
            .andThreadPoolPropertiesDefaults(HystrixThreadPoolProperties.Setter()
                    .withCoreSize(10)
                    .withKeepAliveTimeMinutes(5)
                    .withMaxQueueSize(10)
                    .withQueueSizeRejectionThreshold(10000)
            //线程池隔离
            ).andCommandPropertiesDefaults(
                    HystrixCommandProperties.Setter().withExecutionIsolationStrategy(HystrixCommandProperties.ExecutionIsolationStrategy.THREAD)
            )
    );
    this.value = value;
}

@Override
protected String run() throws Exception {
    String threadname = Thread.currentThread().getName();    //获取当前线程的名字
    return threadname+"\t"+value;
}
```

客户端调用：

```
//测试依赖隔离
public String testPool() {
    UserCpmmand userCpmmand = new UserCpmmand("库里");
    OrderCommand orderCommand1 = new OrderCommand("篮球");
    OrderCommand orderCommand2 = new OrderCommand("篮球");
    //同步调用
    String val1 = userCpmmand.execute();
    String val2 = orderCommand1.execute();
    String val3 = orderCommand2.execute();

    //异步调用
    Future<String> f1 = userCpmmand.queue();
    Future<String> f2 =    orderCommand1.queue();
    Future<String> f3 = orderCommand2.queue();

    return f1.get()+"\t"+f2.get()+"\t"+f3.get()+"\t";//异步调用返回方法
}
```

2.3.4 限流与熔断

支付网关除了实现动态路由、负载均衡、依赖隔离的能力，还需要实现服务的限流、熔断、降级的能力。

1. 限流

依赖隔离解决了服务之间相互影响造成雪崩的现象，但每个支付业务服务所能承受的并发量是有限的，如果请求量超过服务的阈值就会给业务系统造成很大的压力，如果业务系统没有限流能力，则可能造成业务系统的"假死"。所以作为支付门户的网关系统要具备限流的能力。如果请求量超过阈值，则将请求排队或者丢弃，减轻对业务系统的压力。

分布式限流最关键的是实现限流服务的原子化，常见的限流算法有令牌桶、漏桶等，Spring Cloud Gateway 使用 Redis+Lua 技术实现高并发和高性能的限流方案。

令牌桶是一个存放固定容量令牌的桶，按照固定速率往桶里添加令牌。令牌桶算法的描述如下：

假如用户配置的平均速率为 r，则每隔 $1/r$ 秒 1 个令牌被加入桶，假设桶中最多可以存放 b 个令牌。如果令牌到达时令牌桶已经满了，那么这个令牌会被丢弃，当一个 n 字节大小的数据包到达时，将从桶中删除 n 个令牌，接着数据包被发送到网络上。如果令牌桶中少于 n 个令牌，那么不会删除令牌，并且认为这个数据包在流量限制之外。令牌桶算法允许最多 b 个令牌的突发流量，但从长期运行结果来看，数据包的速率被限制成常量 r。对于在流量限制外的数据包，可以以不同的方式处理：

- 它们可以被丢弃。
- 它们可以排放在队列中以便当令牌桶中累积了足够多的令牌时再传输。
- 它们可以继续发送，但需要做特殊标记，网络过载的时候将这些特殊标记的包丢弃。

令牌桶算法的示意图如图 2-12 所示。

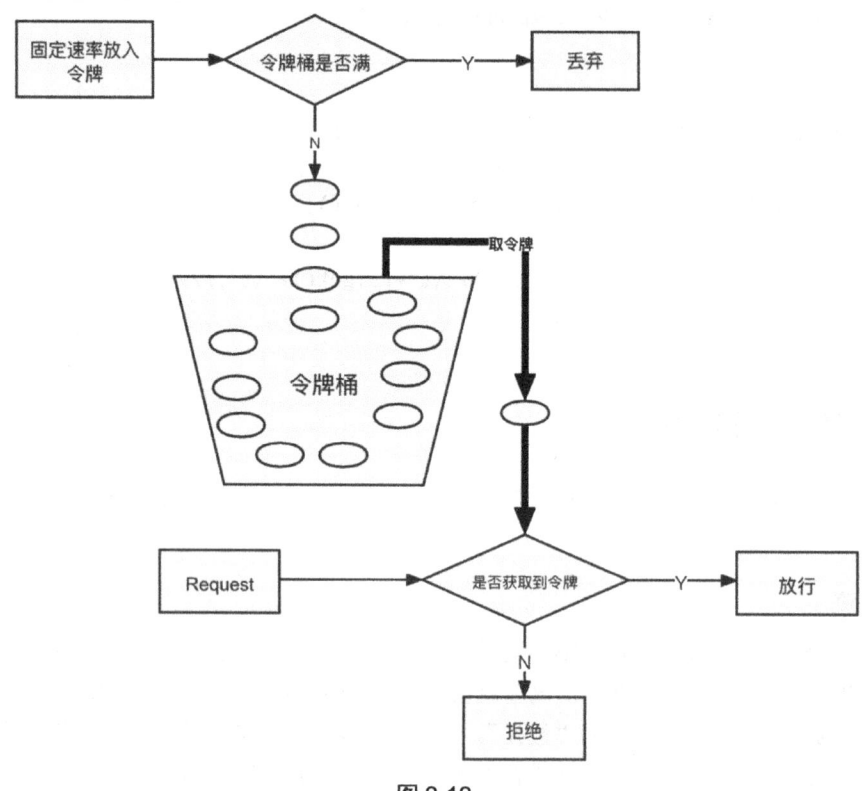

图 2-12

漏桶作为计量工具（The Leaky Bucket Algorithm as a Meter）时，可以用于流量整形（Traffic ShAping）和流量控制（Traffic Policing），漏桶算法的描述如下：

一个固定容量的漏桶按照固定速率流出水滴，如果桶是空的，则不需流出水滴，可以以任意速率流入水滴到漏桶中，如果流入漏桶中的水滴超出了漏桶的容量，则流入漏桶中的水滴溢出了（被丢弃），而漏桶容量是不变的。

漏桶算法的示意图如图 2-13 所示。

图 2-13

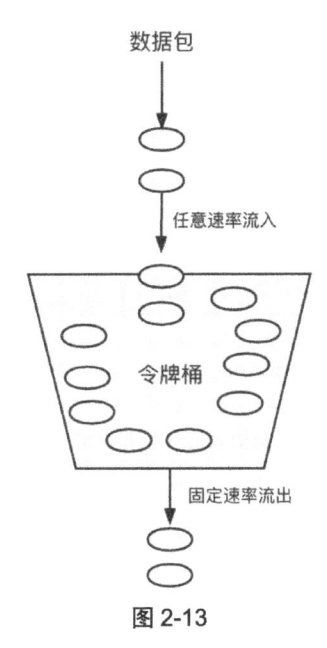

在 Spring Cloud Gateway 中有 Filter 过滤器，因此可以在"pre"类型的 Filter 中自行实现限流。限流作为网关最基本的功能，Spring Cloud Gateway 官方就提供了 RequestRateLimiter-GatewayFilterFactory 这个类，使用 Redis+Lua 脚本实现了令牌桶的方式。具体实现逻辑在 RequestRateLimiterGatewayFilterFactory 类中，读者可以自行查看具体源码。下面以案例的形式讲解如何在 Spring Cloud Gateway 中使用内置的限流过滤器工厂来实现限流。

首先在示例工程的 pom 文件中引入 Gateway 的起步依赖和 Redis 的 Reactive 依赖，代码如下：

```
<dependency>
    <groupId>org.springframework.cloud</groupId>
    <artifactId>spring-cloud-starter-gateway</artifactId>
</dependency>
<dependency>
    <groupId>org.springframework.boot</groupId>
    <artifatId>spring-boot-starter-data-Redis-reactive</artifatId>
</dependency>
```

在配置文件中实现以下配置：

```
server:
  port: 8081
```

```yaml
spring:
  cloud:
    gateway:
      routes:
      - id: limit_route
        uri: Http://Httpbin.org:80/get
        predicates:
        - After=2017-01-20T17:42:47.789-07:00[America/Denver]
        filters:
        - name: RequestRateLimiter
          args:
            key-resolver: '#{@hostAddrKeyResolver}'
            Redis-rate-limiter.replenishRate: 1
            Redis-rate-limiter.burstCapacity: 3
  application:
    name: gateway-limiter
  Redis:
    host: localhost
    port: 6379
    database: 0
```

在上面的配置文件中,指定程序的端口为 8081,配置了 Redis 的信息,并配置了 RequestRate-Limiter 的限流过滤器,该过滤器需要配置如下三个参数:

- burstCapacity,令牌桶总容量。
- replenishRate,令牌桶填充令牌的平均速率。
- key-resolver,用于限流的键的解析器的 Bean 对象的名字。它使用 SpEL 表达式根据 #{@beanName} 从 Spring 容器中获取 Bean 对象。

KeyResolver 需要实现 resolve 方法。实现 KeyResolver 之后,需要将这个类的 Bean 注册到 IoC 容器中。

```java
public class HostAddrKeyResolver implements KeyResolver {
    @Override
    public Mono<String> resolve(ServerWebExchange exchange) {
        return Mono.just(exchange.getRequest().getRemoteAddress().getAddress().getHostAddress());
    }
}
```

```
    @Bean
      public HostAddrKeyResolver hostAddrKeyResolver() {
          return new HostAddrKeyResolver();
      }
```

可以根据 URI 去限流，KeyResolver 代码如下：

```
public class UriKeyResolver  implements KeyResolver {
    @Override
    public Mono<String> resolve(ServerWebExchange exchange) {
        return Mono.just(exchange.getRequest().getURI().getPath());
    }
}
 @Bean
   public UriKeyResolver uriKeyResolver() {
       return new UriKeyResolver();
   }
```

也可以以用户的维度去限流：

```
    @Bean
     KeyResolver userKeyResolver() {
         return exchange ->
Mono.just(exchange.getRequest().getQueryParams().getFirst("user"));
     }
```

2. 熔断和降级

这里的熔断可以理解为我们自己家里的电闸。当网关依赖的支付服务出现大量超时时，再让新的请求去访问支付服务根本没有意义，只会无谓地消耗现有资源。比如我们设置了超时时间为 2s，如果短时间内有大量请求在 2s 内都得不到响应，则意味着这个服务出现了异常，此时就没有必要再让其他的请求去访问这个服务了，这个时候就应该使用熔断器避免资源浪费。比如请求商户中心系统短时间内有大量的超时，可以在支付网关对新进来的请求直接熔断，不会再去请求商户中心。

有服务熔断，必然要有服务降级。所谓降级，就是当某个服务熔断之后，服务将不再被调用，此时客户端可以自己准备一个本地的 fallback（回退）回调，返回一个默认值。这样做虽然服务水平下降但可用，当然这也要看适合的业务场景，针对支付业务会返回支付失败，让客户稍后重试。

Spring Cloud 提供了 Hystrix 组件实现熔断和降级，引入了 Hystrix 相关的依赖：

```xml
<dependency>
    <groupId>org.springframework.cloud</groupId>
    <artifactId>spring-cloud-starter-hystrix</artifactId>
    <version>1.4.0.RELEASE</version>
</dependency>
<dependency>
    <groupId>org.springframework.cloud</groupId>
    <artifactId>spring-cloud-starter-hystrix-dashboard</artifactId>
    <version>1.4.0.RELEASE</version>
</dependency>
```

创建启动类 HystrixApplication.java，加入@EnableCircuitBreaker 表示允许开启断路器：

```java
@SpringBootApplication
@EnableDiscoveryClient
@EnableCircuitBreaker//允许开启断路器
public class HystrixApplication {

    public static void main(String[] args) {
        SpringApplication.run(HystrixApplication.class, args);
    }

    @Bean
    public IRule RibbonRule(){
        return new RandomRule();
    }

    @Bean
    @LoadBalanced
    public RestTemplate restTemplate(){
        return new RestTemplate();
    }
}
```

熔断后降级返回：

```java
@Service
public class HelloService {
```

```
    @Autowired
    private RestTemplate restTemplate;

    //当服务出现问题时会执行属性名为 helloFallBack 的 fallbackMetho 方法
    @HystrixCommand(fallbackMethod = "helloFallBack")
    public String helloService() throws ExecutionException, InterruptedException {
        return restTemplate.getForEntity("Http://HELLO-SERVICE/helloprovider", String.class).getBody();
    }

    public String helloFallBack(){
        return "error";
    }

}
```

这里简单地演示了使用 Hystrix 的注解@HystrixCommand(fallbackMethod = "helloFallBack") 来实现服务的熔断和降级。

上面使用了注解的方式实现了服务的熔断和降级，使用起来简单，但是不够灵活。Hystrix 提供了 HystrixCommand 类，继承之后可以更灵活地实现服务的熔断和降级。

创建继承 HystrixCommand 的类 HelloServiceCommand.java：

```
public class HelloServiceCommand extends HystrixCommand<String> {

    private RestTemplate restTemplate;

    protected HelloServiceCommand(String commandGroupKey,RestTemplate restTemplate) {
        super(HystrixCommandGroupKey.Factory.asKey(commandGroupKey));
        this.restTemplate = restTemplate;
    }

    @Override
    protected String run() throws Exception {
        System.out.println(Thread.currentThread().getName());
        return restTemplate.getForEntity("Http://HELLO-SERVICE/helloprovider", String.class).getBody();
    }
```

```java
    @Override
    protected String getFallback() {
        return "error";
    }
}
```

创建 Controller 层的代码如下：

```java
@RestController
public class ConsumerController {

    @Autowired
    private RestTemplate restTemplate;

    @RequestMapping("/consumer")
    public String helloConsumer() throws ExecutionException, InterruptedException {

        HelloServiceCommand command = new HelloServiceCommand("helloprovider", restTemplate);
        String result = command.execute();
        return result;
    }
}
```

restTemplate.getForEntity("Http://HELLO-SERVICE/helloprovider", String.class).getBody() 是阻塞式的，如果后面还有处理逻辑就需要等待，如果需要请求多个服务就需要排队来执行。比如要请求两个服务，一个耗时 2 秒，另一个耗时 3 秒，那么完成本次操作就需要 5 秒。如何提升性能，更快地获取结果呢？这就引入了非阻塞 I/O，即可以实现两个服务同时请求，这样耗时最长的就是总耗时时间。

Hystrix 提供了两个实现非阻塞式 I/O 的方式：Future 将来式和 Callable 回调式。

- Future 将来式：用 Future 将来式去请求一个网络 I/O 之类的任务，会以多线程的形式去实现，主线程不必"卡死"在那里等待，等什么时候需要结果了就通过 Future 的 get() 方法去获取，不用阻塞。
- Callable 回调式：预定义一个回调任务，Callable 发出去的请求由主线程继续往下执行，等请求返回结果的操作执行完了，会自动调用那个回调任务。代码示例如下所示。

```java
@Service
public class HelloService {
```

```
    @Autowired
    private RestTemplate restTemplate;

    @HystrixCommand(fallbackMethod = "helloFallBack")
    public String helloService() throws ExecutionException, InterruptedException {

        Future<String> future = new AsyncResult<String>() {
            @Override
            public String invoke() {
                return restTemplate.getForEntity("Http://HELLO-SERVICE/helloprovider",
String.class).getBody();
            }
        };
        return future.get();
    }

    public String helloFallBack(){
        return "error";
    }

}
```

Controller 层的代码如下所示。

```
@RestController
public class ConsumerController {

    @Autowired
    private RestTemplate restTemplate;

    @RequestMapping("/consumer")
    public String helloConsumer() throws ExecutionException, InterruptedException {
        HelloServiceCommand command = new HelloServiceCommand("helloprovider",
restTemplate);
        Future<String> queue = command.queue();
        return queue.get();
    }
}
```

第 3 章 支付核心

3.1 支付核心架构

支付核心系统负责串联整个入金流程，支付网关暴露给商户的收款接口都是由支付核心系统定义的，支付核心系统提供预支付、支付、退款、支付结果查询、退款结果查询等接口。

3.1.1 业务简介

如果说支付网关是整个支付的门户，那么支付核心系统（简称支付核心）就是整个支付的心脏，没有支付核心，所有的收款流程就无法串联起来。支付核心提供支付服务，对后端支付系统的接口进行业务包装，除了提供常规的支付能力，还实现了使用多个支付方式进行组合支付的功能。支付核心对各支付类型的支付服务流程进行定义，方便商户的接入，具体定义为支付、退款、充值、提现、转账等原子类型，并实现对基础服务的流程编排。

支付核心在支付业务中的地位如图 3-1 所示。

对于支付网关来说，支付核心封装了支付业务能力，支付网关不负责处理业务逻辑，业务逻辑统一在支付核心中实现。一笔支付单或者退款单通过支付网关到达支付核心之后，会先进行参数的校验，然后到商户中心查询商户的认证信息，如果没有相关的信息就返回错误，然后调用风控系统进行风险校验，风险校验包括商户的风险及消费者单笔订单的风险。风险校验通过之后，支付核心组装渠道需要的报文，经过渠道系统将订单信息推送到银联或者网联，再到对应的银行，完成实际的支付。渠道系统把返回的结果告知支付核心，支付核心把支付结果通知清结算系统，清结算系统会在数据库中记录清分数据，通知计费系统，计费系统进行手续费的计算，通知账务系统，账务系统进行记账。交易完成之后，对账系统会从支付核心获取支付或退款数据进行对账。在整个流程中，支付核心就像人体的心脏，整个脉络都会在这里汇总。

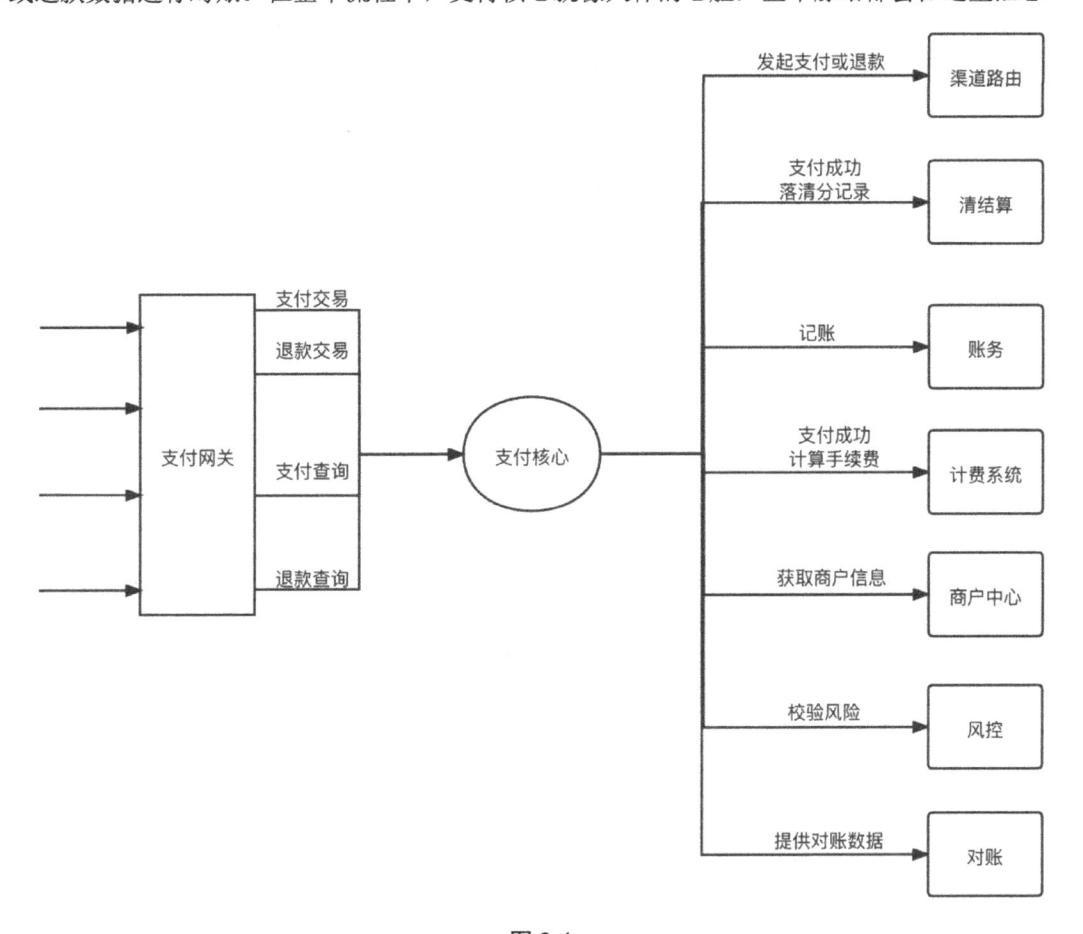

图 3-1

支付核心除了汇总业务流程，还有一个核心的能力就是所有的支付订单、退款订单等都会存储在支付核心系统中，给接入支付机构的商户提供对账文件，商户想要查看的本店的订单信息、退款信息等数据的来源都是支付核心。

3.1.2 系统架构

支付核心是整个支付体系的一个微服务系统，包装支付的业务接口给商户使用，提供的接口有预支付、支付、退款、提现、转账等。支付核心通过支付网关暴露接口给外部商户使用，支付网关负责数据的安全性校验，以及字段的必填校验，比如加密/解密、必填项是否有值在支付网关层已经校验过。因为支付网关没有业务逻辑，业务逻辑统一收拢在支付核心，所以支付核心要对字段的业务属性进行校验，比如支付网关校验商户号是否非空，而支付核心要校验商户号是否合法、是否存在这样的商户号。支付核心收到的支付网关的数据默认都是安全的，不会再进行安全性校验。支付核心的架构如图 3-2 所示。

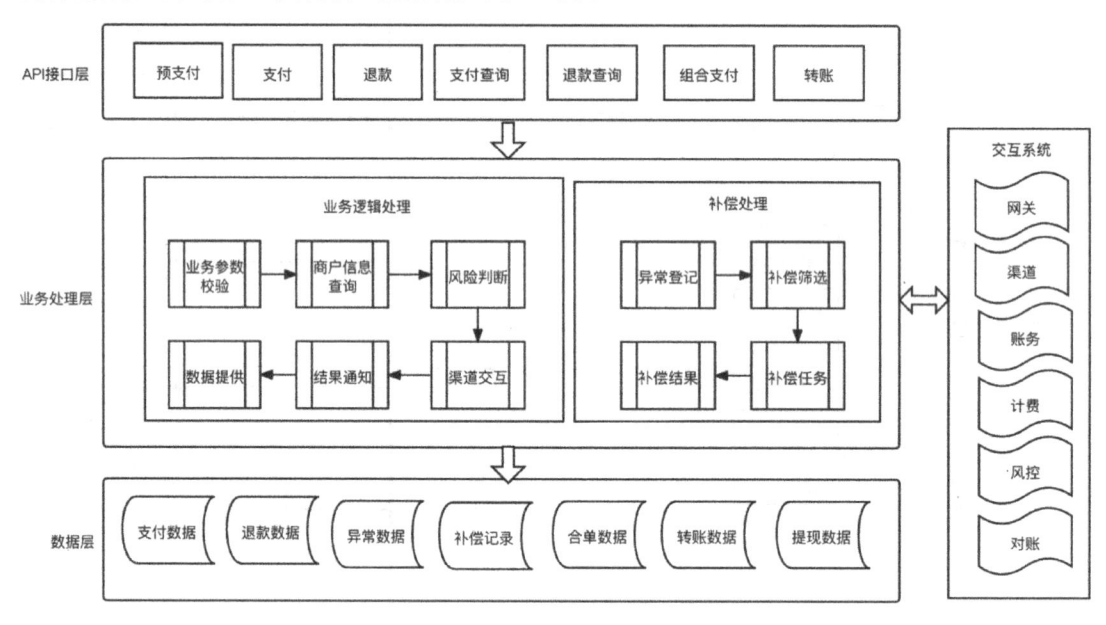

图 3-2

支付核心分为三层架构：API 接口层、业务处理层和数据层。API 接口层提供支付的通用接口。

业务处理层负责串联业务流程，和各个微服务系统进行交互，其主要分为两部分：业务逻辑处理和补偿处理。以退款为例，客户发起退款请求后，交易信息通过支付网关到达支付核心，支付核心收到报文之后先进行参数的校验，根据退款请求里的支付单号判断是否有原支付单、退款金额是否大于原支付单金额、当前退款金额与已经退款的退款金额之和是否大于原支付金额，如果大于就会告知客户退款失败，不会执行后续的流程。金额校验通过之后拉取商户信息进行风控校验，判断当前商户或者 C 端客户是否有风险，如果有风险，比如有洗钱嫌疑或者电信欺诈嫌疑，则中断交易。如果风控也通过了，就会通过渠道进行退款，把退款结果告知各个业务系统并进行后续的处理。但是在退款的时候，由于系统异常，肯定会出现一些意料之外的场景，比如渠道侧没有及时返回处理结果。在这种情况下，需要一个补偿机制，不是终态的数据（明确成功或者失败的数据）要进行补偿处理。针对这一点，渠道侧会给出很多错误码，有些错误码是可以重试的，有些错误码可以认为是失败的数据。可以通过补偿任务来处理重试的数据，判断不出是否为终态的数据，首先要登记落库，或者更新状态，然后补偿任务经过筛选捞起需要重试的订单，重新发起退款，但重试之前一定要先通过渠道提供的查询接口查询订单的状态。

支付核心存储所有付款交易的订单，所以数据层最大的挑战在于如何处理亿量级的数据，需要存储的数据包括支付数据、退款数据、异常数据、补偿记录数据、合单支付对应的总单和子单关系数据、转账数据和提现数据等。商户想要看到的订单数据、提现数据都可以通过商户中心来获取，所以对商户中心数据的处理能力有很高的要求。并且每一笔支付、退款、提现记录都必须是唯一的，如何保证唯一性也是一个很大的挑战。

3.1.3 接口

支付机构对外提供的接口大部分来自支付核心，以银行卡支付为例，支付机构提供的接口有银行卡预签约接口、银行卡签约接口、银行卡签约支付接口、银行卡绑卡验证码获取接口、银行卡绑卡支付接口、银行卡解绑接口、退款申请接口、退款查询接口等。

1. 银行卡预签约

应用场景：银行卡支付签约之前进行的四要素或六要素校验。四要素是指消费者的银行卡号、开户人姓名、开户人身份证号、开户预留手机号，六要素是针对信用卡在四要素的基础上增加了信用卡有效期和信用卡安全码。

请求参数如表 3-1 所示。

表 3-1

名称	变量名	必填	类型	示例值	描述
商户号	mch_id	否	string	180212110446000000	商户入驻支付机构时分配的唯一编号
银行卡号	bank_card_no	是	string	6227************	银行卡号
开户人姓名	name	是	string	苏**	开户人姓名
开户人身份证号	id_no	是	string	3**23419911**211**	开户人身份证号
开户预留手机号	phone	是	string	188********	在银行办理开户时预留的手机号
信用卡有效期	expiry_date	否	string	2901	信用卡有效期，卡类型为信用卡时该字段必填，格式为 yyMM
信用卡安全码	cvn2	否	string	123	信用卡 cvn2 码，卡类型为信用卡时该字段必填，卡背面的三位数字

入参示例如下：

{
    "mch_id":"180212110446000000",

```
"bank_card_no":"6227************",
"name":"苏**",
"id_no":"3**23419911**211**",
"phone":"188********",
"expiry_date":"2901",
"cvn2":"123"
}
```

返回结果如表 3-2 所示。

表 3-2

字段名	变量名	必填	类型	示例值	描述
交易 ID	tradeId	否	string	0122113509997146	交易唯一标识,后续接口入参需要原样返回

出参示例如下:

```
{
    "response":{
        "tradeId":"0122113509997146"
    }
}
```

2. 银行卡签约

应用场景:消费者和银行签约,开通快捷支付。

请求参数如表 3-3 所示。

表 3-3

名称	变量名	必填	类型	示例值	描述
商户号	mch_id	否	string	180212110446000000	商户入驻支付机构时分配的唯一编号
银行卡号	bank_card_no	是	string	6227************	银行卡号
开户人姓名	name	是	string	苏**	开户人姓名
开户人身份证号	id_no	是	string	3**23419911**211**	开户人身份证号
开户预留手机号	phone	是	string	188********	在银行办理开户时预留的手机号
信用卡有效期	expiry_date	否	string	2901	信用卡有效期,卡类型为信用卡时该字段必填,格式为 yyMM

续表

名称	变量名	必填	类型	示例值	描述
信用卡安全码	cvn2	否	string	123	信用卡 cvn2 码,卡类型为信用卡时该字段必填,卡背面的三位数字
短信验证码	verify_code	是	string	123456	预签约时银行发送给持卡人的短信验证码
交易 ID	tradeId	否	string	0122113509997146	预签约接口出参需要原样返回

入参示例如下:

```
{
    "mch_id":"180212110446000000",
    "bank_card_no":"6227************",
    "name":"苏**",
    "id_no":"3**23419911**211**",
    "phone":"188********",
    "expiry_date":"2901",
    "cvn2":"123",
    "verify_code":"123456",
    "tradeId":"0122113509997146"
}
```

返回结果如表 3-4 所示。

表 3-4

字段名	变量名	必填	类型	示例值	描述
银行卡绑定 ID	bind_open_id	是	string	A1F63738AE7203D7CA7CF9B185726D71B9C21CF3DC13780E2499CD6FED0649ED	签约成功后会返回绑定 ID,支付时需要使用

出参示例如下:

```
{
    "response":{
        "sign":"70EA570631E4BB79628FBCA90534C63FF7FADD89",
        "sign_type":"RSA",
        "bind_open_id":"A0F66738AC7203D7CA7BF9B985726F76B9C20BE5DC05284E2499FD6BED0649ED"
    }
}
```

3. 银行卡签约支付

应用场景：签约的同时完成支付。

请求参数如表 3-5 所示。

表 3-5

名称	变量名	必填	类型	示例值	描述
商户号	mch_id	否	string	180212110446000000	商户入驻支付机构时分配的唯一编号
银行卡号	bank_card_no	是	string	6227************	银行卡号
开户人姓名	name	是	string	苏**	开户人姓名
开户人身份证号	id_no	是	string	3**23419911**211**	开户人身份证号
开户预留手机号	phone	是	string	188********	在银行办理开户时预留的手机号
信用卡有效期	expiry_date	否	string	2901	信用卡有效期，卡类型为信用卡时该字段必填，格式为 yyMM
信用卡安全码	cvn2	否	string	123	信用卡 cvn2 码，卡类型为信用卡时该字段必填，卡背面的三位数字
短信验证码	verify_code	是	string	123456	预签约时银行发送给持卡人的短信验证码
交易 ID	tradeId	否	string	0122113509997146	预签约接口出参需要原样返回
外部订单号	out_biz_no	是	string	O1620183512776706	外部订单号
交易金额	trade_amount	是	Long	1000	交易金额（分），最低金额为 1 分
用户 IP 地址	client_IP	是	string	127.0.0.1	用户发起签约支付的终端 IP 地址
币种	currency	否	string	CNY	交易币种，CNY–人民币
支付回调地址	notify_url	是	string	Https://www.***.com	支付回调地址
商品描述	goods_desc	是	String(128)	百世可乐	商品描述
交易描述	trade_desc	是	String(128)	××可乐，买一送一	交易描述
交易失效时间	expire_time	是	string	2029-01-06 17:50:00	交易失效时间，东八区，大于当前时间 10 分钟，格式为 yyyy-MM-dd hh:mm:ss

入参示例如下：

```
{
    "mch_id":"180212110446000000",
    "bank_card_no":"6227************",
    "name":"苏**",
    "id_no":"3**23419911**211**",
    "phone":"188********",
    "expiry_date":"2901",
    "cvn2":"123",
    "verify_code":"123456",
    "tradeId":"0122113509997146",
    "out_biz_no":"101620183512776706",
    "trade_amount":1000,
    "client_IP":"127.0.0.1",
    "currency":"CNY",
    "notify_url":"Https://www.***.com",
    "goods_desc":"××可乐",
    "trade_desc":"××可乐，买一送一",
    "expire_time":"2029-01-06 17:50:00"
}
```

返回结果如表 3-6 所示。

表 3-6

字段名	变量名	必填	类型	示例值	描述
银行卡绑定 ID	bind_open_id	是	string	A1F63738AE7203D7CA7CF9B185726D71B9C21CF3DC13780E2499CD6FED0649ED	签约成功时会返回绑定 ID
交易单号	trade_no	是	string	18199999	交易单号

出参示例如下：

```
{
    "response":{
        "sign":"70EA570631E4BB79628FBCA90534C63FF7FADD89",
        "sign_type":"RSA",
        "bind_open_id":"A0F66738AC7203D7CA7BF9B985726F76B9C20BE5DC05284E2499FD6BED0649ED",
        "trade_no":"18199999"
    }
}
```

4. 银行卡绑卡验证码获取

应用场景：使用已签约绑定的银行卡支付之前，点击获取验证码，支付时需要带上该验证码。

请求参数如表 3-7 所示。

表 3-7

名称	变量名	必填	类型	示例值	描述
商户号	mch_id	否	string	180212110446000000	商户入驻支付机构时分配的唯一编号
银行卡绑定 ID	bind_open_id	是	string	A1F63738AE7203D7CA7CF9B185726D71B9C21CF3DC13780E2499CD6FED0649ED	64 位的银行卡绑定 ID
外部单号	out_biz_no	是	string	1811111111	外部单号
信用卡有效期	expiry_date	否	string	2901	信用卡有效期，卡类型为信用卡时该字段必填，格式为 yyMM
信用卡安全码	cvn2	否	string	123	信用卡 cvn2 码，卡类型为信用卡时该字段必填，卡背面的三位数字

入参示例如下：

```
{
    "mch_id":"180212110446000000",
    "bind_open_id":"A1F63738AE7203D7CA7CF9B185726D71B9C21CF3DC13780E2499CD6FED0649ED",
    "out_biz_no":"1811111111",
    "expiry_date":"2901",
    "cvn2":"123"
}
```

返回结果如表 3-8 所示。

表 3-8

字段名	变量名	必填	类型	示例值	描述
银行卡绑定 ID	bind_open_id	是	string	A1F63738AE7203D7CA7CF9B185726D71B9C21CF3DC13780E2499CD6FED0649ED	64 位的银行卡绑定 ID
开户预留手机号	phone	是	string	188********	在银行办理开户时预留的手机号

字段名	变量名	必填	类型	示例值	描述
交易 ID	tradeId	否	string	0122113509997146	交易唯一 ID，后续接口入参需要原样返回

出参示例如下：

```
{
    "response":{
        "sign":"70EA570631E4BB79628FBCA90534C63FF7FADD89",
        "sign_type":"RSA",
        "bind_open_id":"A0F66738AC7203D7CA7BF9B985726F76B9C20BE5DC05284E2499FD6BED0649ED",
        "phone":"188********",
        "tradeId":"0122113509997146"
    }
}
```

5. 银行卡绑卡支付

应用场景：使用已经签约绑定过的银行卡完成支付。

请求参数如表 3-9 所示。

表 3-9

名称	变量名	必填	类型	示例值	描述
商户号	mch_id	否	string	180212110446000000	商户入驻支付机构时分配的唯一编号
银行卡绑定 ID	bind_open_id	是	string	A1F63738AE7203D7CA7CF9B185726D71B9C21CF3DC13780E2499CD6FED0649ED	签约成功时返回的绑定 ID
信用卡有效期	expiry_date	否	string	2901	信用卡有效期，卡类型为信用卡时该字段必填，格式为 yyMM
信用卡安全码	cvn2	否	string	123	信用卡 cvn2 码，卡类型为信用卡时该字段必填，卡背面的三位数字

续表

名称	变量名	必填	类型	示例值	描述
短信验证码	verify_code	是	string	123456	预签约时银行发送给持卡人的短信验证码
外部订单号	out_biz_no	是	string	1O1620183512776706	外部订单号
交易金额	trade_amount	是	Long	1000	交易金额（分），最低金额为1分
用户 IP 地址	client_IP	是	string	127.0.0.1	用户发起签约支付的终端IP地址
币种	currency	否	string	CNY	交易币种，目前仅支持CNY，默认为CNY
支付回调地址	notify_url	是	string	Https://www.***.com	支付回调地址
商品描述	goods_desc	是	string	××可乐	商品描述
交易描述	trade_desc	是	string	××可乐，买一送一	交易描述
交易失效时间	expire_time	是	string	2029-01-06 17:50:00	交易失效时间，东八区，大于当前时间10分钟，格式为yyyy-MM-dd hh:mm:ss
交易ID	tradeId	否	string	0122113509997146	发送短信验证码接口出参需要原样返回

入参示例如下：

```
{
    "mch_id":"180212110446000000",
    "bind_open_id":"A1F63738AE7203D7CA7CF9B185726D71B9C21CF3DC13780E2499CD6FED0649ED",
    "expiry_date":"2901",
    "cvn2":"123",
    "verify_code":"123456",
    "code_key":"10212",
    "out_biz_no":"1O1620183512776706",
    "trade_amount":1000,
    "client_IP":"127.0.0.1",
    "currency":"CNY",
    "notify_url":"Https://www.***.com",
    "goods_desc":"××可乐",
    "trade_desc":"××可乐，买一送一",
```

```
    "expire_time":"2029-01-06 17:50:00",
    "code_key":"123456",
    "trade_id":"161022334456"
}
```

返回结果如表 3-10 所示。

表 3-10

字段名	变量名	必填	类型	示例值	描述
交易单号	trade_no	是	string	18199999	交易单号

出参示例如下:

```
{
    "response":{
        "sign":"70EA570631E4BB79628FBCA90534C63FF7FADD89",
        "sign_type":"RSA",
        "trade_no":"18199999"
    }
}
```

6. 银行卡解绑

应用场景:解除银行卡绑定。

请求参数如表 3-11 所示。

表 3-11

名称	变量名	必填	类型	示例值	描述
商户号	mch_id	否	string	180212110446000000	商户入驻支付机构时分配的唯一编号
银行卡绑定 ID	bind_open_id	是	string	A1F63738AE7203D7CA7CF9B185726D71B9C21CF3DC13780E2499CD6FED0649ED	签约成功时返回的绑定 ID

入参示例如下:

```
{
    "mch_id":"180212110446000000",
    "bind_open_id":"A1F63738AE7203D7CA7CF9B185726D71B9C21CF3DC13780E2499CD6FED0649ED"
}
```

返回结果如表 3-12 所示。

表 3-12

字段名	变量名	必填	类型	示例值	描述
银行卡绑定 ID	bind_open_id	是	string	A1F63738AE7203D7CA7CF9B185726D71B9C21CF3DC13780E2499CD6FED0649ED	64 位的银行卡绑定 ID
银行卡号	bank_card_no	是	string	6227************	银行卡号

出参示例如下：

```
{
    "response":{
        "sign":"70EA570631E4BB79628FBCA90534C63FF7FADD89",
        "sign_type":"RSA",
        "bind_open_id":"18199999",
        "bank_card_no":"6227************"
    }
}
```

7. 退款申请

应用场景：在交易发生之后一段时间内，由于买家或者卖家的原因需要退款时，卖家可以通过退款接口将支付款退还给买家，三方支付机构在收到退款请求并且验证成功之后，按照退款规则将支付款原路退到买家账号上。

支持多次退款，但退款总金额不能超过原订单支付总金额。

请求参数如表 3-13 所示。

表 3-13

名称	变量名	必填	类型	示例值	描述
商户号	mch_id	是	string	180212110446000000	商户入驻支付机构时分配的唯一编号
支付交易号	trade_no	是	string	181216234823000007	支付交易号
商户退款单号	out_refund_no	是	string	R20220216232331611757776	外部商户系统生成的退款单号
退款金额	refund_amount	是	Long	100	单位为分，只能为整数
退款描述	refund_desc	是	string	商品已售完	退款描述信息

入参示例如下：

```
{
    "trade_no": "181216234823000007",
    "out_refund_no": "R20181216223233161175776",
    "mch_id": "180212110446000000",
    "refund_amount": "10",
    "refund_desc": "商品已售完"
}
```

返回结果如表 3-14 所示。

表 3-14

字段名	变量名	必填	类型	示例值	描述
业务结果	result_code	是	string	REFUND_PROCESSING	不同的处理结果有不同的返回值
业务结果描述	result_msg	是	string	退款处理中	对应业务结果的描述
支付商户号	mch_id	是	string	180212110446000000	商户的唯一标识
支付交易号	trade_no	是	string	181216234823000007	支付交易号
商户退款单号	out_refund_no	是	string	R20220216223233161175776	商户退款单号

出参示例如下：

```
{
    "response": {
        "sign": "LdgdzTrPu63yn+dRYzboQW1bPtOMBdNxvNOnxYHd077t9RRJdfrG9e0GyPlJLDYMfDSJMiEl3Md8YrideqLT32jtryBR3750EJ5gH2GHp6yDXl400kbra/VF5fidQTXx/Rja+F/+EAf+bDFYSZgu92GDvPBFMILA/uhOIrj+5kU=",
        "signType": "RSA",
        "result_code": "REFUND_PROCESSING",
        "result_msg": "退款处理中",
        "trade_no": "181216234823000007",
        "out_refund_no": "R20220216223233161175776",
        "mch_id": "180212110446000000",
    }
}
```

8．退款查询

应用场景：提交退款申请后，通过调用该接口查询退款状态。

请求参数如表 3-15 所示。

表 3-15

名称	变量名	必填	类型	示例值	描述
商户号	mch_id	是	string	180212110446000000	商户入驻支付机构时分配的唯一编号
支付交易号	trade_no	是	string	181216234823000007	支付交易号
商户退款单号	out_refund_no	是	string	R20220216232331611755776	外部商户系统生成的退款单号

入参示例如下：

```
{
    "trade_no": "181216234823000007",
    "out_refund_no": "R20220216232331611755776",
    "mch_id": "180212110446000000"
}
```

返回结果如表 3-16 所示。

表 3-16

字段名	变量名	必填	类型	示例值
业务结果	result_code	是	string	REFUND_NOT_EXIST
业务结果描述	result_msg	是	string	退款成功
支付商户号	mch_id	是	string	180212110446000000
交易号	trade_no	是	string	181216234823000007
商户退款单号	out_refund_no	是	string	R20220216232331611755776

出参示例如下：

```
{
    "response": {
        "sign": "LdgdzTrPu63yn+dRYzboQW1bPtOMBdNxvNOnxYHd077t9RRJdfrG9e0GyPlJLDYMfDSJMiEl3Md8YrideqLT32jtryBR3750EJ5gH2GHp6yDXl400kbra/VF5fidQTXx/Rja+F/+EAf+bDFYSZgu92GDvPBFMILA/uhOIrj+5kU=",
        "signType": "RSA",
        "result_code": "REFUND_SUCCESS",
        "result_msg": "退款成功",
```

```
            "trade_no": "181216234823000007",
            "out_refund_no": "R20220216233161175776",
            "mch_id": "180212110446000000"
        }
    }
```

3.2 支付核心技术

3.2.1 生成唯一支付单号

1. 为什么需要发号器

每一笔支付订单都要有支付单号，支付单号的唯一性非常重要，可以防止重复支付，使用支付单号可以串联支付订单的流转并进行数据核对。唯一 ID 的生成方式有很多种，既可以使用 JDK 提供的 UUID，也可以使用数据库自增 ID。一般支付机构会自己搭建一套发号器系统来满足自身业务唯一性的需求。我们先分析一下 UUID 和数据库自增 ID 的弊端。

数据库自增 ID 有以下几个弊端：

- 难以适应分片场景：在采用数据库分片时，如果使用数据库自增 ID，那么不同分片上会产生相同的 ID，要保证唯一性还需要额外加上分片字段。单个字段无法确保 ID 唯一，使用关联查询复杂度要高得多。
- 主备切换时数据会产生冲突：在 MySQL 集群发生主备切换时，异步复制无法确保主从完全同步。如果主库有异常切换备库，在备库开放写入后，备库上产生的自增 ID 会和尚未同步的主库上的数据产生冲突。这样一来，即使原来的主库恢复了，也无法重新加入集群。数据修复也变成了一件非常困难的事情。
- 网络异常时无法判断记录插入是否成功：当插入记录时，如果使用数据库自增 ID，那么在完成插入后，才能得到产生的 ID。如果在执行插入语句时发生网络中断，那么客户端无法知道事务是否成功，即使成功，也无法再获得产生的 ID。

基于 UUID 的特性，可以产生一个唯一的字符串。UUID 是在本地生成的，所以性能相对较高、时延低、扩展性高，完全不受分库分表的影响。但使用 UUID 是有点小问题的，主要体现在以下几个方面：

- UUID 无法保证趋势递增，生成的是一串无序的字符串。
- UUID 过长，往往用 32 位字符串表示，占用数据库空间较大，做主键的时候索引中主键 ID 占据的空间较大。

- UUID 作为主键建立索引查询的效率低。
- 最致命的问题在于使用 JDK 生成的 UUID 版本不一样，在高并发情况下可能会出现 UUID 重复的情况。

所以，UUID 虽然能够保证全局主键 ID 的唯一性，但 UUID 并不具备有序性，这会导致在写 B+树索引的时候产生过多的随机写操作。另外，由于在写数据库的时候不能产生有顺序的 append 操作，而需要进行 insert 操作，读取表中整个 B+树节点，并将其加到内存中，在插入这条记录后将整个节点写回磁盘，因此这种操作在数据占用空间比较大的情况下，性能下降明显。

基于这些原因，三方支付机构会搭建自身的发号器系统，生成的单号既能保证全局唯一，又能符合业务需求。设计发号器需要遵守以下几点：

- 容灾能力：要保证在服务崩溃重新恢复后，不会产生已经产生过的 ID。
- 不受外部环境变化的影响：很多发号器是基于时间戳实现的。但有些实现直接将机器上的时间戳作为 ID 的一部分。如果机器时间发生回跳，则会造成 ID 重复。使用时间戳也对机器时间的精度有了强依赖。
- 持久化：要满足真正的全局唯一，持久化是必须的。而且持久化还必须是不会丢失的、强一致的。如果发号器实现分散在各个应用服务器上，由于应用服务器的持久化能力是难以保证的，因此可靠性就会受影响。而且这样一来，每个应用服务器也要有一个终生及宕机后也全局唯一的 ID 作为产生的 ID 的一部分，以此来满足全局唯一，这就大大提高了部署和运维的门槛。所以我们认为发号器最好还是集中式的。
- 全局单调：是否全局单调其实是权衡后的结果。在确定要实现高可用的前提下，全局单调和负载均衡是不可兼得的。我们最终还是选择实现全局单调。全局单调的 ID 有额外的好处——作为主键时，可以直接代替时间字段排序。由于 MySQL 二级索引是指向主键的，使用主键排序通常可以避免排序操作，直接利用索引就能完成排序。另外，如果要实现一些分布式一致性系统，那么一个全局单调的 ID 生成器也是一个必备的组件。

2. Snowflake 算法

设计发号器时需要了解最核心的算法 Snowflake 算法。Snowflake 算法是 Twitter 公司提出的算法，广泛地应用于各种业务系统。也因为 Snowflake 算法的灵活性和缺点，对它的改造层出不穷，比如百度的 UidGenerator、美团的 Leaf、索尼的 Sonyflake 等。Snowflake 算法会生成一个占 64 位 Long 类型的数值，我们把 64 位数值划分为几个模块，第 1 位为符号位，接下来的 41 位存放 Linux 时间戳，中间 10 位存放集群序号和机器序号，最后 12 位存放自增序列，如图 3-3 所示。

```
符号位 (1 bit)                                          集群序号 (5 bit)      自增序列号 (12 bit)
    ↓                                                      ⌒                      ⌒
    0 - 0000000000 0000000000 0000000000 0000000000 0 - 00000 - 00000 - 000000000000
                             ⌣                                      ⌣
                        Linux时间戳 (41 bit)                    机器序号 (5 bit)
```

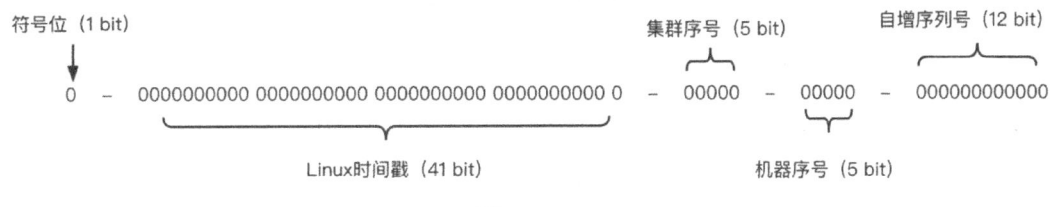

图 3-3

（1）符号位（1 位）。

第 1 位是符号位，符号位为 0，表示正数。

（2）Linux 时间戳（41 位）。

Linux 时间戳占最高位的 41 位是时间戳的差值，比如我们定义 2015 年 1 月 1 日为参照时间，那么将当前时间减去参照时间之后的值存入这 41 位。最多可以支持(Math.pow(2,41)-1)/(1000×60×60×24×365)=69 年。

如果不设置参照时间，那么参照时间就是 1970 年 1 月 1 日。

（3）集群序号（5 位）。

由于 Math.pow(2,5)-1=31，所以最多可以有 31 个集群。

（4）机器序号（5 位）。

由于 Math.pow(2,5)-1=31，所以每个集群最多可以有 31 台机器。

（5）自增序列（12 位）。

由于 Math.pow(2,12)-1=4095，所以每个机房中的每台机器 1 毫秒内最多生成 4095 个序列，也就是 4095 个 ID。

如果负载均衡做得好，机器也充足，那么 1 毫秒最多可以生成 31×31×4095=3935295 个无重复的 ID。

Snowflake 算法的实现如下所示。

```
public class Snowflake {

    //集群所占位数
    private final static int fleetBit = 5;
    //机器码所占位数
    private final static int machineBit = 5;
    //自增序列所占位数
```

```java
    private final static int sequenceBit = 12;

    //机器码位移量
    private final static int machineDisplacement = sequenceBit;
    //集群位移量
    private final static int fleetDisplacement = machineBit + sequenceBit;
    //时间戳位移量
    private final static int timeDisplacement = fleetBit + machineBit + sequenceBit;

    //参照时间(2018-01-01 00:00:00)
    private final static long referenceTime = 15147360000001;

    //自增序列最大值
    private final static int sequenceMax = -1^(-1<<12);

    //自增序列
    private static int sequence = 0;

    //上一次生成自增序列的时间
    private static long lastTimeStamp = -1l;

    /*
     * @DescrIPtion 获取全局唯一 ID
     * @Param [fleetCode, machineCode]
     * @return long
     */
    public static synchronized long getNextId(int fleetCode,int machineCode){
        long currentTimeStamp = getCurrentTimeStamp();
        if (lastTimeStamp==currentTimeStamp){
            if (sequence>=sequenceMax){
                currentTimeStamp = getNextTimeStamp();
                lastTimeStamp = currentTimeStamp;
                sequence = 0;
            } else {
                sequence++;
            }

        } else if (lastTimeStamp<currentTimeStamp){
```

```
            sequence = 0;
            lastTimeStamp = currentTimeStamp;
        } else if (lastTimeStamp>currentTimeStamp){

        }
        long id = (currentTimeStamp-referenceTime)<<timeDisplacement |
                fleetCode<<fleetDisplacement |
                machineCode<<machineDisplacement |
                sequence;
        return id;

    }


    /*
     * @DescrIPtion 获取当前时间戳,精确到毫秒
     * @Param []
     * @return long
     */
    private static long getCurrentTimeStamp(){
        return System.currentTimeMillis();
    }


    /*
     * @DescrIPtion 当前毫秒自增序列已经达到最大值,等待获取下一毫秒
     * @Param []
     * @return long
     */
    private static long getNextTimeStamp(){
        long timeStamp = getCurrentTimeStamp();
        while (timeStamp<=lastTimeStamp){
            timeStamp = getCurrentTimeStamp();
        }
        return timeStamp;
    }

}
```

3. 发号器架构设计

基于 Snowflake 算法实现发号器就简单多了，但是 Snowflake 算法如何落地呢？通常有两种方法：

- 第一，把生成唯一 ID 的代码封装在 SDK 中，应用系统引用 SDK，每台机器有自己的机器 ID。这样做的好处是没有网络交互，性能好。如果机器众多或者机器重启，则不容易保证每台机器 ID 是唯一的。
- 第二，搭建一个发号器集群。这样做的弊端是每次获取唯一 ID 都会有一个额外的网络交互，但对于内网来说，性能损失很小，这方面的损失是可以接受的。

基于 Snowflake 算法的发号器不需要存储空间，只需要少量机器就能提供大量的唯一 ID，所以性能很好。这样可以节省机器数量，唯一 ID 中用于表示机器 ID 的位数可以减少，提供的号就会变多。如果只有一台发号器、多个备份发号器，则无须机器 ID。一般情况下由少量的几台机器一起提供发号服务，此时由于机器较少，可以把机器 ID 写到配置文件中。这也是三方支付机构采用第二种方法的原因。

搭建一套发号器系统，使用 Snowflake 算法设计的发号器系统架构如图 3-4 所示。

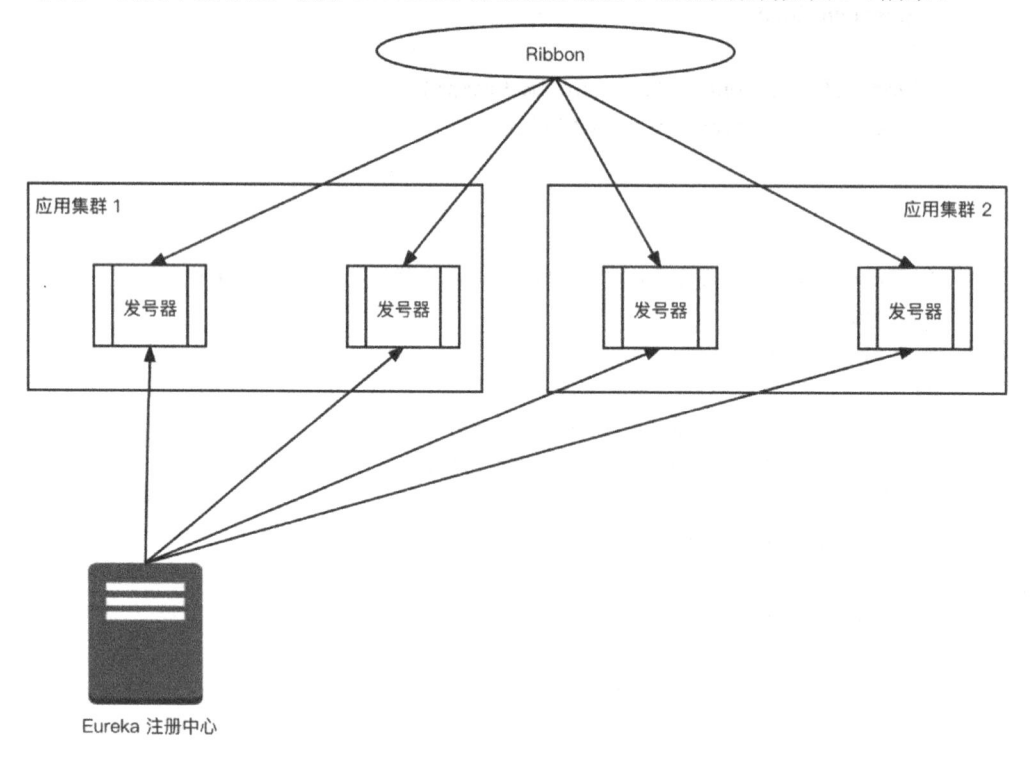

图 3-4

Snowflake 算法的核心思想是二进制 64 位数值的合理分配，但不必严格按照图 3-4 的分法。在机器较少的情况下，可以适当缩短机器 ID 的长度，留出来数值给序列号使用。

Snowflake 算法实现的发号器面临以下几个挑战：

（1）机器 ID 的指定。

这个问题在分布式的环境下会比较突出，通常的解决方案是利用 Redis 或者 ZooKeeper 进行机器注册，确保注册的机器 ID 是唯一的。但这样做就强依赖 Redis 或者 ZooKeeper 了，可以将机器 ID 写入本地文件系统，只有启动的时候才从中间件中获取，这样就弱化了依赖关系。

（2）机器 ID 的生成规则。

机器 ID 的生成大致要满足三个条件：a. int 类型（10bit）纯数字，b.相对稳定，c.与其他机器要有所区别。至于优雅美观，都是其次的了。对于机器 ID 的存储，可以使用 Hash 结构，Key 的规则是 "application-name.port.IP"，其中 IP 地址是通过算法转换的一段长整型纯数字，Value 则是机器 ID。

（3）时钟回拨。

因为 Snowflake 算法对系统时间是很依赖的，所以对于时钟的波动是很敏感的，尤其是时钟回拨，很有可能出现重复发号的情况。时钟回拨问题的解决策略通常是直接拒绝发号，直到时钟正常，必要时进行告警。

3.2.2 百亿级数据量处理——分库分表

支付核心会保存支付记录和退款记录。每天的订单量非常大，支付记录表需要保存近一年所有的记录，百亿级别的数据都存在一张表里，查询、更新都会成为瓶颈，所以需要做到分库分表。不管是 I/O 瓶颈，还是 CPU 瓶颈，最终都会导致数据库的活跃连接数增加，进而逼近甚至达到数据库可承载活跃连接数的阈值。在业务 Service 方来看就是可用数据库连接少，甚至无连接可用。可以使用分库分表来缓解数据库的压力问题。我们先来复习一下分库分表的基础知识。

1. 水平分库

- **思路**：以字段为依据，按照一定的策略（Hash、Range 等）将一个库中的数据拆分到多个库中。
- **结果**：每个库的结构都一样，每个库中的数据都不一样，没有交集，所有库的并集是全量数据。
- **使用场景**：系统绝对并发量增加了，分表难以从根本上解决问题，并且还没有明显的业务归属来垂直分库。

- **分析**：拆分的库多了，I/O 和 CPU 的压力自然可以成倍缓解。比如原来的 QPS 是 500，拆成两个库之后每个库的 QPS 为 250。

以支付单号为例，水平分库结构如图 3-5 所示。

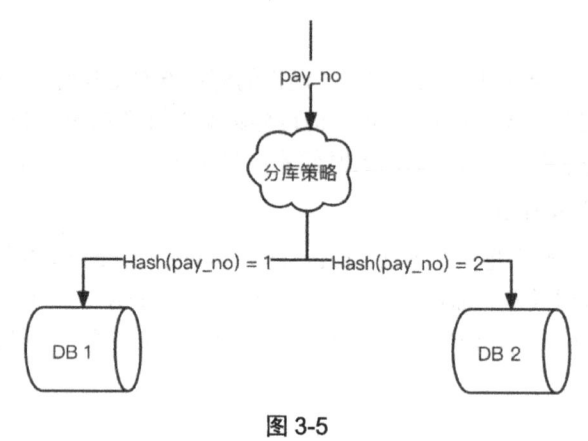

图 3-5

2. 水平分表

- **思路**：以字段为依据，按照一定的策略（Hash、Range 等）将一个表中的数据拆分到多个表中。
- **结果**：每个表的结构都一样，每个表中的数据都不一样，没有交集，所有表的并集是全量数据。
- **适用场景**：系统绝对并发量并没有增加，只是单表的数据量太多，影响了 SQL 效率，加重了 CPU 负担，以至于成为性能瓶颈。
- **分析**：表的数据量少了，单次 SQL 执行效率提高，自然减轻了 CPU 的负担。另外，拆分的表多了，单个表的数据查询量会成倍减少。

以支付单号为例，水平分表的结构如图 3-6 所示。

3. 垂直分库

- **思路**：以表为依据，按照业务归属将不同的表拆分到不同的库中。
- **结果**：每个库的结构都不一样，每个库中的数据也不一样，没有交集，所有库的并集是全量数据。
- **适用场景**：系统绝对并发量增加，单库无法承担并发量的时候，可以抽象出单独的业务模块，把单独的业务模块拆分出来形成一个新的库。
- **分析**：随着业务的发展，公用的配置表、字典表等越来越多，这时可以将这些表拆分到单独的库中。

图 3-6

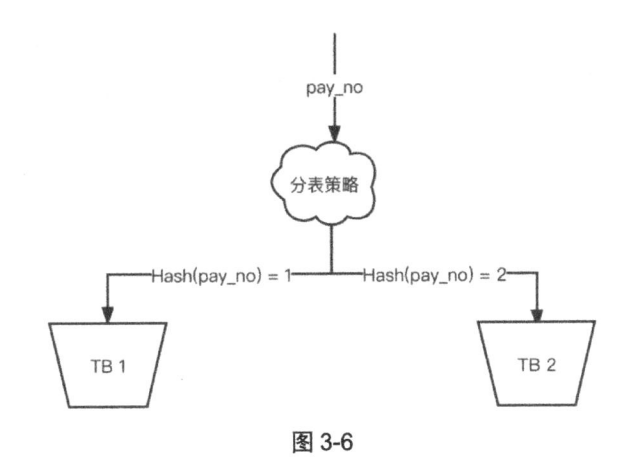

垂直分库的结构如图 3-7 所示。

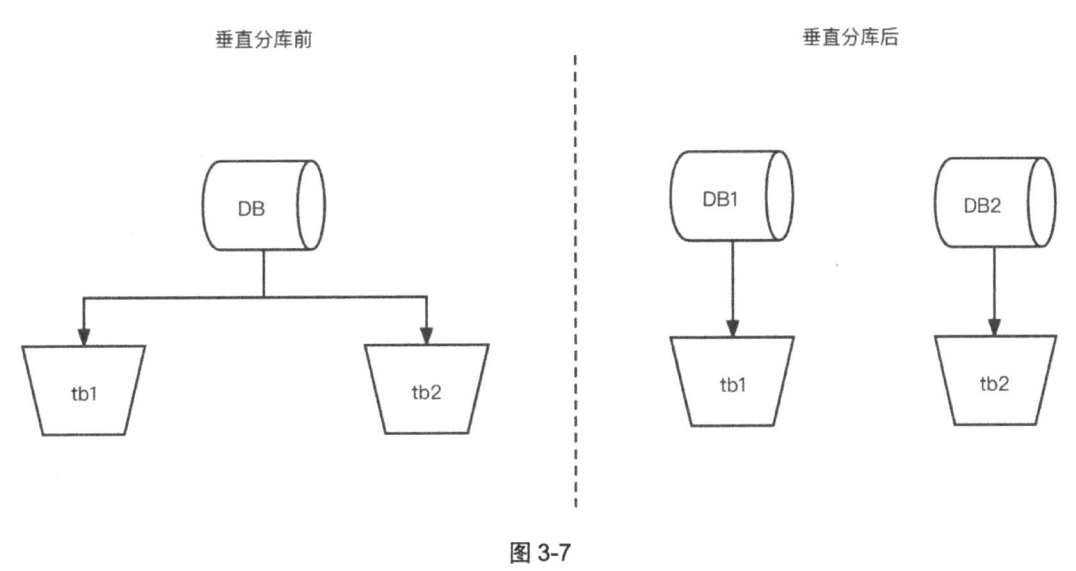

图 3-7

4. 垂直分表

- **思路**：以字段为依据，按照字段的活跃性将表中字段拆分到不同的表（主表和扩展表）中。
- **结果**：每个表的结构都不一样，每个表中的数据也不一样，每个表的字段至少有一列交集，一般是主键，用于关联数据，所有表的并集是全量数据。
- **适用场景**：系统绝对并发量并没有增加，表的记录并不多，但是字段多，并且热点数据和非热点数据在一起，单行数据所需的存储空间较大，以至于数据库缓存的数据行减少，查询时会去读磁盘数据，从而产生大量的随机读 I/O，出现 I/O 瓶颈。

- **分析**：可以用列表页和详情页来帮助理解。垂直分表的拆分原则是将热点数据放在一起作为主表，非热点数据放在一起作为扩展表。这样更多的热点数据就能被缓存下来，进而减少了随机读 I/O。拆分之后，要想获得全部数据就需要关联两个表来获取数据。但是千万别用 Join，因为 Join 不仅会增加 CPU 负担，而且会将两个表耦合在一起（必须在一个数据库实例上）。应该在业务 Service 层实现数据的关联，分别获取主表和扩展表数据，然后用关联字段关联得到全部数据。

垂直分表的结构如图 3-8 所示。

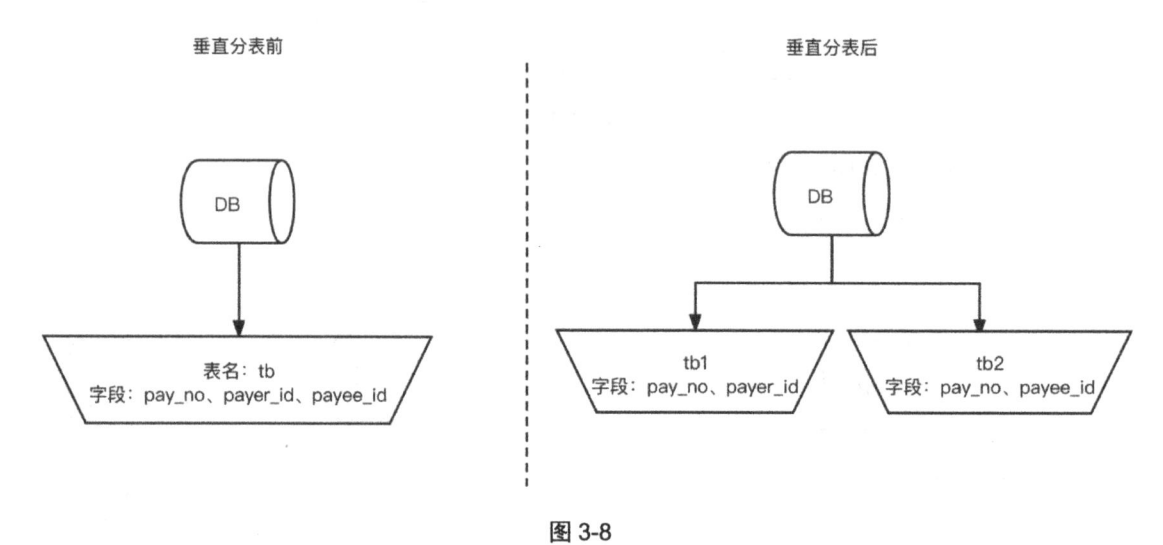

图 3-8

梳理清楚分库分表的思路之后，我们来看一下支付核心的支付记录表如何做分库分表。支付记录表的结构如表 3-17 所示。

表 3-17

表名：pay_order 唯一索引：pay_no			
字段	类型	说明	必填
pay_no	varchar(64)	支付单号	是
pay_type	varchar(64)	支付方式	是
payer_id	varchar(64)	付款方 ID	是
merchant_no	varchar(64)	商户号	是
pay_amount	bigint(20)	支付金额（以分为单位）	是
currency	varchar(16)	货币类型	是

续表

表名：pay_order 唯一索引：pay_no			
字段	类型	说明	必填
state	smallint(6)	支付状态（0：初始化状态；1：预支付成功；2：支付成功；3：支付失败；4：未知状态）	是
create_time	datetime	创建时间	是
update_time	datetime	修改时间	是

要实现分库分表，首先得知道瓶颈在哪里，然后才能合理地拆分（分库还是分表？水平还是垂直？分几个？），而且不可为了分库分表而拆分。同时 key 的选择也很重要，既要考虑拆分均匀，也要考虑非 partition key 的查询。只要能满足需求，拆分规则越简单越好。分库分表时我们要分析两个瓶颈：I/O 瓶颈和 CPU 瓶颈。

I/O 瓶颈也分几种情况，常见的有磁盘读 I/O 瓶颈和网络 I/O 瓶颈。磁盘读 I/O 瓶颈的原因是热点数据太多，数据库缓存放不下，每次查询时会产生大量的 I/O。这种情况下需要降低查询速度，可以进行垂直分库和垂直分表。网络 I/O 瓶颈的原因是请求的数据太多，网络带宽不够，这种情况下可以进行分库。

CPU 瓶颈通常是单表数据量太大，查询时扫描的行太多，SQL 执行效率低，查询的并发量一大就会出现 CPU 资源耗尽的情况，从而出现 CPU 瓶颈。在这种情况下可以采用水平分表。

支付记录表要记录每一笔支付订单，数据量是非常大的，并且退款的时候要依据支付记录来完成退款。如果退款在半年内有效，那么数据至少要保存半年。如果一家支付机构每天要承担千万级别的支付订单，那么一个月就是亿量级别的支付订单，半年就是将近 20 亿笔的订单。这些数据保存在一张表里，一是性能肯定有很大的瓶颈，比如查询一笔支付订单要从 20 亿笔的订单中获取数据，即使有索引数据，相对来说也比较慢。二是存储空间也是一个很大的问题。面对这样的情况，肯定要做分库分表，因为是单张表，所以可以采用水平分库、水平分表的模式来解决数据库的瓶颈问题。表中支付单号是唯一的，所以可以使用支付单号的 Hash 值来做分库和分表。假设支付明细表中有 20 亿笔数据，MySQL 数据库通常单表超过 1000 万笔数据时就需要做分表，那么如何做分库分表比较合理呢？是只做水平分表还是同时需要做水平分库呢？关于这一点还要考虑数据库的性能，通常一个 MySQL 服务器能够承担的并发连接数是 16384，支付会有并发特别高的情况，比如有些商户做秒杀活动，或者遇到"双 11""618"这些大促，会有突发的支付流量，这个时候单库一万多的连接数无法满足业务的需求，所以需要考虑做分库处理。20 亿笔数据可以拆分为 8 个库，每个库包含 128 张表，这样每张表中的数据是 20 亿笔/8 个库/128 张表≈195 万笔。每张表包含约 200 万笔数据，压力是比较小的。

支付明细表的分库分表结构如图 3-9 所示。

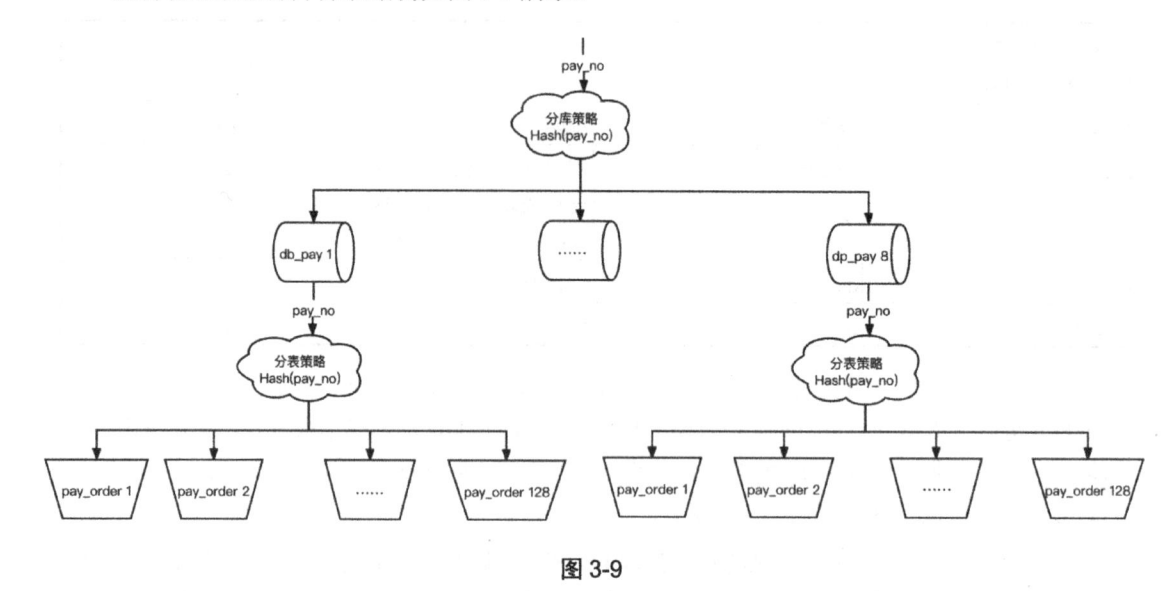

图 3-9

拆分之后，不同库中 pay_order 表的结构是一样的，所有库中 pay_order 表的并集是支付机构支付订单的汇总。

5. 分库分表工具选型

现在已经有很多开源的分库分表工具可以使用，常用的有 ShardingSphere、TDDL 等。

ShardingSphere 是由开源的分布式数据库中间件解决方案组成的生态圈，它由 Sharding-JDBC、Sharding-Proxy 和 Sharding-Sidecar 这 3 款相互独立的产品组成。它们均提供标准化的数据分片、分布式事务和数据库治理功能，可用于如容器、云原生等各种多样化的应用场景。

TDDL（Taobao Distributed Data Layer）框架是淘宝根据自身业务需求研发的，主要用于解决分库分表场景下的访问路由（持久层与数据访问层的配合）及异构数据库之间的数据同步等问题，它是一个基于集中式配置的 JDBC DataSource 实现，具有分库分表、Master/Slave、动态数据源配置等功能。

6. 非 partition key 的查询问题

支付明细表按照 Hash 支付单号做完水平分库分表之后，解决了数据库瓶颈的问题，根据 partition key 实现插入、删除、查询、更新都非常高效。如果是非 partition key 查询，该如何处理呢？比如需要根据商户号（merchant_no）查询支付记录，如何知道应该去哪个库哪个表里查相关的数据呢？在这种情况下可以创建一个订单号和商户号之间的关联关系表（pay_merchant_ idx），存储的数据包括支付单号和商户号。这样输入商户号就可以查询关联关系表来获取支付单号，得到了支付单号就可以知道数据在哪个库哪个表里了。当有新的支付订单的时候，就可以把关联关系插入关联关系表里了。保存关系记录时，为了缩短用户等待时间，不需要交易的时候实时把关联关系插入关联关系表，做成异步的就可以了，通常是使用消息队列去插入关联关系记录的。关联关系表的结构如图 3-10 所示。

支付单号和商户号关联关系表的数据量是整个交易数据量的总和，所以也需要进行分库分表。另外，关联关系表中的热点数据可以放到内存中缓存起来以应对查询需求。查询关联关系的时候，先从缓存中查询，如果查询不到，那么再从数据库中查询，这样查询的速度就更快了。

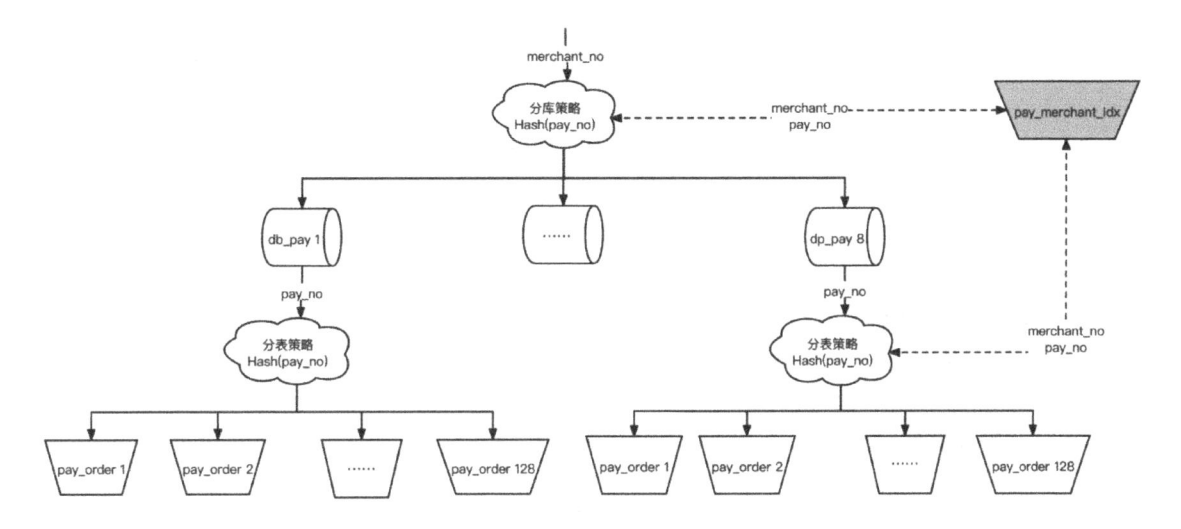

图 3-10

第 4 章 渠道路由

4.1 支付渠道

4.1.1 中国银联

中国银联（China UnionPay，简称银联）成立于 2002 年 3 月，是经国务院同意，中国人民银行（简称央行）批准设立的中国银行卡联合组织。

中国银联成立之前，支付行业面临各种问题：

（1）针对银行，资金清算业务操作烦琐，跨行、跨地区、跨境交易的清算人工成本高、时间长。

（2）针对消费者和商户，消费者出门需要携带多张银行卡，在不同的地方，要根据不同的 POS 机使用不同的卡进行消费。商户也要安装多个银行的 POS 机，以满足不同客户的刷卡需求。

（3）针对三方支付机构，三方支付结构需要对接不同的银行，每一个要支持的银行都需要进行对接，对接工作量大，支持的银行少。

（4）针对监管部门，由于交易分散，对每一家支付机构的监管耗时耗力，并且能达到的监管效果甚微。

针对这一系列问题，中国银联应运而生，它提供了统一的清算能力，解决了银行清算的问题；统一管理的银联卡支持一机多卡的刷卡机制，提供了便捷的刷卡能力；对接了所有银行的支付接口，提供了统一支付入口，为三方支付机构提供了便捷的支付接入能力；所有的支付交易都要经过银联，为央行、银监局（银监局是指银行业监督管理委员会在全国各地所设立的对银行业进行监督的分支机构）等监管部门提供了便捷的监管条件。中国银联的业务能力如图4-1所示。

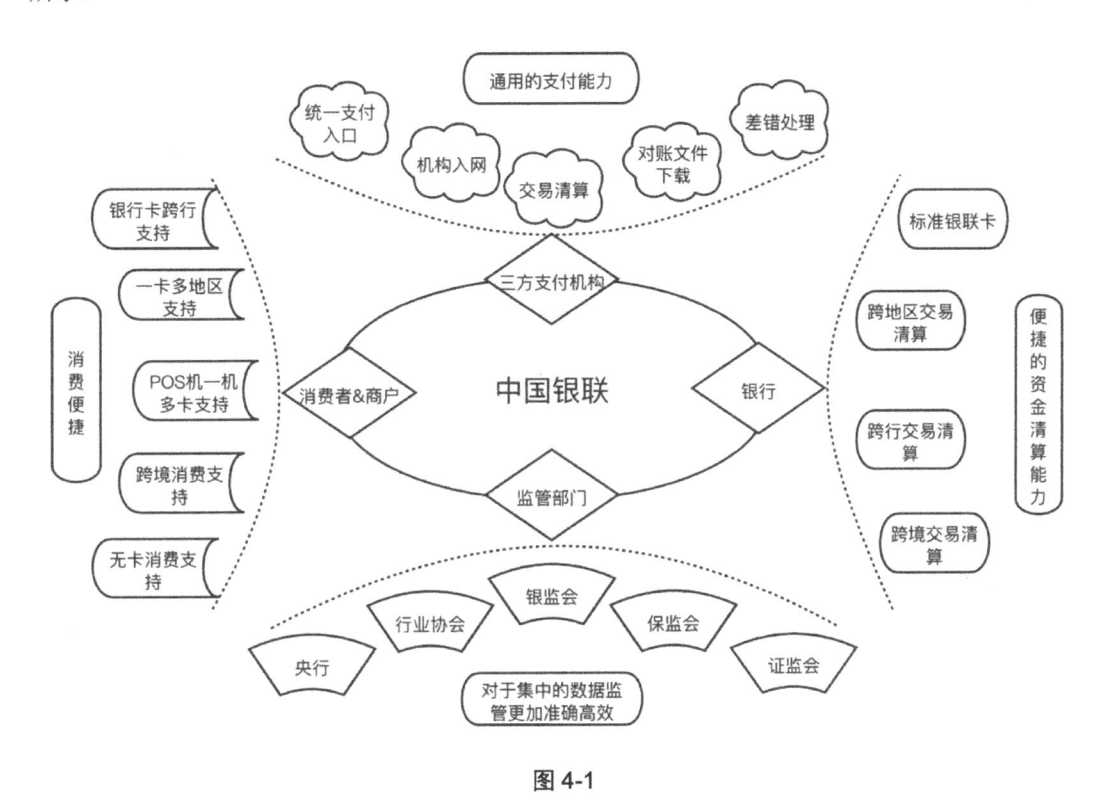

图 4-1

银联诞生之后，三方支付机构只需要对接银联就可以实现对多个银行的支持。银联针对三方支付机构提供了统一支付入口、机构入网、交易清算、对账文件下载、差错处理等功能。

1. 机构入网

三方支付机构通过银联进行支付交易，需要给银联提供相关的资质信息，银联审批通过之后才可以进行交易与交互处理，这个过程称为机构入网。机构入网需要经历四步，如图4-2所示。

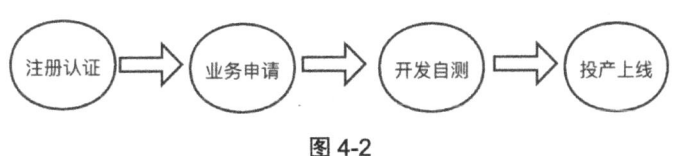

图 4-2

2. 统一支付入口

银联几乎打通了国内所有银行的支付渠道，三方支付机构不需要逐一地对接各个银行，只需要对接银联提供的统一接口就可以实现与多家银行的交互。银联诞生之前和诞生之后支付交互架构的演变如图 4-3 所示。

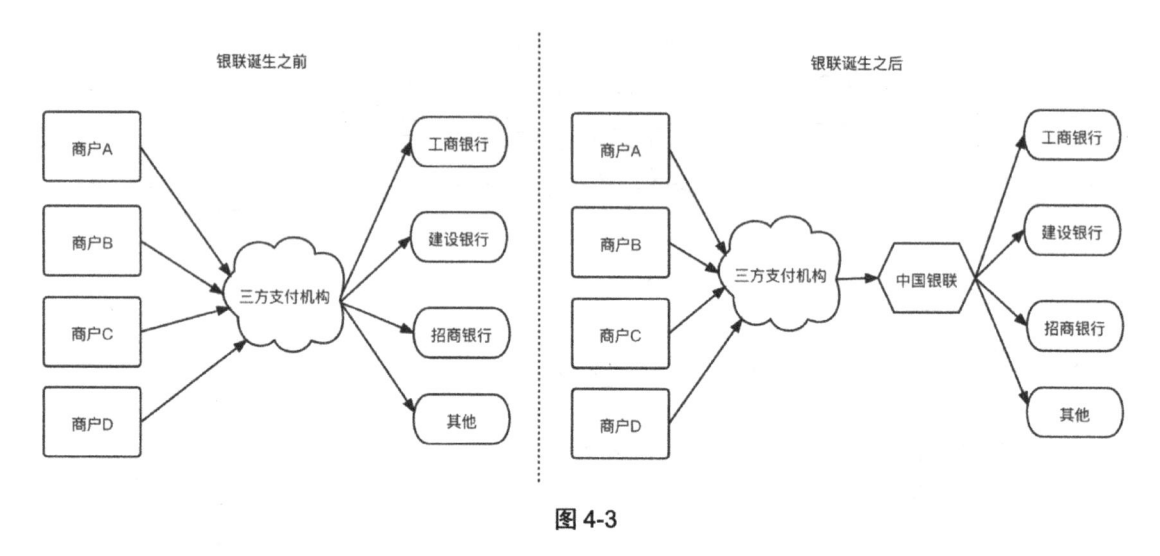

图 4-3

3. 交易清算

支付机构的交易都通过银联和银行进行交互，银联会通过日清的方式对每个支付机构的交易进行清算，计算给支付机构要结算的资金，央行根据银联计算的结算金额把资金结算到支付机构的备付金账户中。

4. 对账文件下载

银联会给每个支付机构提供交易的对账文件，通常在 T+1 日把对账文件放到指定的 SFTP 上，三方支付机构到 SFTP 上下载对账文件进行对账。

5. 差错处理

三方支付机构根据对账文件对出的差错联系银联进行处理，通常是通过线下发邮件的形式来处理这些差错。

4.1.2 中国网联

网联清算有限公司（NetsUnion Clearing Corporation，简称网联）是经中国人民银行批准成立的非银行支付机构网络支付清算平台的运营机构。在中国人民银行的指导下，由中国支付清算协会按照市场化方式组织非银行支付机构以"共建、共有、共享"原则共同参股出资，于2017年8月在北京注册成立。

网联区别于银联之处在于，网联成立之初解决的是针对网络支付业务及我们说的线上支付业务的资金清算，而银联针对的主要业务是线下收单。目前网联和银联的线上业务并没有太大的界限，对于三方支付机构来说，都是作为统一支付入口和清算机构来使用的。

网联主要是为三方支付机构提供一个统一的独立清算平台。也就是说，之前三方支付机构（微信、支付宝等）的线上支付是直接对接各大银行的，而现在只需要对接网联，再由网联作为中间平台实现与银行的对接。网联作为国家级重要金融基础设施，由非银行支付机构相关专家共同参与设计。网联采用先进的分布式云架构体系，在北京、上海、深圳3地建设了6个数据中心。

1. 网联的定位

对于网联的定位，其官方网站是这么描述的：非银行支付机构网络支付清算平台。作为全国统一的清算系统，网联主要处理非银行支付机构发起的涉及银行账户的网络支付业务；实现非银行支付机构及商业银行一点接入；提供公共、安全、高效、经济的交易信息转接和资金清算服务；组织制定并推行平台系统及网络支付市场相关的统一标准规范；协调和仲裁业务纠纷；提供风险防控等专业化的配套及延展服务。

网联的核心工作是为非银支付机构提供统一支付清算支持，实现非银机构和商业银行的一点接入。通过这种方式，网联可以获取所有的交易数据，这也是网联执行各项工作的基础。

有了交易数据后，网联就可以执行对支付机构的监督工作了。没有网联之前，支付机构可以通过将钱转入自己的备付金账户，再转入其他银行，从而实现原来只有央行才能做到的"跨行清算"，但中间明显并没有央行参与。也就是说，央行和各大银行都无法掌握资金的准确流向，给金融监管带来了很大的困难，成为某些人洗钱、套现的途径。网联的建立让KYC（Know Your Customer，了解你的客户）在技术上更容易实现。如果严格执行，则会给一些灰色地带的网络支付带来巨大打击——本质上每一笔交易都处于监控之下了。风控能力强的三方支付机构会迎来技术投入上的回报。与此同时，这对支付机构也是一种保护，在支付宝、微信支付走出国门之后，在国际竞争中以合规的角度得到国家的背书。

2. 网联提供的支付能力

协议支付：协议支付是指客户需要先进行身份认证及签约，然后根据签约协议进行支付，银行需要校验协议信息。和现有的快捷支付类似，协议支付业务与市场现有的快捷支付业务相比主要增加了银行端解约的功能。在支付宝卡通业务被改造为快捷支付之后，快捷支付的解约支付机构不再通知银行，银行本身也没有发起解约的功能，所以银行系统中保留的签约信息不是完全正确的，目前网联切量数据的迁移方案就需要解决这个问题。网联建立后，根据央行发文要求，快捷支付业务的协议信息支付机构必须和银行保持一致，并且可以从银行发起解约交易。

认证支付：认证支付是指客户无须事先或在首笔交易时与支付机构及银行签约，每笔交易时均输入身份信息、银行账户及动态验证信息，并由客户账户所属银行负责对上述信息校验后进行扣款的交易。认证支付业务主要为无支付账户体系或者支付账户体系应用较少的支付机构开展网络支付业务时使用。

网关支付：网关支付是指客户通过支付机构发起，跳转至银行网关验证客户身份信息和银行账户信息后，向客户银行账户发起支付指令扣划资金的交易。网关支付限定为客户跳转至银行网关进行支付的场景，需要根据银行要求下载安全控件或插入 U 盾等安全设备进行支付。

商业委托代扣：网联针对代收、代扣业务提供了商业委托支付的功能，商业委托支付业务是指支付机构经网联建立商业委托支付协议，并依据协议约定发起的客户银行账户资金扣划业务。商业委托支付和协议支付的区别是，商业委托支付具有固定收款人、定期收款的特性，而协议支付没有。商业委托支付以商户和客户签署的收款协议为前提之一，而协议支付没有。商业委托支付业务包括"建立委托""解除委托""商业委托支付""退款"等交易环节。

4.1.3 微信接入

1. 支付交互流程

支付宝支付和微信支付已经深入我们生活的方方面面，凡是使用手机支付基本都会使用支付宝或者微信。三方支付机构之间不能有资金流的交互，并且支付机构只能通过银联/网联和银行进行实际资金流的流转。基于这些限制，三方支付机构使用微信、支付宝的交互流程如图 4-4 所示。

完成微信支付需要经过以下几步：

（1）选择支付方式。

支付机构提供收银台，C 端消费者选择商品之后点击购买会拉起支付机构提供的收银台，收银台上展示可选择的支付方式列表（微信支付、银行卡支付等）。

（2）拉起收银台。

C 端客户选择支付方式之后点击支付，支付机构通过银联或者网联上送交易信息到微信，微信接收报文之后会返回受理成功，并拉起微信收银台。

（3）发起支付。

C 端客户拉起微信收银台之后，输入密码进行支付，如果使用的是银行卡，则微信会通过银联或者网联上送交易报文到持卡人银行进行扣款。

（4）支付结果回调。

微信将扣款结果通过异步回调的方式通知三方支付机构，三方支付机构告知商户扣款结果。

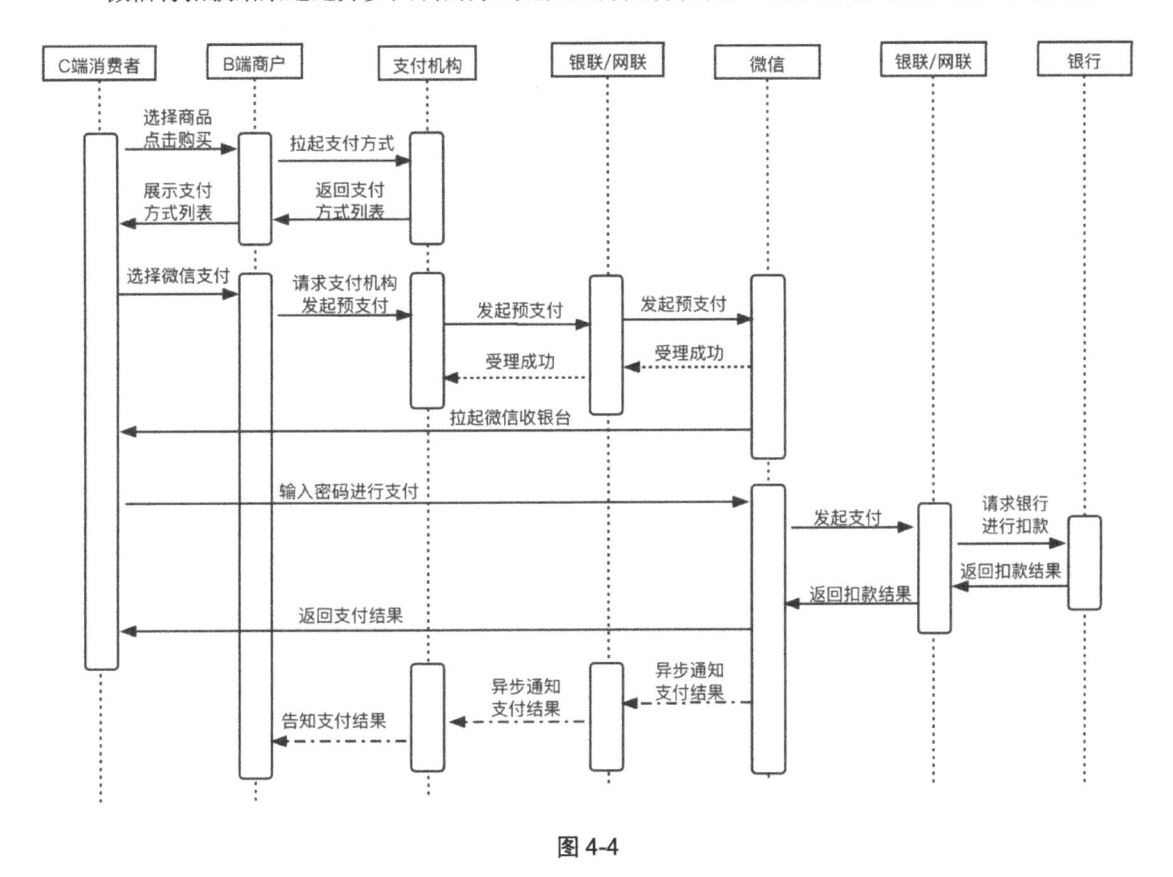

图 4-4

由图 4-4 可以看出，三方支付机构和微信的交互是通过银联或网联来进行的，微信作为三方支付机构和银行的交互也是需要通过银联或网联来进行的。

2. 支付模式

微信提供的支付模式主要有 7 种，分别是 H5 支付、小程序支付、APP 支付、付款码支付、JSAPI 支付、Native 支付和刷脸支付，如图 4-5 所示。

每种支付模式有不同的应用场景。

（1）H5 支付。

H5 支付是指商户在微信客户端外的移动端网页展示商品或服务，用户在前述页面确认使用微信支付时，商户发起本服务唤起微信客户端进行支付。该模式主要用于触屏版的手机浏览器请求微信支付的场景，可以方便地从外部浏览器唤起微信支付。

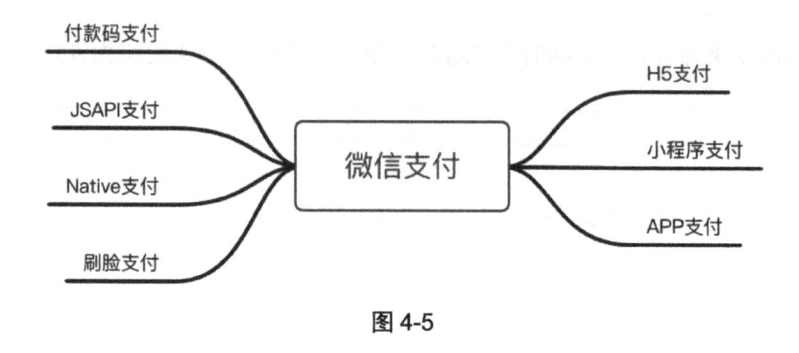

图 4-5

（2）小程序支付。

小程序支付是专门被定义在小程序中使用的支付模式。目前在小程序中只能使用小程序支付的方式来唤起微信支付。

（3）JSAPI 支付。

JSAPI 支付是指用户在微信中打开商户的 H5 页面，商户在 H5 页面通过调用微信支付提供的 JSAPI 接口唤起微信支付模块完成支付。应用场景有：

- 用户在微信公众账号内进入商户公众号，打开某个主页面，完成支付。
- 用户的好友在朋友圈、聊天窗口等分享商户页面链接，用户点击链接打开商户页面，完成支付。
- 将商户页面转换成二维码，用户扫描二维码后在微信浏览器中打开页面后完成支付。

（4）Native 支付。

Native 支付是商户系统按微信支付协议生成支付二维码，用户再用微信"扫一扫"完成支付的模式。该模式适用于 PC 网站支付、实体店单品、订单支付、媒体广告支付等场景。

（5）付款码支付。

付款码支付是用户展示微信钱包内的"刷卡条码/二维码"给商户系统扫描后直接完成支付的模式，主要应用于线下面对面收银的场景。

（6）APP 支付。

APP 支付又称移动端支付，是商户通过在移动端应用 APP 中集成开放 SDK 调用微信支付模块完成支付的模式。

（7）刷脸支付。

刷脸支付是微信仍然在完善的支付功能，需要借助面部识别设备来完成支付。

微信提供的 7 种支付模式有不同的应用场景，支付机构可以根据业务情况选择使用哪种支付模式，不同支付模式提供的接口也不一样，详细内容可以登录微信官网查看。

3. 商户入驻

微信作为支付渠道，对商户有一定的监管责任，商户通过微信进行支付，需要上送相关的认证资质到微信，微信经过审核之后给每个商户分配一个商户号，商户通过商户号进行支付、退款等交易，微信称这个过程为特约商户进件。特约商户进件的时序图如图 4-6 所示。

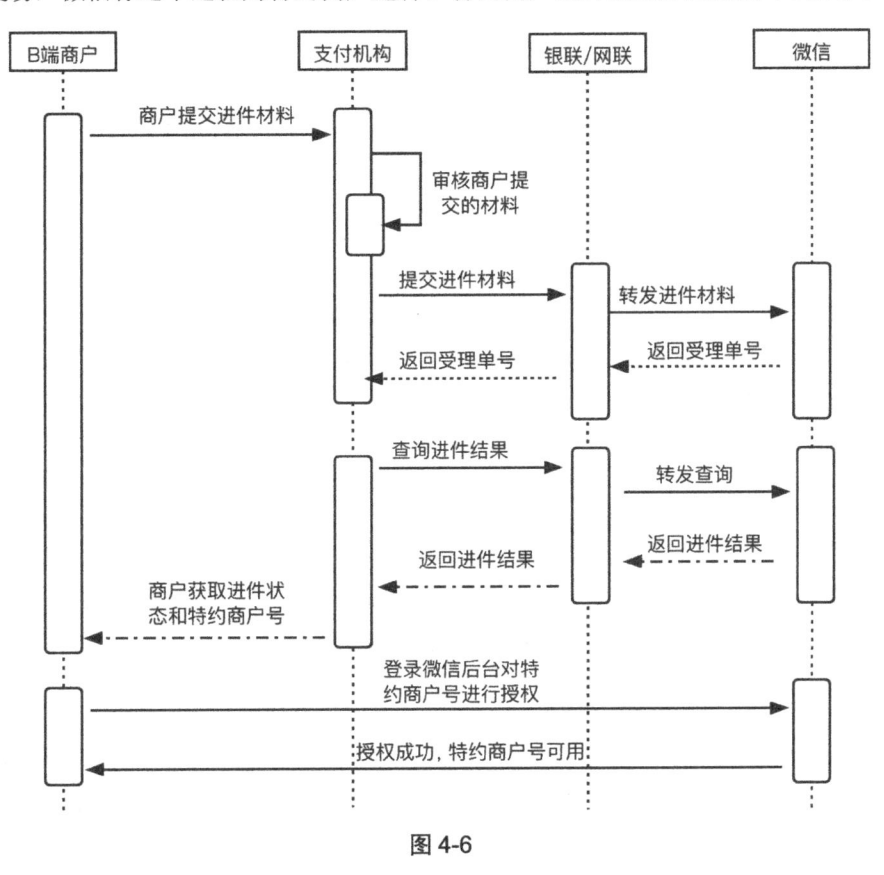

图 4-6

（1）B 端商户提交进件材料到支付机构，进件材料主要包含主体资料、经营资料、结算银行账户等信息。

（2）三方支付机构对上送的材料进行初步审核，审核通过之后通过银联/网联渠道转发进件材料到微信，微信会返回唯一的受理单号。

（3）三方支付机构根据受理单号到微信中查询进件结果，如果进件成功，则会针对本次进件生成唯一的特约商户号，值得注意的是，此时的特约商户号可能没有交易额度。

（4）商户获取特约商户号后登录微信后台对特约商户号进行授权，获取交易额度。至此，特约商户进件完成，商户可以使用进件的特约商户号进行交易。

4.1.4 支付宝接入

支付宝的接入方式和微信类似，支付流程也和微信类似，商户使用支付宝支付需要入驻支付宝，商户通过支付机构上送相关的资质信息到支付宝，由支付宝进行审核，审核通过后才可以使用支付宝的支付功能。使用支付宝支付的过程中，支付机构也需要通过银联/网联和支付宝进行交互。入驻流程和支付流程与微信接入类似，不再赘述。支付宝提供的支付模式也非常丰富，常用的有当面付、手机网站支付、电脑网站支付、APP 支付、刷脸付、互联网平台直付通，如图 4-7 所示。

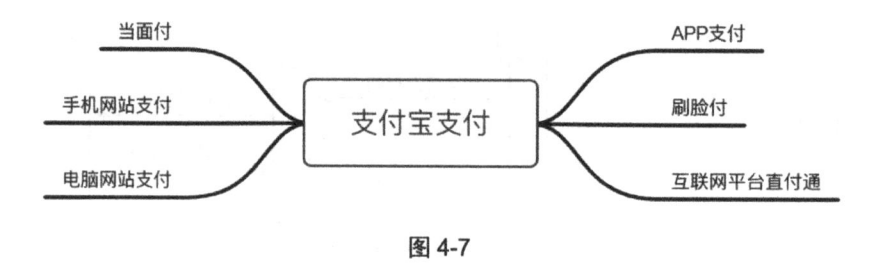

图 4-7

1. 当面付

当面付包括付款码支付和扫码支付两种收款方式，适用于线下实体店支付、面对面支付、自助售货机等场景。付款码支付是指商户使用扫码枪或其他扫码机器扫描用户出示的付款二位码来实现收款。扫码支付是指商户提供收款二维码，由用户通过支付宝扫码支付来实现收款。

2. 手机网站支付

手机网站支付适用于商户在移动端网页应用中集成支付宝支付功能的场景。商户在网页中调用支付宝提供的网页支付接口唤起支付宝客户端内的支付模块，商户网页会跳转到支付宝中完成支付，支付完成后跳回到商户网页，最后展示支付结果。若无法唤起支付宝客户端，则在一定的时间后会自动进入网页支付流程。

3. 电脑网站支付

用户在 PC 端访问商户网站进行消费，通过电脑网站支付，可直接跳转到支付宝 PC 网站收银台完成付款。交易资金直接打入商户支付宝账户，实时到账。用户交易款项实时到账，交易订单三个月内可退款，提供退款、清结算、对账等配套服务。

4. APP 支付

APP 支付适用于商户在 APP 应用中集成支付宝支付功能的场景。商户 APP 调用支付宝提供的 SDK，SDK 再调用支付宝 APP 内的支付模块。如果用户已安装支付宝 APP，则商户 APP 会跳转到支付宝中完成支付，支付完成后跳回到商户 APP 内，最后展示支付结果。如果用户没有安装支付宝 APP，那么商户 APP 内会调起支付宝网页支付收银台，用户登录支付宝账户，支付完成后展示支付结果。目前支持的手机系统有 iOS（苹果）、Android（安卓）。

5. 刷脸付

支付宝刷脸付是基于人工智能、生物识别、3D 传感、大数据风控技术等，最新实现的新型支付模式。用户在无须打开手机的情况下，凭借"**刷脸**"完成支付。刷脸付的使用，有效地提升了用户的消费体验，提高了商户的收银效率。

6. 互联网平台直付通

互联网平台直付通是支付宝面向电商、数娱等互联网平台（以下简称"平台"）专门打造的集支付、结算、分账等功能于一体的资金解决方案。该方案致力于帮助平台通过合规的资金清算模式完成平台上各商户的交易资金处理。平台上的二级商户入驻支付宝成为支付宝的商户，买家在该平台的订单支付成功（支持多个商户的订单合并支付）后，支付宝记录对应商户待结算资金，待平台确认可结算时，支付宝将资金直接结算至商户指定的收款账户，同时支持平台按订单灵活抽取佣金。

4.2 渠道路由设计

三方支付机构提供的支付能力主要有银行卡支付、微信支付、支付宝支付等，使用哪种支付方式由 C 端消费者自己来选择，每种支付方式会衍生出很多玩法，比如分期付款、先用后付等。渠道路由解决的核心问题在于如何选择合适的渠道，选择渠道时需要考虑的因素如下。

1. 渠道稳定性因素

渠道支付成功率是衡量渠道稳定性的重要指标，选择渠道首先要考虑该渠道的支付成功率，如果成功率很低，就需要适当调整选择该渠道的权重或者直接禁用该渠道。

2. 成本因素

使用支付渠道进行支付，支付渠道会收取相应的手续费，不同的支付渠道收取的手续费的费率不一样，对于同一个支付渠道，不同行业类型收取的手续费的费率也可能不一样。

4.2.1 渠道路由架构设计

渠道路由需要解决两个核心问题：一是选择合适的支付渠道，二是和支付渠道进行交互。渠道路由架构设计如图 4-8 所示。

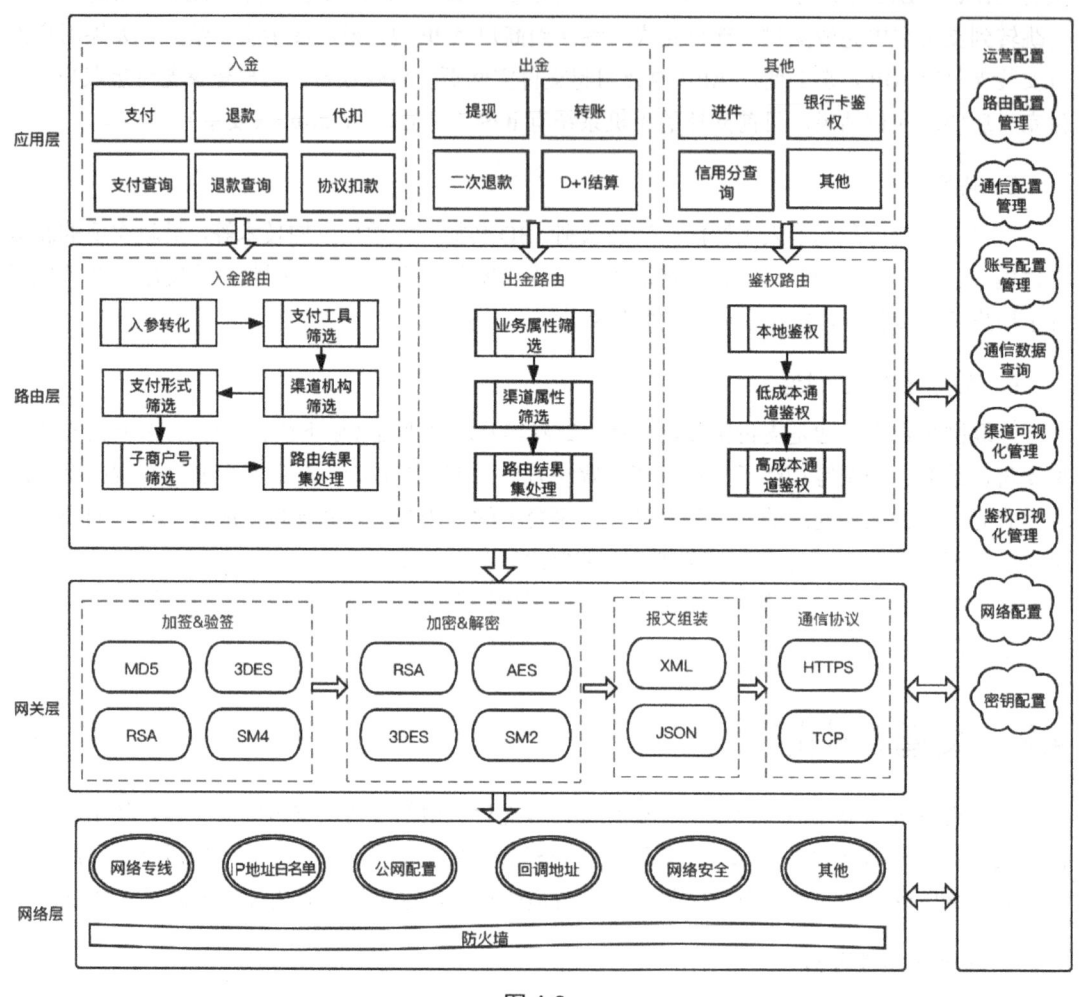

图 4-8

1. 应用层

在应用层抽象出提供给支付机构内部系统的接口，支持的业务类型有入金、出金、进件、银行卡鉴权、信用分查询等。入金业务抽象的接口有支付、退款、代扣、支付查询、退款查询、协议扣款等。出金业务抽象的接口有提现、转账、二次退款、D+1 结算等。

2. 路由层

路由层负责筛选合适的路由渠道，根据业务类型区分为入金路由、出金路由、鉴权路由等。入金路由筛选渠道的因素有支付工具、渠道机构、支付形式、子商户号等。出金路由主要根据业务属性、渠道属性等因素来筛选渠道。鉴权路由考虑成本因素，会优先使用本地鉴权，如果本机鉴权无法检测出鉴权结果才会选择低成本鉴权渠道，如果低成本鉴权渠道也无法检测出鉴权结果才会使用高成本鉴权渠道。

3. 网关层

网关层封装常用的加签/验签算法、加密/解密算法，并且统一管理相关算法的密钥信息。另外，网关层还需要负责组装报文，常见的报文格式有 XML 和 JSON。通信协议也需要封装在网关层，常用的通信协议有 HTTP 和 TCP，根据不同的支付渠道确定使用哪种通信协议。

4. 网络层

网络层负责公网配置、网络安全、IP 地址白名单等业务，是报文安全的重要保障。

4.2.2 入金路由设计

三方支付机构解决的最重要的两个问题是入金（也称收款）和出金（也称付款），入金是指把 C 端客户的资金收到三方支付机构的备付金账户中，出金是指从三方支付机构的备付金账户结算资金到商户的银行账户中。C 端客户选择的支付方式有银行卡支付、微信支付、支付宝支付等，每种支付方式都有自己的路由规则，根据路由规则筛选出最优的渠道。入金路由的设计思路是根据入参筛选出可用的渠道，再使用漏斗模式筛选出最优的渠道。路由筛选的条件有：

- 支付场景（payScene）取值范围：online（线上）、offline（线下）。
- 支付工具（payMedium）取值范围：wx（微信支付）、alIPay（支付宝支付）、band_card（银行卡支付）。
- 渠道机构（channelInst）取值范围：union（银联）、net_union（网联）、wexin（微信）、alIPay（支付宝）。
- 支付模式（payPattern）取值范围：applet（小程序）、h5、wap、jsApi（公众号）、protocol（协议支付）、no_card（无卡支付）、all_channel（全渠道支付）。
- 商户号（subMchId）选取条件：费率、可用性。

入金路由架构如图 4-9 所示。

入金路由对渠道的筛选分三个阶段——初始化路由列表、筛选可用渠道、选择最优渠道。

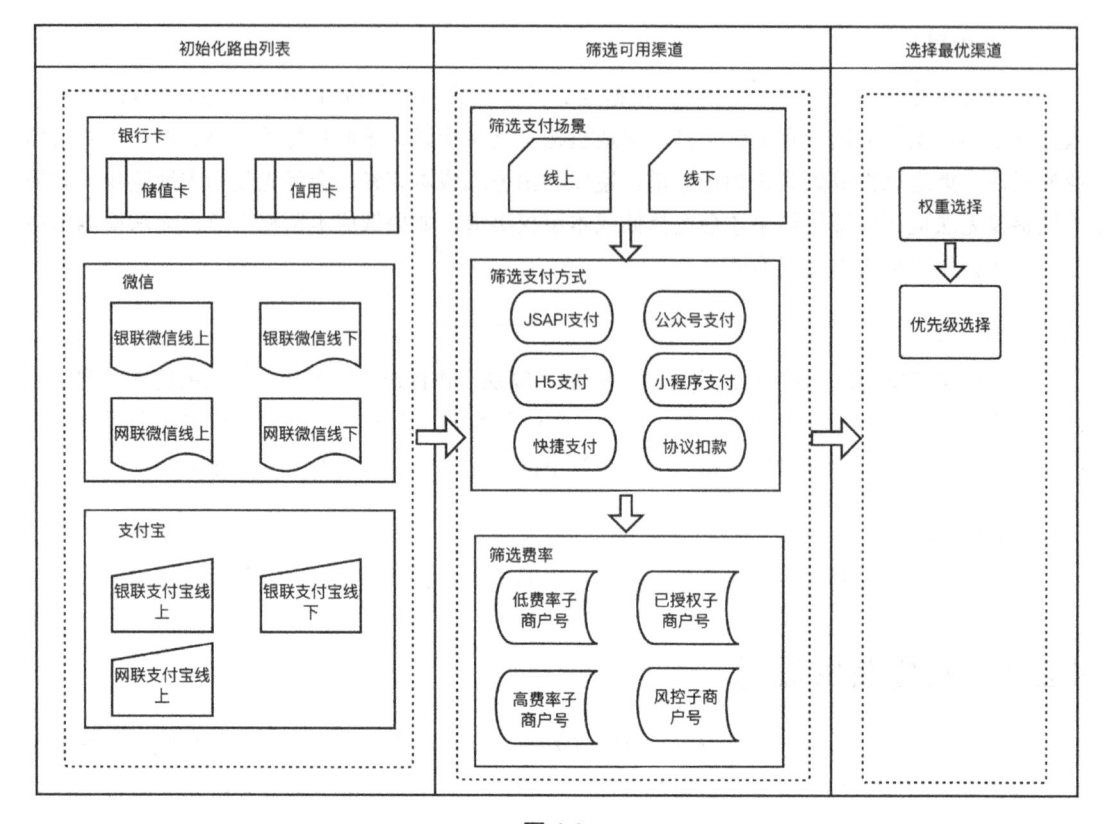

图 4-9

1. 初始化路由列表

初始化阶段确定是银行卡支付、微信支付还是支付宝支付，并初始化可用的渠道列表。

2. 筛选可用渠道

过滤阶段对基础渠道列表进行过滤筛选，根据支付场景筛选出是线上还是线下支付，然后根据支付方式选出是快捷支付还是 H5 支付等，如果是微信支付，那么会根据商户号的特性筛选出已授权商户号并尽可能筛选出费率低的商户号。

3. 选择最优渠道

选择阶段对过滤后的渠道列表进行选择，支持权重、优先级等规则。

4.2.3　出金路由设计

出金是把三方支付机构收到的资金结算给商户的过程，商户需要绑定接收资金的银行卡，绑定银行卡的时候需要确保银行卡号、持卡人姓名、持卡人证件号、持卡人手机号的正确性和一致性。如何确保四要素的正确性？银联、腾讯云等机构提供了校验四要素正确性的接口，所以在绑卡之前可以调用接口校验输入信息的正确性。银联、腾讯云等提供的接口是收费的，并且不同机构的收费标准不一样，校验的标准也不一样。所以需要综合考虑使用接口的频次。考虑到成本问题，每次绑卡校验四要素时都会有一个路由策略，优先考虑使用低成本的校验渠道，如果校验结果不确定，那么再使用高成本的渠道进行校验，并且随着绑卡数据到达一定体量，三方支付机构可以实现自己的校验机制，之前绑定过的数据加密留存，下次再绑定之前先在本地库进行校验，最终形成鉴权路由的逻辑如图 4-10 所示。

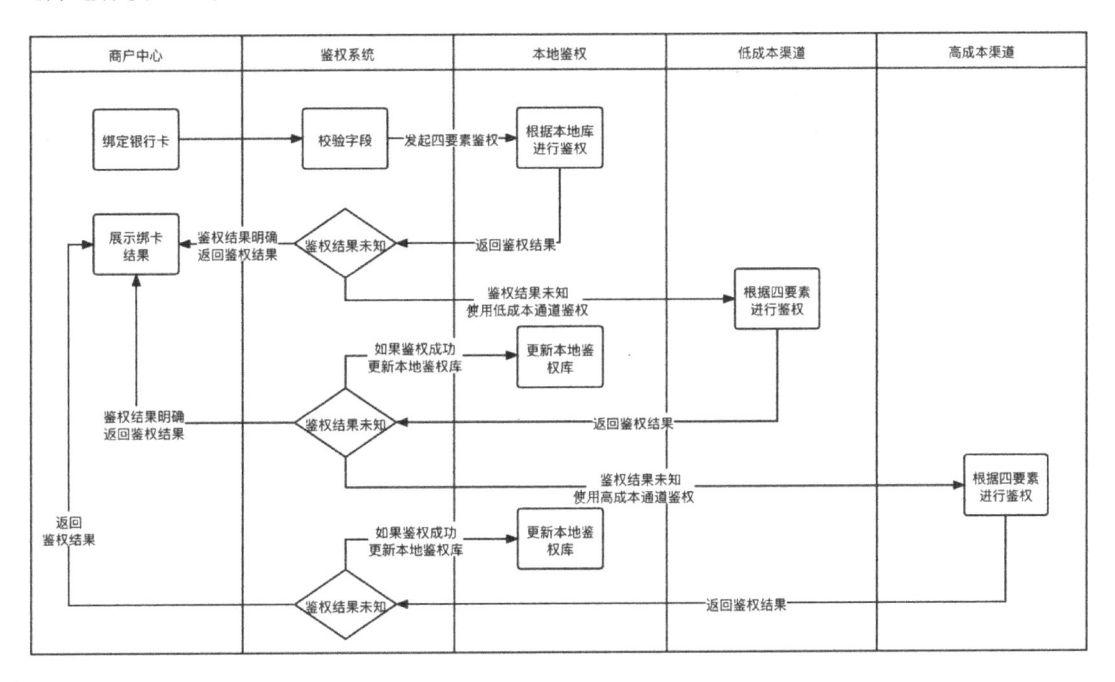

图 4-10

（1）商户在页面编辑好绑卡信息之后上送至商户中心系统，商户中心调用鉴权系统对四要素进行验证。

（2）鉴权系统接收信息之后先进行字段基础校验，校验通过之后在本地库校验是否之前校验过相同信息，如果有并且校验通过则直接返回鉴权结果，如果没有，则需要使用鉴权渠道进行鉴权。

（3）如果本地校验库没有相关信息，则会先使用低成本鉴权渠道进行校验，如果校验通过，本地鉴权库会留存相关信息，并返回商户中心鉴权结果信息。如果校验结果未知，则需要使用高成本鉴权渠道进行鉴权。

（4）如果使用低成本校验渠道无法校验出结果，则会使用高成本校验渠道进行校验，如果校验通过，则本地鉴权库同样会存储相关信息，并通知商户中心鉴权结果。

商户完成绑卡之后，就可以进行出金相关操作，出金只能通过银联和网联两个渠道进行操作，出金会根据银联/网联支持的银行、银联/网联出金的成功率来路由，也会根据单个商户的限额、绑定的银行卡来路由。所以出金路由可以区分为业务路由和渠道路由。出金路由的架构如图 4-11 所示。

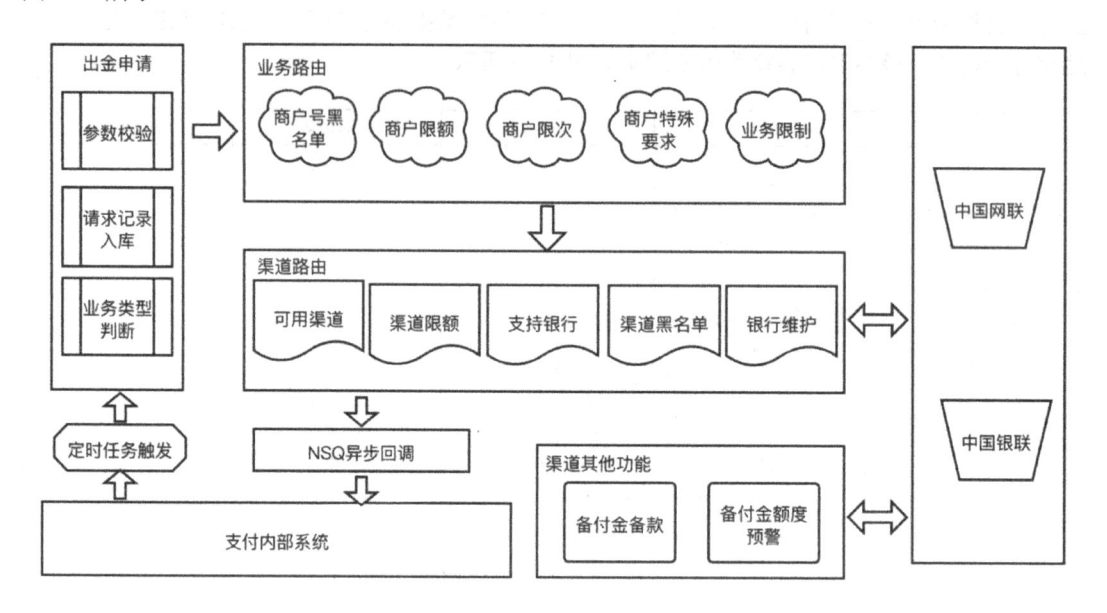

图 4-11

（1）支付内部系统发起结算，结算一般于 T+1 日开始，会由定时任务触发。

（2）渠道系统收到请求报文之后会进行参数校验，每一笔出金请求都会落库记录，以备后续对账等。

（3）业务路由负责过滤商户，如果有些商户被风控或者有洗钱嫌疑则会暂停出金，每个商户针对不同的银行会有额度、次数的限制。

（4）渠道路由会选择可用的渠道，每个渠道支持的银行也不一样，如果渠道内支持的某家银行正在维护系统，那么在系统维护期间会暂时过滤该银行的渠道。比如网联支持的银行有北京银行，但是在某个时间段北京银行处于维护的状态，不可出金，那么就需要过滤网联—北京银行这个渠道。

（5）出金渠道调用银联、网联出金成功之后，会通过异步消息通知支付内部系统，支付内部系统收到消息之后会更新对应订单的支付状态。

（6）三方支付机构在银联的出金需要映射备付金账户，如果资金不足，则需要及时告警，清结算人员需要向备付金账户及时备款。

4.3 渠道护航

4.3.1 渠道自动切换业务简介

三方支付机构对接的渠道有银联和网联，银联和网联对接银行、支付宝、微信等，通常一家三方支付结构对接银联或者网联会有多条专线，防止网络的异常。如果某一条专线有问题，则要及时切换到另外一条专线；如果银联出现异常，那么也需要及时把交易切换到网联。实现专线与专线之间、渠道与渠道之间的自动切换。三方支付机构对接的渠道如图4-12所示。

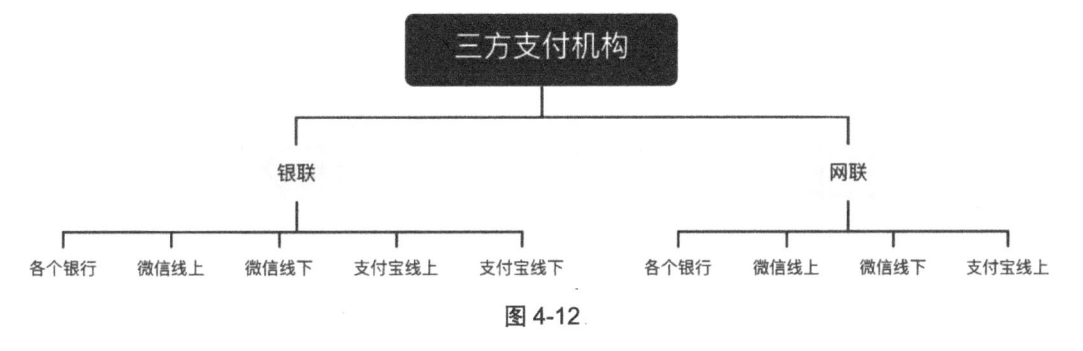

图 4-12

三方支付机构对接的支付渠道有银联和网联，银联和网联对接各个银行、微信、支付宝，微信和支付宝又区分为线上和线下（注：网联暂时没有提供支付宝线下渠道）。每一个层级都有网络交互，如果网络有问题，则需要及时切换。三方支付机构和银联、网联采用专线进行交互，通常每个机构不止一条专线，比如三方支付机构和银联之间会有多条专线，最少有两条专线作为互备，如图4-13所示。

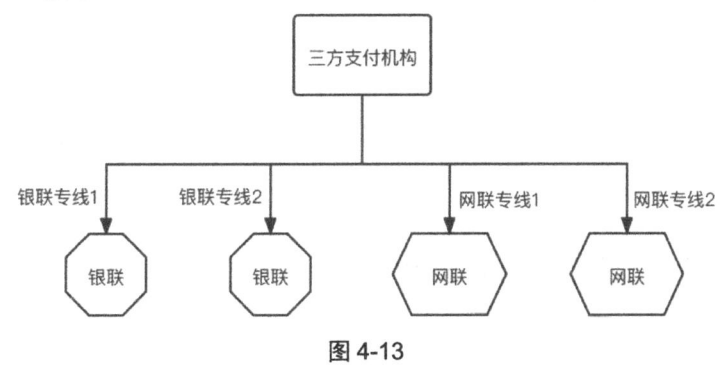

图 4-13

在通信的过程中，网络异常是很常见的问题，如果一条专线的网络出现异常情况，不及时终止该专线上的交易，就会出现大量的失败订单，所以检测到网络异常时需要及时切换专线。专线与专线之间的切换逻辑如图 4-14 所示。

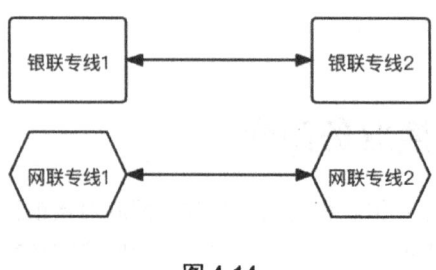

图 4-14

渠道与渠道之间的切换逻辑如图 4-15 所示。

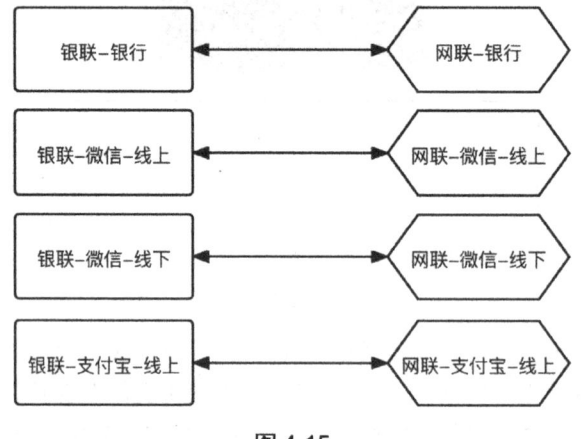

图 4-15

渠道会根据网络和业务成功率来自动切换，专线会根据网络的可用性来切换，通常每 5 秒发起一次网络监测，如果网络异常，则会及时切换专线。切换专线分为四个步骤，即数据收集→数据计算→数据分析→网络切换。根据渠道单位时间内的业务成功率来完成业务切换，网联渠道异常分为网联全部渠道异常、网联—微信渠道异常、网联—银行卡渠道异常、网联—支付宝渠道异常四种场景；银联渠道异常也分为银联全部渠道异常、银联—微信渠道异常、银联—支付宝渠道异常、银联—银行卡渠道异常四种场景。

4.3.2 渠道护航系统架构设计

渠道护航系统负责发现异常专线或者异常渠道。发现异常专线和渠道需要经历数据收集、数据分析、结果反馈几个阶段,渠道护航系统检测出渠道异常,把异常信息反馈到路由系统之后,路由系统会切换相关的专线或者支付渠道。渠道护航系统的架构如图4-16所示。

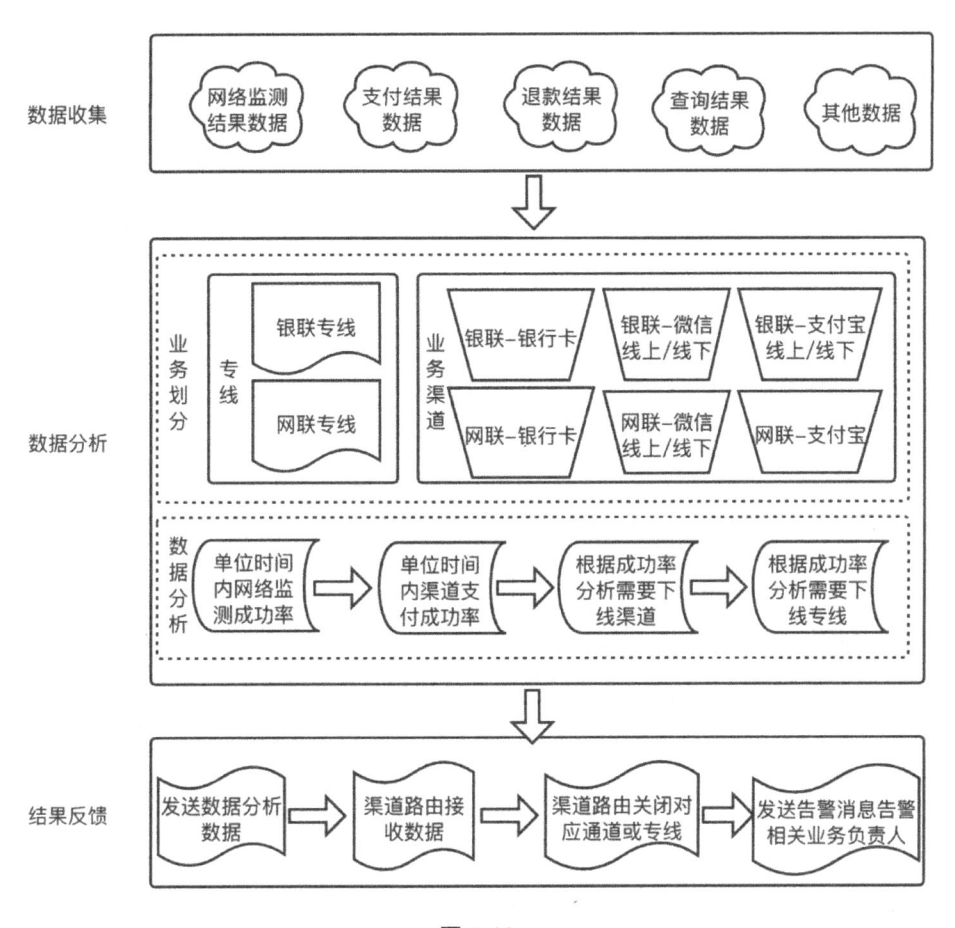

图 4-16

渠道切换流程如图4-17所示。

1. 数据获取

数据分为网络监测数据和业务渠道数据。网络监测数据需要由定时任务驱动,每5秒(可以根据具体情况来设定时间)发起一起网络监测,无论监测到网络是否畅通,都需要把数据存储起来。业务渠道数据的来源是每条业务数据的记录,渠道系统收到外部渠道返回的结果后会把结果信息存储在数据库中,并把相关的数据推送至渠道护航系统,渠道护航系统摘取关键信息进行存储。

图 4-17

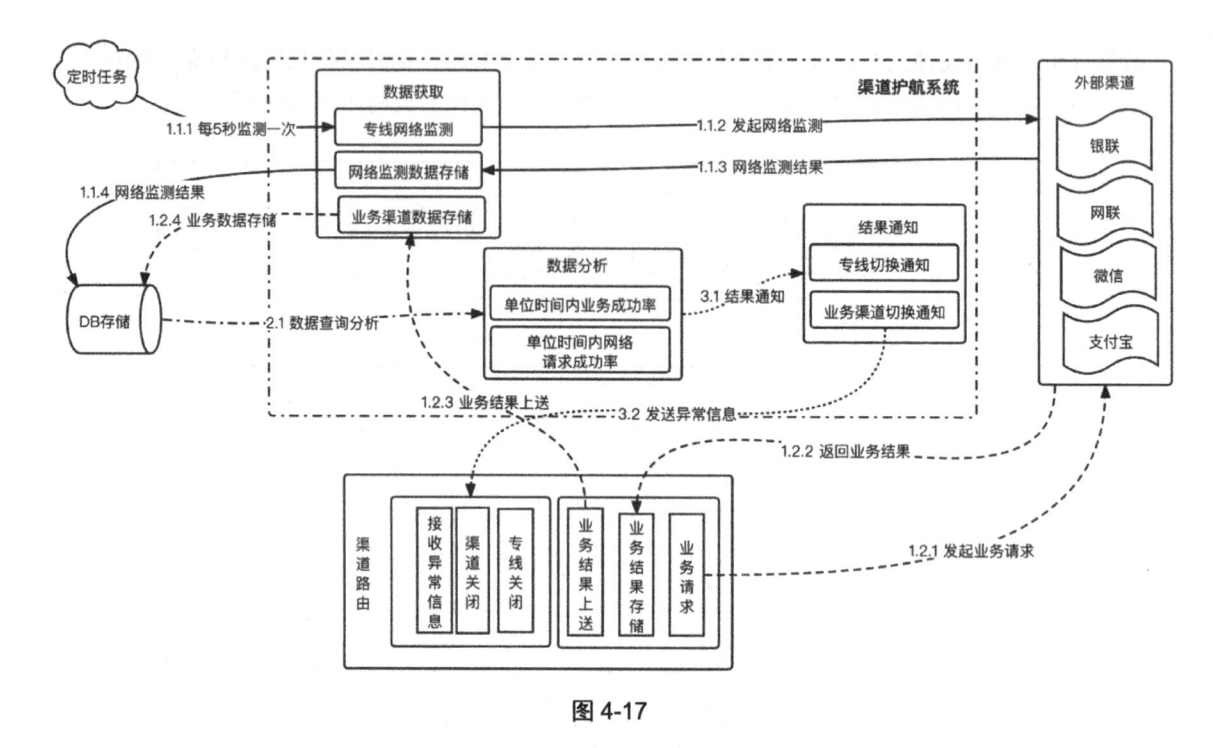

2. 数据分析

数据分析也由定时任务驱动，分为网络数据分析和业务渠道数据分析。网络数据分析会拉取网络数据，网络数据根据专线的条数来区分，通常银联最少有两条专线（银联专线 1 和银联专线 2），网联最少也有两条专线（网联专线 1 和网联专线 2），如果每条专线在单位时间（通常是 20 秒）内的网络监测成功率低于 95%，则需要及时生成关闭该专线的指令。

不同的业务渠道有不同的切换要求，根据渠道业务成功率，成功率低于某个阈值时需要生成切换指令。业务渠道分为银联—银行卡、银联—微信—线上、银联—微信—线下、银联—支付宝—线上、银联—支付宝—线下、网联—银行卡、网联—微信—线上、网联—微信—线下、网联—支付宝—线上。以银联—银行卡为例，如果支付成功率在单位时间（通常是 1 分钟）内低于 95%，则需要生成关闭该渠道的指令。

3. 结果通知

切换专线或者网络的指令生成之后，会通过 MQ 消息发送到各个业务方，通常渠道路由需要监听消息来完成实际的切换操作。

4. 渠道切换

渠道路由收到切换专线的指令之后，会把当前的专线置为关闭状态，交易处理的过程中渠道路由就不会路由到当前的专线，相关的交易也不会再经过当前专线，达到了切换专线的目的。业务渠道切换也是相同的机理，比如银联—银行卡支付成功率低于阈值之后，渠道路由监听切换的指令，会关闭银联—银行卡渠道，交易处理的过程中就不会再路由到银联—银行卡渠道，而是路由到备用渠道网联—银行卡。

5. 渠道回切

由于异常原因，专线、业务渠道被关闭之后，过一段时间可能会恢复正常，三方支付机构需要检测专线和业务渠道是否恢复正常，如果恢复正常，则需要及时恢复专线和渠道承接的业务。专线的恢复流程和关闭流程是逆向的，每5秒监测一次网络，如果在单位时间内网络监测的成功率大于95%就可以恢复专线。业务渠道的恢复流程和关闭流程也是逆向的，只不过不会通过实际的交易来验证，通常会使用已经有结果的交易进行验证，比如通过查询交易状态的接口来验证渠道是否正常，因为查询类交易不影响正常业务。

第 5 章 收银台

线下收单业务可以通过 POS 机终端实现刷卡支付、扫码支付等,线上业务通过 PC 机、手机购买商品,需要针对 PC、手机端制作收银台,给消费者提供支付的入口。线上收银台如图 5-1 所示。

图 5-1

收银台按照展示方式可以分为弹层收银台、内嵌收银台。弹层收银台使用得最多,我们在选好商品之后,在下单页点击支付会弹出支付方式供我们选择,这就是弹层收银台。内嵌收银台通常在做活动的时候使用，比如一个广告页面下提供了支付方式供客户选择，省去客户提交的操作，能够快速促成客户下单。收银台按照载体可以分为移动收银台、PC 收银台。在手机端的收银台是最常用的，我们称之为移动收银台。另外，使用 PC 机购买商品也需要 PC 端的收银台，比如在 12306 上购买火车票。收银台按照使用群体可以分为 B 端收银台、C 端收银台。C 端收银台是针对消费者提供的支付入口，B 端收银台针对支付机构服务的商户，是给 B 端商户提供充值能力的收银台。收银台根据支付对象可以分为对公收银台和对私收银台。对公收银是企业对企业的交易，比如公司给员工安排的体检服务就是直接从公司的对公账户到体检机构的对公账户的交易，对私收银就是我们平常在超市、餐厅使用的针对 C 端消费者的收银能力。

5.1 收银台架构设计

5.1.1 收银台架构

收银台是直接与 C 端客户交互的系统，对用户体验的要求非常高，用户体验包括收银台的 UI 设计、收银台的高效性等。收银台提供的支付方式有支付宝支付、微信支付、银行卡支付、分期支付等，每种支付方式又封装了很多支付能力，比如银行卡支付有快捷支付、协议支付等，微信支付有小程序支付、H5 支付等。这些支付能力对于消费者来说是无感知的，消费者只需要知道使用哪种支付方式完成了支付即可。同时三方支付机构还会与金融公司一起开通一些金融业务，比如分期支付、先用后付等，这些都可以作为支付方式展示在收银台页面上。

收银台分前端和后端，前端负责展示支付方式，后端实现数据转发、支付方式存储、支付方式路由等能力。收银台的架构如图 5-2 所示。

收银台前端可以判断出支付环境，根据支付环境可以判断使用哪些支付方式，比如商城在微信小程序中，支付的时候也在微信小程序环境中，收银台前端可以根据微信小程序环境这一信息第一时间判断出可以支持微信小程序支付，所以前端承担了部分筛选支付方式的职责。收银台前端另一个非常重要的职责是对收银台进行分类，根据分类能够判断出应该使用哪一个收银台，比如在 PC 端就要使用 PC 收银台，在移动端就要使用移动收银台，收银台第一时间感知到这些信息，所以需要放到收银台前端来判断。前端和后端需要有信息的交互，前端需要把收集到的信息上传给后端。通常后端会提供四个接口：预下单接口、支付列表查询接口、预支付接口和支付结果查询接口。前端需要通过预下单接口上送订单信息到后端，然后拉起收银台，拉起收银台的同时需要后端返回可用的支付列表供前端展示，前端根据自身的判断和后端的返回结果最终筛选出向客户展示的支付方式列表，客户选择支付方式后点击支付，通过后端的预支付接口上送相关的支付信息。微信、支付宝有可能会返回 Deeplink 给前端，前端拉起微信、支付宝的客户端进行实际的支付，支付完成之后，微信、支付宝会异步通知支付结果给三方支付机构。至此，一个完成的支付流程结束，收银台前端的任务也完成了。收银台前端的功能如下：

（1）提供预下单能力，收集订单信息。

（2）展示支付列表给客户，供客户选择。

（3）发起预支付，拉起支付页面。

（4）完成实际支付。

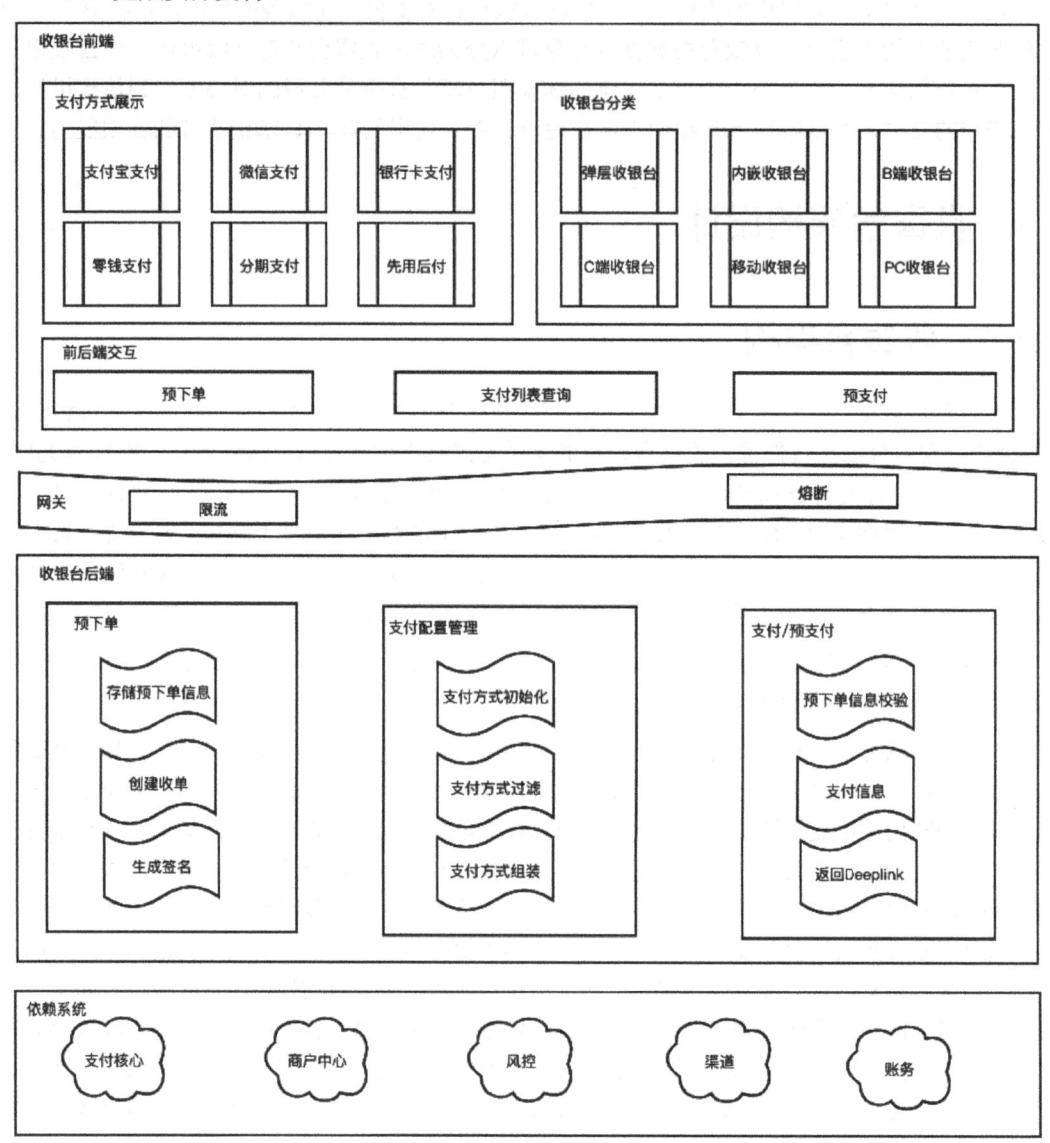

图 5-2

收银台前端负责台面工作，后端负责幕后工作，收银台后端主要提供以下三个模块的能力。

- 预下单：我们在京东或者淘宝选好商品之后，会提交订单，提交订单的这个过程就是预下单的过程，收银台前端会收集订单信息，然后通过后端提供的预下单接口上送订单信息到收银台后端，收银台后端收到订单信息之后会落库，并将信息上送给支付核心落库保存，以备支付时使用。
- 支付配置管理：支付配置管理是收银台后端的核心功能，收银台在什么样的环境下支持什么样的支付方式，需要通过配置来统一管理，通常会根据支付场景、支付环境等因素来配置支持的支付方式列表。配置好规则之后，每次交易都会查询支付方式列表，根据配置的规则先初始化支持的所有列表，然后筛选出不支持的列表，最后组合出最终的结果。
- 支付/预支付：这个阶段需要验证上送的签名，验证签名通过之后才能进行下一步，防止预下单之后修改商品金额造成不必要的损失。验证签名通过之后会对支付数据进行落库，然后调用支付核心进行支付逻辑的处理，如果是微信、支付宝支付，预支付完成之后收银台后端返回 Deeplink 给前端，前端拉起微信或支付宝的客户端再进行支付操作。

5.1.2 收银台流程处理

以微信为例，收银台的支付流程如图 5-3 所示。

完成一笔支付分为以下四个阶段。

1. 阶段一：预下单

（1）客户选好商品之后提交订单，前端收集客户的商品信息和金额信息后上送到收银台后端。

（2）收银台后端收到预下单请求之后，首先落库，然后上送信息到支付核心，并返回预下单受理结果。

2. 阶段二：支付方式列表查询

（1）收银台前端收到结果之后，调用后端拉起支付列表接口，收银台后端收到支付列表请求之后经过一系列筛选最终选出可用的支付列表并返回给前端。

（2）前端收到支付列表后展示给客户，供客户选择。

3. 阶段三：预支付

（1）客户选好支付方式后进行支付。

（2）前端把支付信息和预下单的签名信息一起上送到后端。

（3）后端验证签名，验证签名通过后保存数据，并调支付核心进行支付。

（4）如果是微信、支付宝支付，则返回 Deeplink 给前端。

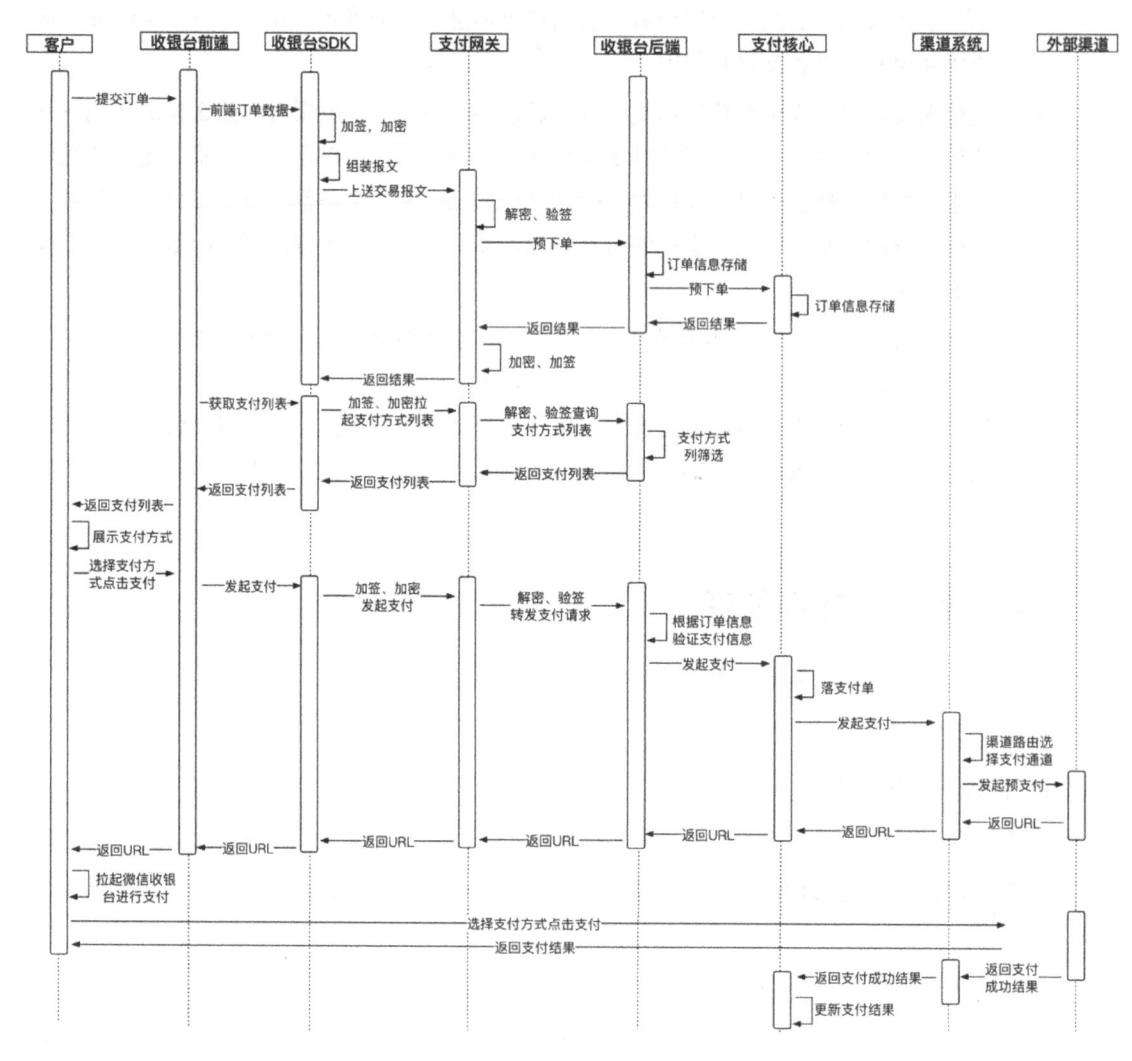

图 5-3

4. 阶段四：输入密码完成支付

（1）前端收到 Deeplink 后拉起微信或支付宝客户端进行支付。

（2）支付成功后微信或支付宝会异步通知三方支付机构支付成功的结果。

（3）三方支付机构收到支付结果之后更新支付订单信息。

5.2 收银台 SDK

5.2.1 收银台接口定义原则

收银台后端需要提供通用的 API 接口供商户使用，收银台提供的接口有预下单接口、支付方式查询接口和预支付接口等。设计接口要遵循以下几个原则。

1. 接口职责要单一

一个接口只负责一件事情，如果两个接口的参数很相近，但实现的不是同一个功能，那么最好分成两个接口，不要为了减少接口而要将两个功能封装成一个接口。这样能避免业务互串，比如充值和支付，如果封装成同一个接口，在使用的过程中没有做好业务隔离，则有可能把支付的订单用在充值的业务上，本来充值不可以使用信用卡，但是串联之后却可以使用信用卡进行充值，在业务上形成很大的漏洞。

2. 接口参数要少

需要通过接口上送的参数要尽可能的少，能自身获取的就不要通过接口上送了，比如可以通过商户号（商户的唯一标识）获取商户的名称、行业这些信息，就不需要商户再上送了。如果通过接口上送，则还需要再校验一遍，系统层面并没有减少逻辑，并且给上游带来不必要的压力，收集了不必要的参数。

3. 接口参数一定要校验

接口定义的参数一定要对其做合法性校验，不要让收银台的下游接口去验证收银台定义的接口的参数的合法性。并且所有的接口收到报文后要做的第一件事就是对参数做合法性校验，不要等到业务逻辑已经开始运行了才发现参数不合法，从而造成不必要的资源浪费。

4. 参数转义要早做

收银台收到上送的参数要第一时间做转义，这样做可以提升系统的安全性，避免暴露支付系统内部参数。

5. 名称要清晰

接口、参数名称的定义要清晰，根据语义使用英文来定义是最好的，查询接口的命名尽量使用带有 query 的名字而不要使用带有 create 的名字，删除接口尽量使用带有 delete 的名字，而不要使用带有 query 的名字。让使用接口的开发人员第一时间能够辨别出这个接口大致是做什么的，避免造成歧义给开发工作带来困扰。

6. 通用的名称要统一

多个接口有可能使用很多重复的参数，对于这些通用的字段，命名一定要统一，如果支付接口对于金额的命名是 pay_amount，而查询接口对于金额的命名是 pay_money，就会造成歧义，在系统后续处理的过程中也很容易出现错误。

5.2.2 收银台接口定义实践

定好接口设计原则之后，接下来要定义收银台需要提供的接口。

1. 预下单接口

客户选好商品之后，提交订单后会调用收银台的预下单接口，预下单接口的作用是收集订单信息，在支付的时候用来和支付接口上送的信息进行比对，要保证两次上送的信息是一致的。预下单接口的定义如下所示。

请求参数：

```
@Data
public class BasePrepayRequest {
  /**
   * 外部订单号
   */
  @NotBlank
  private String outBizNo;
  /**
   * 交易描述
   */
  private String tradeDesc;
  /**
   * 货币类型简码，默认为 CNY。符合 ISO 4217 标准的三位字母代码
   */
  private String currencyCode = "CNY";
  /**
   * 支付金额
   */
  private long payAmount;
  /**
   * 收款方，商户号为 mchId
```

```java
     */
    private long mchId;
    /**
     * 业务方签名
     */
    private String sign;
    /**
     * 签名认证类型：默认为 MD5
     */
    private String signType;
    /**
     * 签名盐值，为了安全性，建议使用时间戳等变化数据
     */
    private String salt;
    /**
     * 交易扩展透传字段
     */
    private String bizExt;
    /**
     * 基于东八区的订单生效时间，默认为当前时间，格式为 yyyy-MM-dd HH:mm:ss
     */
    private String startTime;
    /**
     * 基于东八区的订单失效时间，格式为 yyyy-MM-dd HH:mm:ss，间隔必须大于 5 分钟
     */
    private String expireTime;
    /**
     * 支付环境
     */
    private Integer paySence;

    /**
     * 商品名称
     */
    private String goodsName;
}
```

返回参数：

```java
@Data
public class CashierPrepayResult {
    /**
     * 收单号
     * 预售时为预售子单号
     */
    private String acquireOrder;
    /**
     * 收款方 ID
     */
    private long mchId;
    /**
     * 预付单 ID
     */
    private String prepayId;
    /**
     * 收银台随机生成的盐值，业务方原样返回
     */
    private String cashierSalt;
    /**
     * 操作支付后续动作的签名，保证后续支付动作数据不变
     */
    private String cashierSign;
    /**
     * 业务方需要透传的字段
     */
    private String bizExt;
    /**
     * 外部单号
     */
    private String outBizNo;
}
```

2.支付方式查询接口

预下单之后，接下来就是完成付款以获取商品。随着互联网的发展，付款的方式有很多种，

不同的商户、不同的商城环境对支付方式的要求也不一样。针对不同的环境、不同的商户，需要配置不同的支付方式列表，并提供查询支付方式列表的接口，其定义如下所示。

请求参数：

```
public class BaseCashierQueryRequest {
  /**
   * 预支付 ID
   */
  private String prepayId;
  /**
   * 收银台预支付返回的盐值
   */
  private String cashierSalt;
  /**
   * 收银台预支付返回的签名
   */
  private String cashierSign;
  /**
   * 暴露给前端排除不支持的支付方式，多个支付方式使用英文逗号分隔
   */
  private String excludePayTools;
  /**
   * 收银台页查询的用户环境等信息
   */
  private String contextRequest;
```

返回参数：

```
@Data
public class CashierQueryResult {
  /**
   * 外部订单号
   */
  private String outBizNo;
  /**
   * 交易描述
   */
  private String tradeDesc;
```

```java
    /**
     * 货币类型简码，默认为CNY。符合ISO 4217标准的三位字母代码
     */
    private String currencyCode;
    /**
     * 支付金额
     */
    private long payAmount;
    /**
     * 基于东八区的订单生效时间，默认为当前时间，格式为yyyy-MM-dd HH:mm:ss
     */
    private String startTime;
    /**
     * 基于东八区的订单失效时间，格式为yyyy-MM-dd HH:mm:ss，间隔必须大于5分钟
     */
    private String expireTime;
    /**
     * 卖方商户名称
     */
    private String mchName;
    /**
     * 商品名称
     */
    private String goodsName;
    /**
     * 支付方式类别
     */
    private List<PayToolVO> payChannels;
}
```

返回参数中支付方式类别实体类：

```java
public class PayToolVO {
    /**
     * 支付工具
     */
    private String payChannel;
    /**
```

```
 * 支付工具当前是否可用标志,true 为可用,false 为不可用,兼容前端
 */
private boolean available;
/**
 * 支付工具使用描述信息
 */
private String availableDesc;
/**
 * 支付方式名称
 */
private String payChannelName;
/**
 * 是否为推荐位
 */
private boolean recommend;
}
```

3.预支付接口

选择好支付方式后进行支付,三方支付机构会进行预支付。之所以叫预支付而不是支付,这是因为很多支付模式的支付过程分为两个阶段,第一阶段是上送支付信息到微信、支付宝这些平台,第二阶段是输入密码进行实际的支付。第一阶段是预支付,第二阶段是实际的支付。

请求参数:

```
public class BasePayRequest {
  /**
   * 预支付 ID
   */
  private String prepayId;
  /**
   * 收银台预支付返回的盐值
   */
  private String cashierSalt;
  /**
   * 收银台预支付返回的签名
   */
  private String cashierSign;
  /**
```

```java
     * 支付方式
     */
    private String payTool;
}
```

返回参数：

```java
public class CashierPayResult {
    /**
     * 三方支付机构支付时需要的一个link参数集
     */
    private String deepLinkInfo;
    /**
     * 支付流水号
     */
    private String targetId;
    /**
     * 支付明细号
     */
    private String payDetailNo;
    /**
     * 收单结果状态
     */
    private String acquireStatus;
    /**
     * 收单号
     */
    private String acquireNo;
    /**
     * 外部业务单号
     */
    private String outBizNo;
    /**
     * 支付工具
     */
    private String payTool;
}
```

5.2.3 收银台 SDK 设计

商户都有自己的商城，但没有自己的支付能力，或者说其支付能力没有三方支付机构的全面、快捷，所以通常情况下商户会选择使用三方支付机构的支付能力。使用支付能力就需要支付入口，商户可以使用支付机构提供的 SDK 来搭建自己的支付入口。通常有自己商城的商户会开发自己的收银台前端，支付机构只需要提供支付所需的 API 接口就可以了，支付机构提供的接口有支付、预支付、退款、支付结果查询等。为了方便商户接入，支付机构会针对 API 接口提供配套的 SDK，SDK 封装加密、解密、加签、验签、网络通信等能力。商户只需要组装参数，使用对应的封装好的能力和支付机构进行交互即可。SDK 的逻辑处理流程如图 5-4 所示。

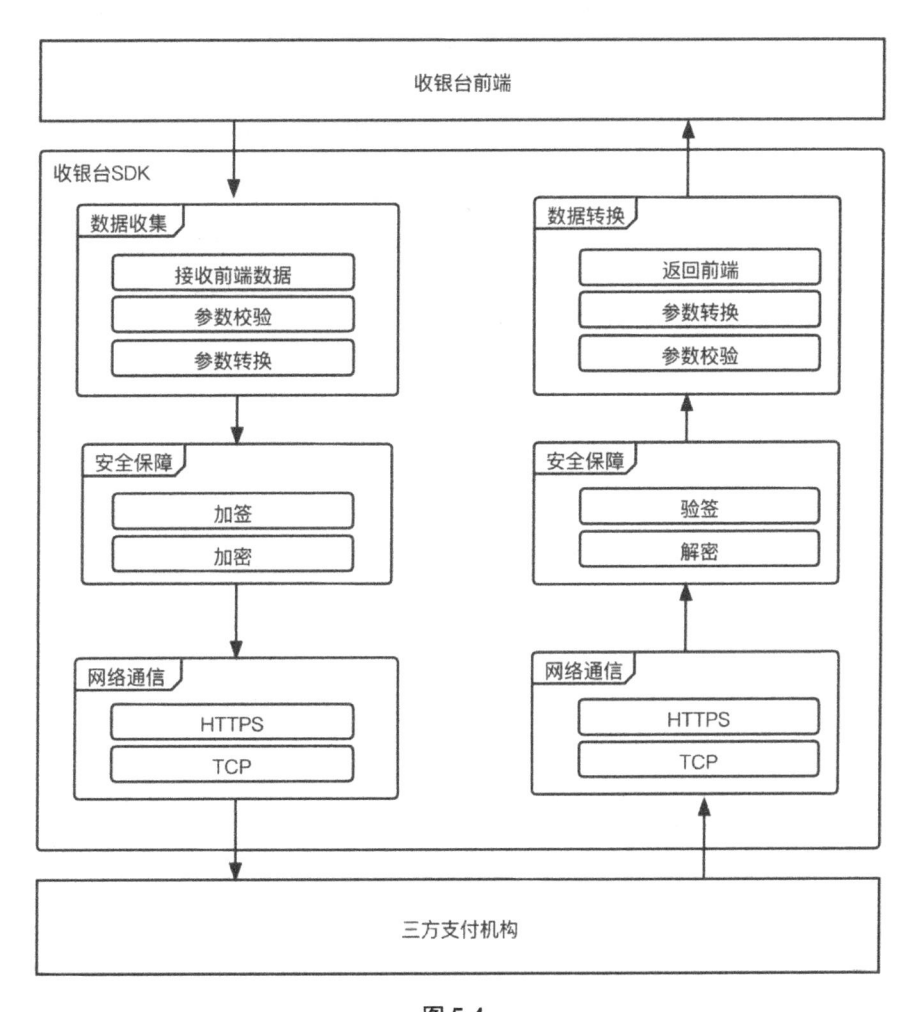

图 5-4

1. 数据收集

收银台 SDK 接收前端上传的参数，并逐个进行校验，校验通过之后再将这些参数转换为 API 的参数。数据收集需要提供预下单、支付方式列表查询、预支付等函数，收银台前端收集相关的信息之后，根据业务场景调用相关的函数即可，省去了直接调用 API 组装参数的过程。根据参数的类型、长度、格式、是否为空等进行参数校验，校验通过之后会转换为 API 接口需要的格式报文。

2. 安全保障

数据的安全性对于支付业务来说是重中之重，网络传输的数据一定要进行加密、加签等安全操作。数据转换之后，对需要加密的数据进行加密，对需要加签的参数进行加签，通常密钥会通过三方支付机构下载，保存在本地数据库中，或者放在服务器上。如果密钥有更新，则需要及时到支付机构下载，如果密钥有被盗用的风险，也需要及时到支付机构更换密钥。SDK 层会封装加密、加签算法，支付机构的支付网关层会封装对应的解密、验签算法。

3. 网络通信

网络通信在互联网支付行业中是非常重要的环节，下面回顾一下网络通信的基础知识。国际标准化组织（ISO）和国际电报电话咨询委员会（CCITT）共同提出了开发系统互联的七层参考模型，对应 TCP/IP 的四层模型如图 5-5 所示。

OSI 七层	TCP/IP 四层	协议
应用层	应用层	HTTP HTTPS FTP DNS SMTP
表示层		
会话层		
传输层	传输层	TCP、UDP
网络层	网络层	IP、APP、ICMP
数据链路层	网络接口层	PPP Etherent
物理层		

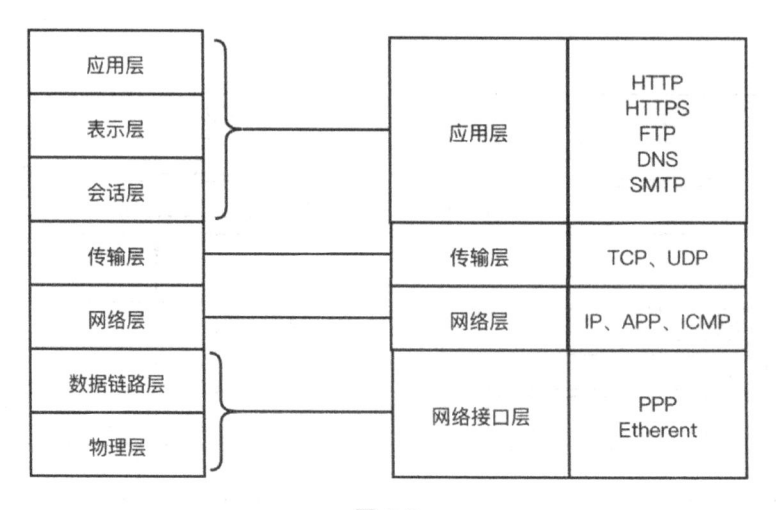

图 5-5

TCP/IP 的四层模型如下：

（1）应用层：应用程序通过这一层访问网络，常见的有 HTTP、HTTPS、FTP、DNS、SMTP 等协议。

（2）传输层：TCP 和 UDP。

（3）网络层：IP、ARP、RARP、ICMP 等协议。

（4）网络接口层：是 TCP/IP 的基层，负责数据帧的发送和接收。

TCP 即传输层控制协议，是因特网中的传输层协议，TCP 的位码即 TCP 标志位，共有六种：SYN（建立主机）、ACK（确认）、PSH（传送）、FIN（结束）、RST（重置）、URG（紧急）。在 TCP 中建立连接需要经过三次握手的过程。

- 第一次握手：客户端发送 SYN 包（syn=j）到服务器，并进入 SYN_SEND 状态，等待服务器确认。
- 第二次握手：服务器收到 SYN 包后，必须确认客户的 SYN（ack=j+1），同时自己也发送一个 SYN 包（syn=k），即 SYN+ACK 包，此时服务器进入 SYN_RECV 状态。
- 第三次握手：客户端收到服务器的 SYN+ACK 包，向服务器发送确认包 ACK（ack=k+1），此包发送完毕，客户端和服务器进入 ESTABLISHED 状态，完成三次握手。握手完成后，两台主机就开始传输数据了。

HTTP 即超文本传送协议，是 Web 联网的基础，也是手机联网常用的协议之一，HTTP 是建立在 TCP 之上的一种应用。HTTP 连接最显著的特点是客户端发送的每次请求都需要服务器回送响应，在请求结束后，会主动释放连接。从建立连接到关闭连接的过程称为"一次连接"。由于 HTTP 在每次请求结束后都会主动释放连接，因此 HTTP 连接是一种"短连接"，要保持客户端程序的在线状态，需要不断地向服务器发起连接请求。通常的做法是即使不需要获得任何数据，客户端也保持每隔一段固定的时间向服务器发送一次"保持连接"的请求，服务器在收到该请求后对客户端进行回复，表明知道客户端"在线"。若服务器长时间无法收到客户端的请求，则认为客户端"下线"，若客户端长时间无法收到服务器的回复，则认为网络已经断开。

HTTPS（全称：Hyper Text Transfer Protocol over SecureSocket Layer）是以安全为目标的 HTTP 通道，在 HTTP 的基础上通过传输加密和身份认证保证了传输过程的安全性。HTTPS 在 HTTP 的基础上加入 SSL，HTTPS 的安全基础是 SSL，因此加密的详细内容就需要 SSL。HTTPS 存在不同于 HTTP 的默认端口及一个加密/身份验证层（在 HTTP 与 TCP 之间），这个系统提供了身份验证与加密通信方法，所以支付交易通常使用 HTTPS 进行通信。

5.3 收银台路由设计

5.3.1 收银台业务简介

三方支付机构的支付能力是通用的，如果有新增的支付方式，则需要快速支持，所以收银台的可配置化能力非常重要,如果每新增一种支付方式,支付机构都要发布系统、升级版本,则不仅耗时、耗力,成本非常高,而且用户体验非常差,容易造成用户流失,所以制作通用的收银台非常重要。收银台的扩展性要非常强,如果通过运营平台配置即可实现支持新的支付方式,那么就降低了开发成本,提升了用户体验。要实现支付方式的可配置化,就要厘清可配置的维度,收银台可配置维度如图 5-6 所示。

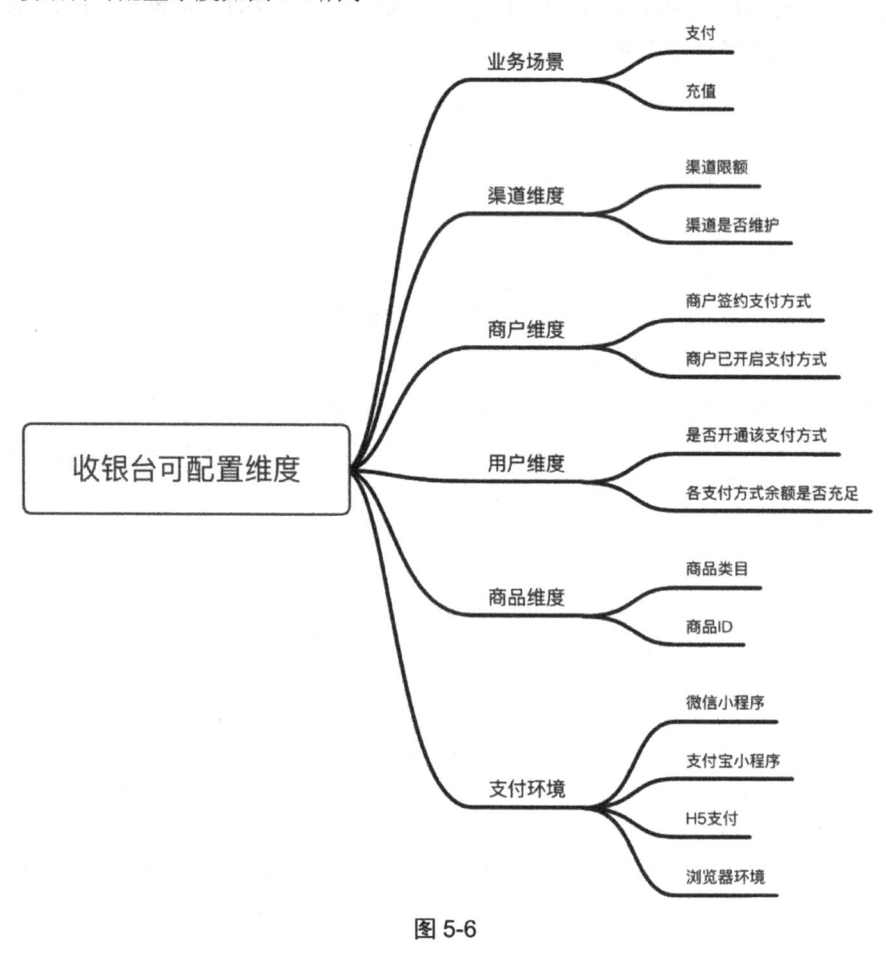

收银台可配置维度:
- 业务场景
  - 支付
  - 充值
- 渠道维度
  - 渠道限额
  - 渠道是否维护
- 商户维度
  - 商户签约支付方式
  - 商户已开启支付方式
- 用户维度
  - 是否开通该支付方式
  - 各支付方式余额是否充足
- 商品维度
  - 商品类目
  - 商品ID
- 支付环境
  - 微信小程序
  - 支付宝小程序
  - H5支付
  - 浏览器环境

图 5-6

1. 业务场景

业务场景分为支付、充值等,不同的场景对应的支付方式不一样,比如支付可以使用信用卡,而充值不可以使用信用卡,所以在展示银行卡列表的时候,充值场景需要过滤信用卡。

2. 渠道维度

不同渠道都有自己的一些规则,比如银联支持银行卡、微信、支付宝,但网联只支持银行卡、微信，而没有对接支付宝的扫码支付等能力，并且每个渠道可能有不同的限额和维护时间，比如银联渠道在某个时间段内对某一个银行进行维护，那么在维护的时间段内不可以通过银联渠道进行该银行的银行卡支付；又比如客户使用的支付金额大于单笔或者单日限额。

3. 商户维度

商户可以签约不同的支付方式，比如微信支付能力，需要商户上送相关的资质信息，申请相应的特约商户号，然后对特约商户号进行实名授权才可进行支付交易。另外，商户习惯使用支付宝提现，如果有多种支付方式，那么可以开启常用的支付方式，关闭不常用的支付方式。

4. 用户维度

用户在完成支付操作的时候，如果没有开通对应的支付方式，那么是不可以支付的，比如用户没有支付宝账号，就不可以选择支付宝支付。另外，余额也是限制支付的重要因素，使用微信零钱支付时，如果余额不足以购买选择的商品，就无法完成支付。

5. 商品维度

有些商品只能用特定的支付方式完成支付，比如商户做促销活动，使用储值卡充值送余额，规定促销的商品只能使用储值卡支付。

6. 支付环境

不同的支付环境支持的支付方式也不一样，微信小程序下只能支持微信支付，支付宝小程序下只能支持支付宝支付。

5.3.2 收银台路由架构

收银台支付方式筛选需要经过几个阶段：支付方式初始化阶段、支付方式过滤筛选阶段、支付方式结果输出阶段。查询支付列表的时候，首先要根据支付的业务场景查询支持的支付列表有哪些完成的初始化动作，然后根据支付环境进行筛选，支付环境只有前端知道，是 PC 端环境、小程序环境，还是手机 WAP 环境等，所以前端需要把环境信息上送到收银台后端，收银台后端根据上送的环境信息筛选出支持的支付列表。支付环境有支付宝小程序、微信小程序、支付宝 WAP、微信 WAP、浏览器等。支付方式的筛选流程如图 5-7 所示。

1. 支付方式初始化

支付方式初始化阶段会根据支付场景筛选出所有可用的支付方式列表，支付场景分为支付和充值等，以支付为例，支付方式的初始化流程如图 5-8 所示。

图 5-7

支付方式初始化

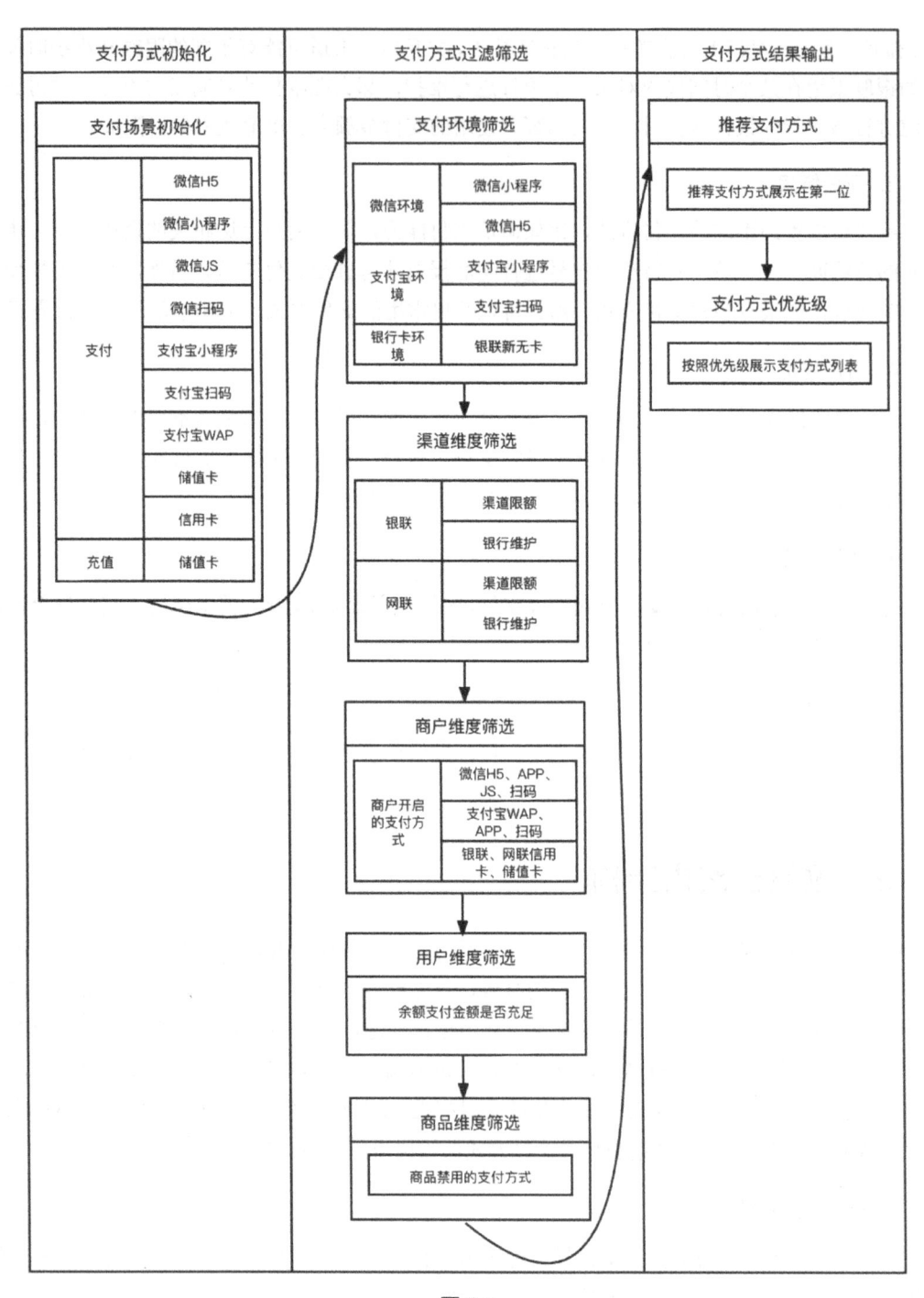

支付场景初始化

支付:
- 微信H5
- 微信小程序
- 微信JS
- 微信扫码
- 支付宝小程序
- 支付宝扫码
- 支付宝WAP
- 储值卡
- 信用卡

充值:
- 储值卡

支付方式过滤筛选

支付环境筛选:
- 微信环境: 微信小程序、微信H5
- 支付宝环境: 支付宝小程序、支付宝扫码
- 银行卡环境: 银联新无卡

渠道维度筛选:
- 银联: 渠道限额、银行维护
- 网联: 渠道限额、银行维护

商户维度筛选:
- 商户开启的支付方式: 微信H5、APP、JS、扫码；支付宝WAP、APP、扫码；银联、网联信用卡、储值卡

用户维度筛选:
- 余额支付金额是否充足

商品维度筛选:
- 商品禁用的支付方式

支付方式结果输出

推荐支付方式:
- 推荐支付方式展示在第一位

支付方式优先级:
- 按照优先级展示支付方式列表

图 5-7

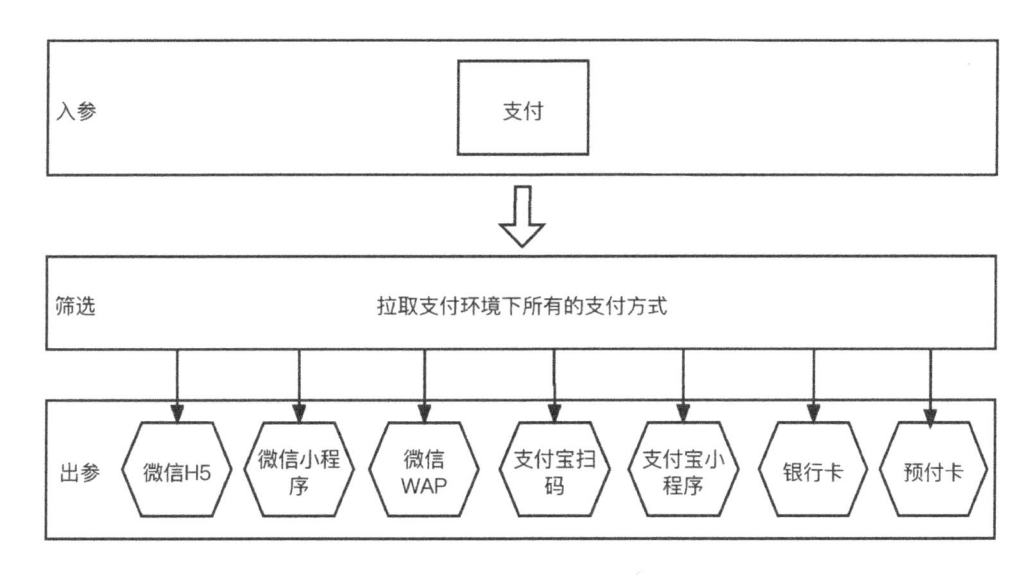

```
入参:                    支付

             ↓

筛选:        拉取支付环境下所有的支付方式

出参:  微信H5  微信小程序  微信WAP  支付宝扫码  支付宝小程序  银行卡  预付卡
```

图 5-8

2. 支付方式过滤筛选

支付方式过滤筛选阶段会筛选不支持的支付方式，留下可用的支付方式。筛选阶段有很多筛选条件，如支付环境、渠道维度、商户维度等。以支付环境为例，筛选流程如图 5-9 所示。

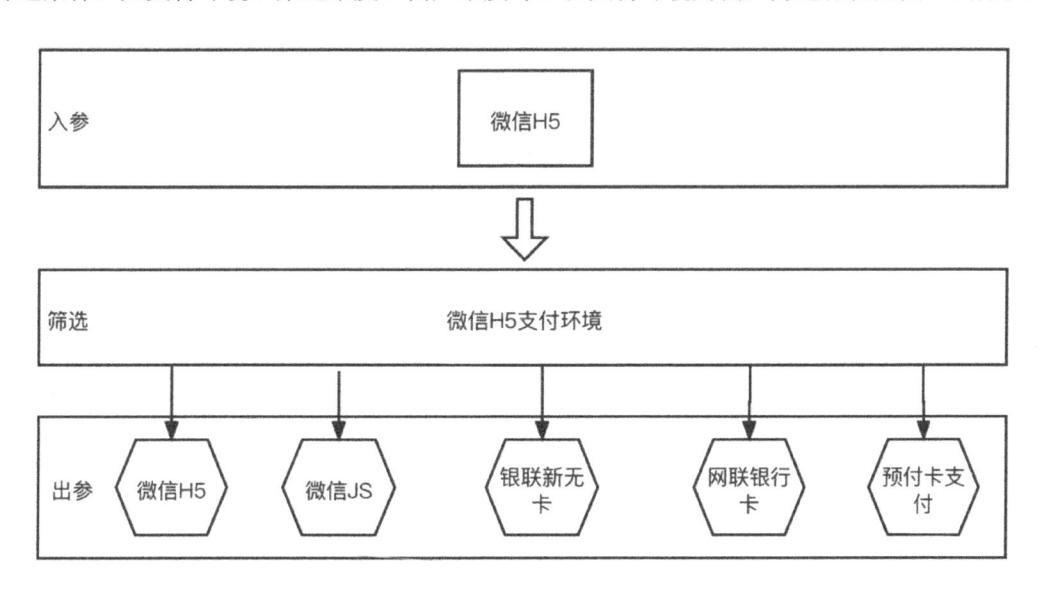

```
入参:                    微信H5

             ↓

筛选:        微信H5支付环境

出参:  微信H5  微信JS  银联新无卡  网联银行卡  预付卡支付
```

图 5-9

3. 支付方式结果输出

支付方式筛选出来之后，根据三方支付机构和渠道签署的协议，可能会使用有费率优惠的某个支付渠道，商户和支付机构之间也会有相应的协议，比如使用微信支付比使用银行卡支付的费率要低，这种情况下会推荐客户使用微信支付，即产生一个推荐位。支付方式结果的输出流程如图 5-10 所示。

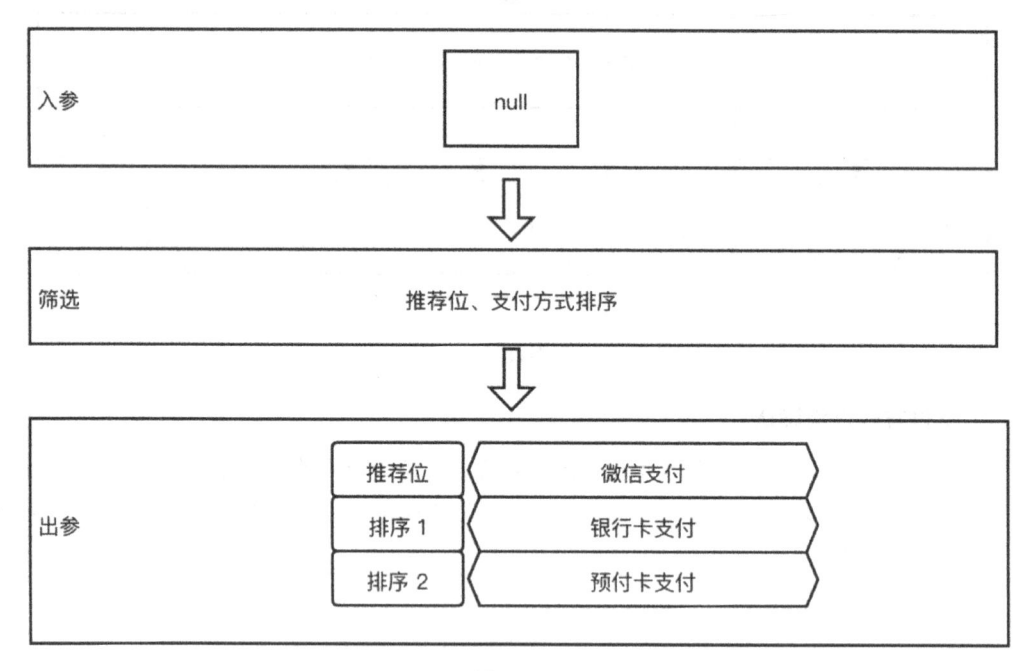

```
入参      ┌─────────────┐
          │    null     │
          └─────────────┘
                │
                ▽
筛选      推荐位、支付方式排序
                │
                ▽
出参      推荐位  ─ 微信支付
          排序 1  ─ 银行卡支付
          排序 2  ─ 预付卡支付
```

图 5-10

通过支付方式初始化、支付方式过滤筛选、支付方式结果输出三个阶段最终筛选出当前订单支持的支付方式列表，根据费率等条件展示支付方式并排序，给客户推荐最适合的支付方式。

第 6 章 清结算和计费

6.1 清结算

支付的两大核心能力一是收款（入金），二是付款（出金），收款是把 C 端客户在购买商品时候的资金收到了三方支付机构备付金账户中，付款是三方支付机构把备付金账户中的资金付给售卖商品的商户。清结算系统是三方支付系统按照与商户的协议，将一个结算周期内的收付款项轧差汇总生成待结算金额，并将待结算金额结算给商户的一个功能模块，是支付体系中负责付款模块的一个子系统。

6.1.1 清结算业务简介

三方支付机构的清结算系统与央行的支付清算体系并不处在同一层级，后者负责完成银行与银行之间的资金清算，而前者仅服务于一个三方支付机构，完成对三方支付机构的商户的资金结算。

读者想必注意到了清算和结算用词上的差异，清算是各清算中心的工作内容，包括清分和资金划拨两个步骤，清分用于登记流水和轧差汇总，资金划拨则是在各个银行之间进行资金调动，即该扣哪个银行多少资金就扣掉，该付给哪个银行多少资金就给它增加余额；结算是指银行按照结算周期对其直连商户的资金核算了结。三方支付机构的清结算系统虽然包含清结算三个字，但"清"仅仅是清分，没有清算中心那样进行资金划拨的权利，结算倒是名副其实的结算，与银行对其直连商户的结算概念等同。

1. 清分

清分（clearing）是清算的数据准备阶段，主要是将当日的全部网络交易数据按照本代他、他代本、贷记、借记、笔数、金额、轧差净额等进行汇总、整理、分类。所谓"清分"就是清清楚楚地分开。"清分"对应的英文是 clearing，也就是理清楚、搞清楚的意思。总结来看，"清分"就是将支付交易数据分门别类地记录、整理、汇总的过程。

2. 清算

清算（settlement）不涉及债权债务关系的转移，而结算（settlement of accounts）是债权债务关系的转移。一般而言，支付活动的过程包括交易、清算和结算。其中，清算和结算均是清偿收付双方债权债务关系的过程及手段。在支付活动中，同行内账户资金往来直接结算便可，而涉及不同行之间账户资金的往来，需先清算再结算。

清算主要是指不同银行间的货币收付，可以认为是在进行结算之前，发起行和接收行对支付指令的发送、接收、核对确认，其结果是全面交换结算工具和支付信息，并建立最终结算头寸。

"清算"具有以下几个特点：

- 清算是用于不同行之间账户资金往来的，同行之间的资金往来无须清算，直接结算即可。
- 清算就是清清楚楚地计算，不同行之间谁付谁多少钱，谁欠谁多少钱，最后再一轧差，得出一个最终谁该付谁多少钱的计算过程。
- 清算包括发起行和接收行对支付指令的发送、接收、核对确认等动作，即最后付款之前的一个核对确认动作，确保结算无误。
- 清算不涉及债券债务关系的转移。

3. 结算

结算是指将清算过程中产生的待结算头寸分别在发起行、接收行进行相应的会计处理，完成资金转移，并通知收付双方的过程。我们从"结算"和"清算"的英文也可以看出来，"结算"是涉及账户的结算，而"清算"仅仅是算，并没涉及账户。因此可以这么理解：清算不涉及债权债务关系的转移，而结算涉及。所以，在《中国银联银行卡联网联合技术规范 V2.1》中，对结算的定义是完成客户账户间资金划拨的过程。

6.1.2 清结算系统设计

清结算系统的数据来源是支付核心和计费系统，支付核心完成支付后会发送消息到清结算系统，清结算系统收到消息后会解析消息并把对应的信息当作待清分数据落入数据库，同样计费系统也会监听支付成功消息，把每笔交易应该收取的手续费以消息的形式通知清结算系统，清结算同样会把信息当作待清分数据落入数据库。清结算系统的架构如图6-1所示。

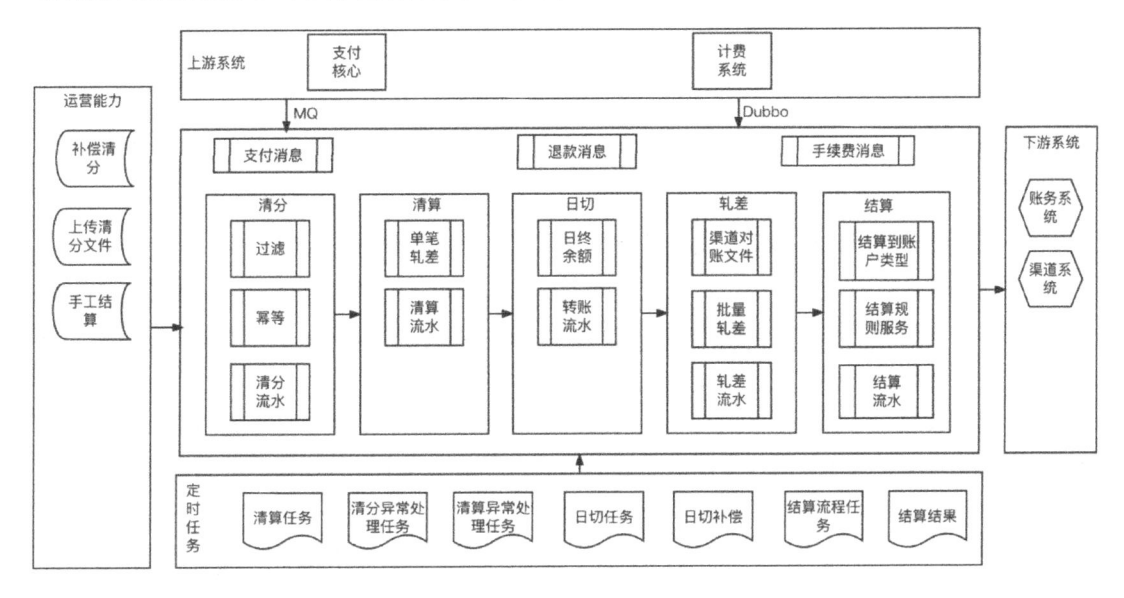

图 6-1

清结算系统监听到支付成功消息和计费消息之后会落清分记录，落清分记录时会根据支付单号、计费单号进行幂等判断，避免出现一单多结算的情况，清分流水需要保存到数据库中，以备后续的查询。定时任务触发清算任务，清算一般会在日切的时候进行，对商户的单笔订单进行轧差，比如一笔订单支付金额是 100 元，手续费是 0.6 元，那么经过清算之后的金额是 99.4 元。清算的日切发生在凌晨，也是由定时任务来驱动的，计算商户订单的日终余额，然后对商户下的所有订单进行轧差，计算出商户当日应该结算的金额，再进行轧差计算，并且落轧差记录。最后根据商户配置的结算类型把计算好的余额结算到商户的余额账户或者银行卡账户中。所以常规的清结算会经历四步：清分→清算→轧差→结算。

1. 清结算系统的实现

后台服务型系统的设计一般都包含业务流程、管理页面、接口三个方面，清结算系统也是如此。清结算系统的业务流程存在自动化的业务处理逻辑，而且清结算系统不一定是纯后台服务型系统，因为它需要给商户提供后台查看结算单信息及下载对账单的功能。

2. 清结算系统的运营管理能力

清结算系统的管理页面主要包含商户结算信息管理、清分明细管理和结算单管理三部分。

商户的结算信息是在商户入驻支付平台的时候通过协议确定的，协议中包含如下用于结算的关键信息：

- **结算周期**：既可以是 D+0 日结算、D+1 日结算，也可以是 T+1 日、T+2……T+N（D 代表自然日，T 代表工作日）日结算，D+0 日结算一般是设置某些时间段结算一次，比如可以设置 0 点到 16 点的交易在 16 点之后结算一次，16 点到 24 点的交易在 24 点之后结算一次。
- **结算方式**：资金既可以结算到商户的银行账户，也可以结算到商户在三方支付机构开设的可用余额账户。
- **银行账户信息**：包括银行账户名、联行行号、银行账号等。

商户结算信息管理功能中的结算信息基本上都是在商户入驻的时候登记的，而且要在这个功能里提供后期的维护能力，如更换商户的结算周期、修改结算方式、更换银行账户信息、修改结算信息的有效性等。

清分明细管理是对成功消费的订单生成的清分明细的管理，之所以称之为明细，是因为这条记录中会包含交易金额、商户手续费，甚至可能会有渠道成本、代理商分润金额等信息，明细清晰地表明了各部分金额的归属。

清分明细管理的数据来源于支付核心，在一笔消费订单支付成功之后，支付核心把订单的数据通过调用清结算接口的方式或者发送消息的方式推送到清结算系统。当然其中也可能有退款产生的清分明细，这个时候就要看退款是从哪个账户退的，如果从可用余额账户退，那么既可以考虑不登记，也可以登记但不计入结算，如果从待结算账户退，则要登记并参与结算。

结算单管理是对商户的结算管理，结算单是一种外在表现形式，其记录了商户一个结算周期内的所有清分记录的汇总轧差的结果。结算单是由系统依据商户的结算周期设置自动汇总清分记录而生成的。

3. 清结算系统对对账的依赖

清结算系统与对账系统产生关联，主要是考虑要不要在与渠道对账结束之后，再将资金结算给商户的问题，涉及下面两种情形：

- 如果是先对账，再结算，则是以渠道的流水记录为准，核对了流水之后再进行结算。
- 如果是不管对账结果，直接结算，则是以支付系统的流水记录为准进行结算。

然而，渠道对账单里的流水可能只是用户充值到支付平台账户，并不需要结算给哪个商户，而结算给商户的资金也不一定发生了银行卡支付，比如余额支付（支付宝、花呗支付等）这种，支付记录不需要与渠道对账，但也要结算给商户。

4. 清结算的自动化业务流程

清结算的自动化业务流程分为三步：自动生成结算单、自动结算、自动生成对账单。

自动生成结算单，即按照三方支付机构与商户的协议，将一个结算周期内的收付款项汇总轧差生成待结算金额，形成一条结算单数据。

自动结算，即按照设定的结算方式，在生成结算单之后，或者指定某个具体的时间点，自动将结算单中的金额结算给商户的银行账户或者商户在三方支付机构的余额账户，但在结算之前，需要进行记账操作。

- 结算到银行账户
    - 借：应付账款—商户—待结算账户 XXX 元。
    - 贷：银行存款 XXX 元。
- 结算到商户在支付机构的余额账户
    - 借：应付账款—商户—待结算账户 XXX 元。
    - 贷：应付账款—商户—余额账户 XXX 元。

当然也可以没有自动结算这个功能，由人工在管理页面操作来进行结算。

结算到银行账户也可以分成两步，先结算到支付机构余额账户，再自动帮助商户提现到银行账户。这个逻辑可以在不能使用代付渠道的情况下，将资金结算到商户的支付机构余额账户。不过，是否要按照应急状况进行这种逻辑的设定要看业务方的考虑，如果机制完善，则可以不采用这种方式，毕竟对于资金问题，自动化程度太高可能并不让人放心。

自动生成对账单，即在对商户结算之后，提供商户核对结算金额是否正确的依据，而对账单生成的依据是清分明细。生成对账单之后的一个问题就是怎样让商户获取对账单，一般有如下几种方式：

- 在商户后台提供下载入口。
- 提供获取对账单的接口，由商户进行系统对接。
- 将对账单放到支付机构的 FTP/SFTP 上，允许商户访问获取。
- 将对账单推送到商户的 FTP/SFTP 上。

清结算系统完成对商户的结算之后，要将这个结算周期的清分记录生成一个对账文件（商户对账单），供商户对账使用。

可能有人认为提供商户对账单供商户对账应该在对账系统中实现，但由于商户对账单的生成要依据清分记录，所以商户对账单是在清结算系统中生成的。

5. 清结算的数据来源

清结算的数据来源主要有支付核心和计费系统，一笔订单支付成功后，告知清结算登记一条清分记录，用于在一个结算周期之后对商户进行结算。

6.2 计费

6.2.1 计费业务简介

计费系统是三方支付机构重要的子系统，三方支付机构最核心的收入来源是赚取手续费差值（手续费差值=收取商户的手续费-渠道收取的手续费）。合理收取商户的手续费是支付机构赖以存活的保障。要保证收取商户的手续费比渠道收取的手续费略高，但也不能太高，太高会给商户造成资金上的压力，在行业内失去竞争力。所以计费系统要解决的核心问题是，既要保证收取的手续费能够让支付机构很好地生存下去，又要保证不能给商户造成太大的压力，失去价格的竞争优势。但大部分支付机构初期的计费规则都较为简单，通常按百分比收取交易手续费。

在支付机构成立之初，更多的工作重心放在了如何引流，如何留存商户，要保证支付的高效，结算的快速，所以大部分支付机构在系统建设初期都未对计费系统的整体规划足够重视。后期由于业务模式的演变、产品线的扩大，计费策略越来越复杂。例如，市场营销活动、合作商户个性化需求等，导致只能不停对计费系统打补丁。计费系统的先天不足导致记账、成本核算、分账、分润等诸多重要业务根本上的混乱。银行、基金等传统金融机构对计费系统的要求较低，计费策略都较为简单。而三方支付偏互联网的服务属性，要求其支付机构支持各种灵活的计费策略。设计好的计费系统首先要弄清楚两个概念：渠道手续费和支付机构手续费。

1. 渠道手续费

三方支付机构通过银联/网联与银行进行交互，每一笔支付订单，只要经过银联/网联，都会收取相应的手续费，我们称之为渠道手续费。渠道手续费通常根据行业的不同会收取不同的手续费，比如教育、医疗这些服务行业通常按照 0.2% 的费率进行收取，像电商、游戏这些行业通常按照 0.6% 的费率来收取。

2. 支付机构手续费

商户通过支付机构进行交易，支付机构也会收取相应的手续费，这部分费用我们称之为支付机构手续费。支付机构的收入大多来自收取的手续费，但是渠道也会收取支付机构的手续费，所以支付机构的利润主要是支付机构收取的手续费和渠道手续费的差值。例如一笔交易的金额为 1000 元，支付机构按照 0.6% 的费率收取手续费，这笔订单会收取 6 元的手续费，渠道按照 0.2% 的费率进行收取，这笔订单会收取 2 元的手续费，最终支付机构的利润为 6 元-2 元=4 元。

支付机构无法控制渠道手续费，所以这部分不在支付机构计费系统的考虑范围之内。支付机构能够决定的是收取商户的手续费，所以主要针对支付机构手续费来设计计费系统。那么如何设计好支付机构的计费系统呢？我们先总结一下三方支付计费子系统架构设计方法论。这里采用 5W1H 框架来思考计费子系统的架构,如图 6-2 所示。

图 6-2

（1）Why：为何收费？

我们开车经过高速公路时要收取一定的高速费,高速费用于高速公路的日常维护,从而保证行车的安全与便捷。三方支付机构提供的支付渠道和高速公路是一个概念,交易通过支付渠道顺利完成支付动作,也要缴纳一定的渠道维护费,有了渠道维护费,支付机构可以更好地提供支付能力,接入更多的银行,兼容更多的支付方式,保证支付的便捷与安全。

（2）What：什么费用？

除了收取渠道的手续费,支付机构根据自身的特点可以给商户提供相应的服务,然后赚取对应的服务费,比如利用支付机构的收银台能力提供广告服务以收取广告费,还可以给商户提供一些营销策略,收取营销服务费。以广告费为例,商户在三方支付平台的 PC 端和手机 APP 上发布宣传广告,三方支付机构会收取一定的广告费用。而此笔广告费用的多少取决于三方支付机构的知名度和使用客户的覆盖度,在三方支付机构收益中占据较低的比例。三方支付机构费用还有另一个重要盈利点——服务费,主要包括理财相关业务的服务费、代缴费业务中与三方支付机构以外的三方合作商户收取部分的服务费用两种表现形式,即三方支付机构为客户解决不同的支付方案，除了提供支付业务，还有其他一系列的增值业务。而这种模式已经渐渐成为各个三方支付机构的核心利润点。

（3）When：何时收费？

收费的模式有很多种，可以定义多样的计费策略，比如先用后付、先付后用、实时收费、周期计费等。还以高速费类比，我们每次上高速的时候是不会收费的，下高速的时候根据路程计算费用，把高速费交给收费人员，这就是一种典型的实时计费的模式。实时收费的特点就是实时计算费用、收取费用。后来发现人工收费很耗费时间和资源，并且容易造成交通拥堵，随着科技的发展，ETC 就应运而生，可以先把钱充在 ETC 相关的银行卡里，经过收费站后不需要人工介入，直接从 ETC 相关的银行卡预存的费用中扣除即可，这就是先付后用的计费方式。在计费体系里还有类似京东商城的先用后付，可以先让商户使用支付渠道进行交易，在结算的时候收取相应的费用。

（4）Who：谁来收/付费？

收付问题是三方支付机构解决的最核心的问题，同样计费也绕不开这个问题，手续费谁来收、谁来付要提前定义清楚，收取的手续费应该从哪个账户出、到哪个账户去在设计系统的时候也是重中之重。付的主体是商户，收费的主体是三方支付机构，在账户体系中，三方支付机构有自己的账户，商户也会有自己的各类账户，在收取费用的时候通常将费用从商户的余额账户流转到三方支付机构的余额账户。

（5）Where：在哪儿收费？

我们经过高速路口收费站的时候收费员或 ETC 收取的费用是根据行驶里程来计算的，我们需要缴纳根据行驶里程计算得出的费用。同样三方支付机构手续费的收取也要经历两步：计算+收取。在订单支付完成之后，需要计算应该收取的费用是多少，在结算的时候按照计算的费用收取即可。广告费、营销费通常是在活动之前预存相关的费用，实际活动的时候使用的费用在预存账户中扣除即可。

（6）How：如何计费？

计算费用需要有相关的依据，通常商户入驻三方支付机构的时候会签订对应的计费包，根据商户的从业类目签订不同的计费包。例如，从事教育行业的商户可以签订费率为 0.38% 的计费包，从事电商行业的商户可以签订费率为 0.6% 的计费包，一个商户可以签订多个计费包。收取费用的时候根据交易的类型来确定计费包（比如教育产品可以使用教育计费包），然后根据计费包的费率来计算应收费用。另外，三方支付机构为了吸引商户，通常也会做一些优惠活动，计算费用的时候也需要考虑相关优惠活动。

6.2.2 计费系统设计

1. 设计原则

根据计费系统的业务特点，设计计费系统的时候可以考虑以下几方面的因素。

非核心功能解耦：非核心功能解耦指的是不在核心流程中的功能单独处理，避免影响主流程，如工具类、查询类等旁支功能。解耦带来的好处多种多样，首先是故障异常的解耦，解耦出来的模块其稳定性、性能甚至逻辑问题都不会干扰核心流程，其次是当真正的故障来临时，这些非核心功能都可以做到一键降级。计费系统不在支付主链路上，三方支付机构首要的任务是保证支付的高效，所以计费系统的数据可以通过消息队列的形式来获取，做到异步化，不耦合在支付流程中。

防御性编程：防御性编程是一种系统设计思想，它是为了保证对程序的不可预见的使用不会造成程序功能上的损坏。具体在日常系统设计上有两部分，首先对所有外部依赖保持高度不信任，所有三方依赖都需要有降级兜底方案，尤其是涉及核心功能的依赖，如数据库。在计费时，我们对大量的核心依赖都有降级兜底方案，如计费规则的存储有三层降级兜底方案，从内存到缓存再到数据库。其次是在日常的编码过程中，需要确保每个函数的健壮性，对于入参，不能做预设时应及时返回错误。墨菲定律告诉我们不应该心存侥幸，对于日常的编码工作，要将稳定性时常放在心上。

2. 计费策略

电商通常会有很多营销玩法，以吸引客户，比如满减、打折等。三方支付机构同样会采取一些计费策略来吸引商户入驻和留存商户。这里介绍两种计费策略：阶梯计费和预付费。

阶梯计费就是对费率划分一些等级，达到某个等级就享受什么样的费率折扣。阶梯计费会根据交易额设置费率，比如月支付金额在 100 万元以下享受的手续费费率是 0.65%，100 万元到 500 万元享受的手续费费率是 0.6%，500 万元以上享受的费率是 0.38%。阶梯计费的结构如图 6-3 所示。

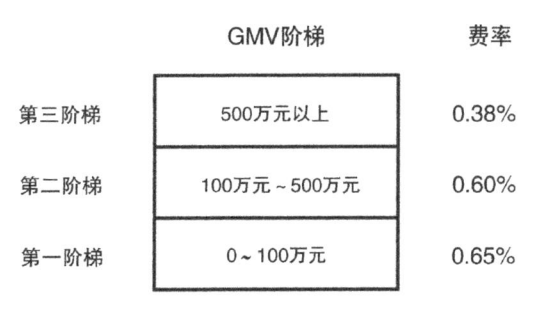

	GMV阶梯	费率
第三阶梯	500万元以上	0.38%
第二阶梯	100万元~500万元	0.60%
第一阶梯	0~100万元	0.65%

图 6-3

预付费是让商户提前缴存一定的费用到三方支付机构，三方支付机构给商户开设专门的计费账户，商户缴存的费用统一保存在计费账户中，之后的每笔交易产生的手续费都会从计费账户中扣除。针对预存手续费，三方支付机构会给予一定的优惠策略，以吸引商户预存资金。这样做对三方支付机构来说，一来可以提前变现，二来可以留存商户。预付费的结构如图 6-4 所示。

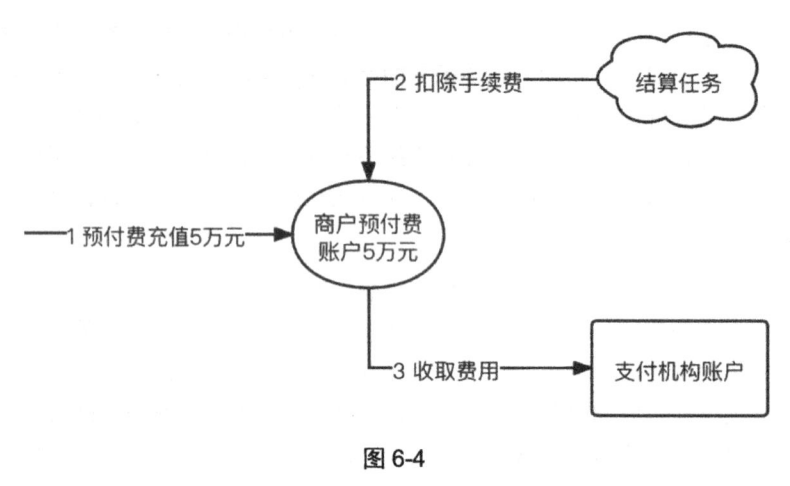

图 6-4

3. 架构设计

设计原则中提到计费系统并不在支付主链路中，所以尽量做到和支付解耦，如果计费系统出现问题，则不影响客户正常支付交易的完成。计费系统的架构设计如图 6-5 所示。

计费系统的数据来源主要是支付核心和结算系统，支付核心完成支付交易后，会发送支付成功消息给计费系统。发送支付成功消息就是为了和支付业务解耦，计费系统通过监听异步消息来计算应该收取的手续费，这样实现了异步化，极大地提升了支付效率。同时计费系统也要提供 Dubbo 接口供清结算系统调用，在计算广告费、营销费的时候由清结算系统和计费系统直接交互，目的是防止超出预算，涉及实时资金处理的业务不能做成异步消息处理。

计费系统提供消费消息的功能，获取计费消息之后，会进行参数校验等操作，如果操作的过程中由于系统异常导致流程无法进行，则会把消息重新放入消息队列，等待下次重试。同时为了防止一笔支付单重复收费，计费系统也要进行幂等判断，通常根据支付单号来进行幂等判断。一笔支付单号只能收取一笔手续费。同时计费系统提供计费规则的维护、费用的计算、费用计算结果通知的功能。计费规则在商户入驻的时候进行签约，然后生成计费包供商户使用，计费规则的管理包括计费产品的定义、计费协议的定义、计算手续费规则的定义和存储等。计费系统收到支付消息之后会根据商户签订的计费规则计算手续费，计算费用是计费系统最核心的功能，根据规则计算好费用之后，需要通知清结算系统费用计算的结果，以便后续进行正常的结算。手续费计算的结果也会被记录起来，以便后续查询时使用。

三方支付机构针对每一笔订单收取的手续费并不是真正的收益，因为三方支付机构还需要给渠道支付相应的费用。如果要计算三方支付机构具体通过手续费盈利的情况，则可以把渠道给的对账单中的费用和三方支付机构收取的费用进行核对，这样就能够知道单笔支付交易的盈利情况，进而分析出针对商户的盈利情况，最终得出通过手续费实现盈利的情况。

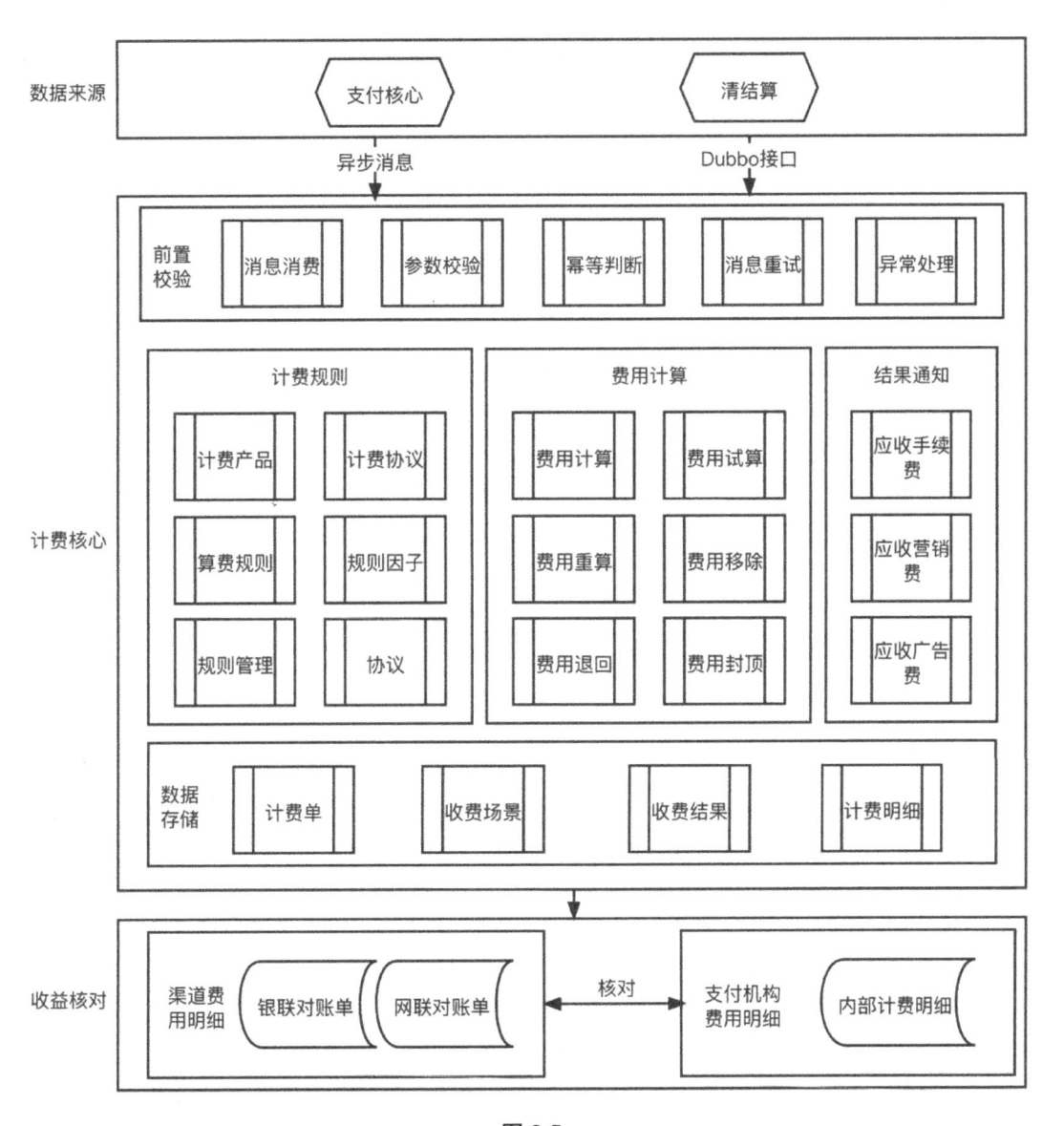

图 6-5

第 7 章 账务系统

C 端消费者购买商品进行支付，付款的金额会通过三方支付机构送达银联或网联，银联或网联转发扣款指令到付款银行卡的发卡行来扣除付款人的付款资金。清算机构会在 T+1 日把支付的金额结算给支付机构，支付机构再把资金结算给售卖商品的商户。结算资金给商户就涉及结算的资金是多少，结算的资金对应的支付订单是哪些，这些问题可以通过账务系统来统一处理。账务系统最核心的功能是记账，商户通过三方支付机构交易的每一笔订单都可以通过账务系统进行登记入账，账务系统给商户开设一个虚拟的账户，每一笔支付、退款订单通过账务系统进行记录，清结算系统每天会发起清分，计算当天需要结算给商户的资金，并计入商户的余额账户，然后通过结算任务把余额账户的资金结算到商户的银行卡中。

7.1 账户体系

要厘清支付机构的账务系统，首先要梳理清楚支付机构的账户体系。支付机构的账户按照服务的对象可以分为 B 端账户和 C 端账户，B 端账户是针对支付机构服务的商户开设的账户，C 端账户是针对 C 端消费者开设的账户，B 端账户的作用主要是在给商户结算资金的时候根据账户余额判断结算给商户的余额有多少。C 端账户是针对储值、预付卡等应用场景开设的账户，用来存储 C 端消费者在该支付机构体系下可以支配的资金。根据是否需要结算把账户分为内部户、外部户，内部户是支付机构内部用于资金过渡的账户，外部户是开设给 B 端商户的资金账户。另外，支付机构在央行需要开设备付金账户，所有的资金都要进入备付金账户，结算的时候也是通过备付金账户进行实际资金的划拨。这样能防止支付机构"跑路"，给消费者和商户造成不必要的损失。下面逐一介绍这些账户。

7.1.1 B 端账户

B 端账户是针对支付机构服务的商户开设的账户，商户入驻支付机构的时候，支付机构会给商户开设对应的账户，在清结算的时候根据账户的资金进行结算。B 端账户的分类如图 7-1 所示。

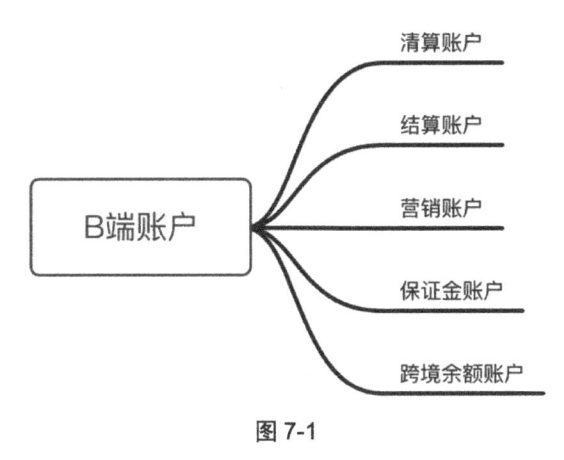

```
                    清算账户
                    结算账户
        B端账户 ←   营销账户
                    保证金账户
                    跨境余额账户
```

图 7-1

B 端账户可以分为清算账户、结算账户、营销账户、保证金账户、跨境余额账户等，根据提供的业务不同，给商户开设的账户类型也不通，并且不限于这几种账户，每种账户都有不同的职责。

1. 清算账户

支付机构在每天的凌晨会通过定时任务发起清算，统一汇总当天的支付交易和退款交易，通过清算任务计算出清算金额并落入清算账户。比如一个商户有两笔 100 元的支付单和一笔 100 元的退款单，那么通过清算任务最终落入清算账户的资金是 100 元。账务系统会把清算流水落库，以便后续查询。

2. 结算账户

清算任务完成之后，就可以进行结算任务，通常结算任务会在 T+1 日进行，将 T 日的资金结算给商户。结算之前需要计算支付机构应该收取的手续费，比如清算账户的资金是 100 元，手续费率是 0.6%，那么会在结算的时候调用计费系统扣除 0.6 元手续费，然后把剩余的 99.4 元结算到商户的结算账户中。

3. 营销账户

做生意都会有一些营销活动，比如好评有礼活动，C 端消费者对于购买的商品给了好评后，商户会返相应的资金到 C 端消费者的余额中，或者通过微信红包的形式返回给 C 端消费者。因为商户的账户中需要先储备营销资金才可以发放给 C 端消费者,所以可以给商户开设营销账户,如果有营销的需求,则可以在该账户中充值,然后通过支付机构发放给对应的 C 端消费者。

4. 保证金账户

有些平台公司和 SaaS 公司不仅给商户提供了软件服务的功能,还会提供支付功能,比如淘宝。商户在这样的平台上做生意,平台会承担一部分责任,如果商户"跑路",没有给消费者提供对应的商品,则会给消费者造成资金的损失,所以可以给商户开设一个保证金账户,让商户缴纳一定的保证金,这样能在一定程度上降低风险。

5. 跨境余额账户

随着互联网的发展,海外商品慢慢进入大众的视野,跨境电商也慢慢崛起,购买跨境商品就涉及跨境支付。商户开设跨境业务的时候,三方支付机构需要给商户开设跨境账户,跨境账户的资金通过跨境结算系统结算到商户的银行账户中。

7.1.2 C 端账户

我们到理发店理发,经常会遇到理发师推销会员卡的情况,并且根据会员卡金额的不同,享受不同的折扣。在理发店办理会员卡就是一种储值行为,理发店的后台需要给客户开设账户,记录每次消费的金额和余额。支付机构针对 C 端的账户类似理发店储值账户,不同点在于支付机构做这样的业务需要申请对应的预付卡支付牌照,而 C 端消费者充值之后可以在多个商户的店铺使用。支付机构申请到预付卡支付牌照之后可以根据不同的业务类型设置不同的账户类型,常用的账户类型有储值账户、礼品卡账户等。

如果 C 端消费者有对应的储值账户,那么在支付的时候,支付方式列表需要展示余额支付或者礼品卡支付。消费者选择使用余额支付,C 端消费者的账户余额需要出账对应的资金,然后商户的结算账户会入账对应的资金。

7.1.3 会计账户

从会计学上来讲,账户是根据会计科目设置的,具有一定格式和结构,用于分类反馈会计要素及其结果的载体。设置账户是会计核算的重要方法之一。同会计科目分类相对应,账户按其提供的信息详细程度和统驭关系不同分为总账账户和明细账户。

会计账户按照账户反映的经济内容不同可分为资产类账户、负债类账户、所有者权益类账户、成本费用类账户和损益类账户。

会计要素主要有 6 个方面:资产、负债、所有者权益、利润、费用、收入。

账户是有结构和内容的，账户分为左方、右方两个方向，一个方向登记增加，另一方向登记减少。账户的内容包括账户的名称、记录经济业务的日期、所依据记账凭证的编号、经济业务摘要、借贷金额和余额等。

如何设计一个账户呢？从账户的结构和内容的角度分析，一个账户需要记录账户变动的过程等，即借方和贷方均需要进行记录，这里一般是通过账户流水来实现的，即出入流水。同时，账户记录了会计要素的变动结果，因此需要记录变动的最终结果，即账户的余额。

账户=账户流水+账户余额。

在具体实现中，系统对账户流水和余额的操作必须是一个事务，即入流水必然导致账户余额的增加，出流水必然导致余额的减少。

在账户的核算中，账户一般简化为"T"字账的形式，即包括账户名称、借方、贷方、发生额、借贷方余额和账户余额等。账户的基本内容和结构如图 7-2 所示。

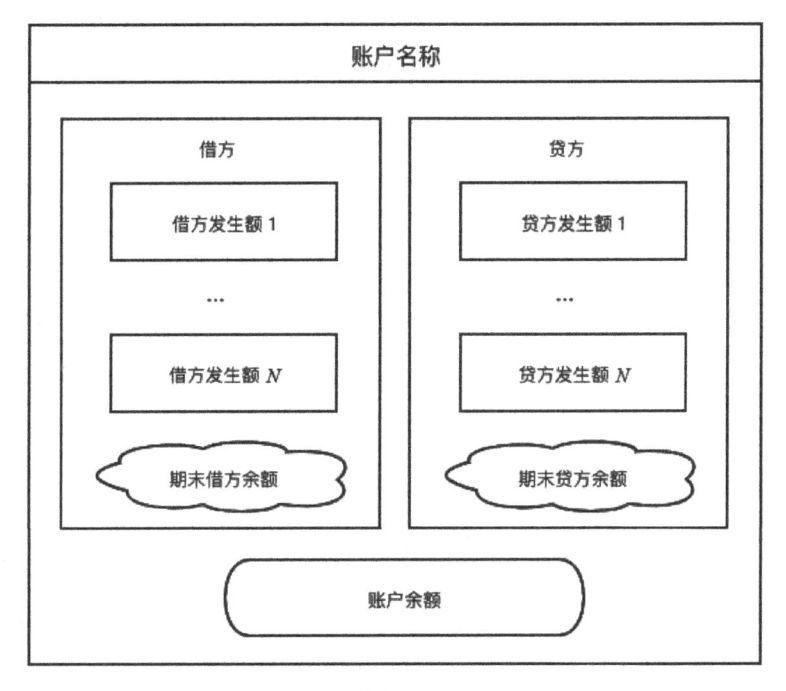

图 7-2

账户的内部对账：在一个指定的核算周期内，保证余额和流水的一致性。

账户的外部对账：保证账户操作的流水与外部系统相关依赖流水的一致性。

借贷复试记账法

所谓复试记账法就是针对发生的每项经济业务都要以相等金额在相互联系的两个或者两个

以上有关账户中进行同时登记的记账方法。而借贷复试记账法是复试记账法的一种，它是以"资产=负债+所有者权益"为依据，以"借"和"贷"为记账符号，以"有借必有贷，借贷必须相等"为记账规则的一种复试记账方法。

借贷记账法的记账符号就是"借"和"贷"，用来反映经济业务变化的方向，本身没有特别的意义。在实际的操作中，我们把账户的左方规定记为借方，把右方规定记为贷方，在任何一笔经济业务中，必须同时登记相关账户的借方和贷方。每个账户都有借方和贷方，用来记录其对应经济业务的变化情况。哪一方登记增加，哪一方登记减少，要根据对应账户的经济性质决定，即账户相对会计主体来说，是属于什么类型的账户。常用的账户有资产类账户、负债类账户、所有者权益类账户、费用成本类账户和收入类账户。

1. 资产类账户

资产类账户：资产的增加登记在账户的借方，资产的减少登记在账户的贷方，期末有余额，一般出现在借方。在一个会计期间，所有借方金额的累加为"借方本期发生额"，所有贷方金额的累加为"贷方本期发生额"。而资产账户的余额=借方期初余额+借方本期发生额-贷方本期发生额。例如，某人在工商银行账户 A 中存入 100 元，该如何记账呢？首先，我们要分析此人在工行的这个账户的性质。由于这是此人存储在工行的一笔资产，所以该账户对应的这个会计主体来说，是一个资产类账户，因此记账的借贷方向需要按照资产类账户的要求来进行记账，即增加记为借，减少记为贷。根据分析，此人存入 100 元到账户 A 中，记账如下：

- 借：银行存款为 100 元（资产类账户，银行账户中增加了 100 元）。
- 贷：库存现金为 100 元（资产类账户，此人持有的现金减少了 100 元）。

2. 负债类账户

负债类账户的记账规则与资产类账户相反，负债增加记为贷，负债减少记为借，期末如有余额，则一般出现在贷方。负债类账户的余额计算方式：

$$贷方期末余额=贷方期初余额+贷方本期发生额-借方本期发生额$$

3. 所有者权益类账户

所有者权益类账户的记账规则跟负债类账户一致：所有者权益增加记为贷，减少记为借。

4. 费用成本类账户

企业在日常经营活动中会产生各种各样的耗费，这些耗费在会计学上称为成本费用，它们是收入的抵减项目，在抵销收入之前，可以视为一种资产，因此成本费用类账户的记账规则与资产类账户一样：增加记为借，减少或者转销记为贷。一般借方记录的增加额都要通过贷方转出，所有此类账户在期末转销后无余额，如有余额，则出现在借方。

5. 收入类账户

企业取得的收入最终使得所有者权益增加，因此收入类账户的记账方法与所有者权益账户一致：增加记为贷，减少记为借。通常该账户期末无余额（因为期末收入都会转为所有者权益，如未分配利润等）。

一个账户的增加或者减少记为借还是记为贷，是与该账户反映的经济内容有关的，而不是简单的增加就一定是借，减少就一定是贷。在实际的记账处理中，我们首先需要根据会计主体对记账的账户的经济性质进行分析，然后按照不同账户的记账规则进行处理即可。

7.1.4　备付金账户

要厘清备付金账户，首先要理解什么是备付金？央行给出的关于客户备付金的定义：客户备付金是指支付机构办理客户委托的支付业务时，实际收到的预收待付货币资金。通俗地说就是用户个人账户余额，这个余额不仅狭义包含我们在钱包中看到的零钱余额，还包括例如网购未确认收款前，由于存在结算周期的时间差，托管给三方的商品金额等。这些充值后未进行交易的资金都被沉淀在支付机构账户内。那么支付机构可以随意支配这些资金吗？

显然是不可以的，在《中国人民银行办公厅文件（银办发【2018】114号）》（以下简称114号文件）发布之前，还未集中存交的这笔资金的利息都归三方支付机构所有，但只能进行银行存款或者基金购买，不能用于放贷等高风险投资。并且只能通过备付金存管银行办理客户委托的跨行付款业务，以及调整不同备付金合作银行的备付金银行账户头寸（头寸是款项的意思）。不同支付机构的备付金银行之间不能办理客户备付金的划转。

那么什么是"114号文件"呢？2018年6月29日，中国人民银行网站发布了《中国人民银行办公厅关于支付机构客户备付金全部集中交存有关事宜的通知》，规定自2018年7月9日起，按月逐步提高支付机构客户备付金集中交存比例，到2019年1月14日实现100%集中交存。这就是著名的"114号文件"。

支付机构的备付金管理由备付金存管银行和备付金合作银行负责。备付金存管银行是指可以为支付机构办理客户备付金的跨行收付业务，并且负责对支付机构存放在备付金银行的客户备付金信息进行归集、监督、核对的备付金银行。

备付金合作银行是指能够为支付机构办理客户备付金的收取和本银行支取业务，并且负责对支付机构存放在本银行的客户备付金进行监督的备付金银行。

三方支付机构、备付金存管银行、备付金合作银行之间的关系如图7-3所示。

三方支付机构需要在中国人民银行开设对应的备付金专用存款账户，即备付金集中存管账户，备付金集中存管账户根据用途和合作银行的不同分为三类：备付金存管账户、备付金收付账户和备付金汇缴账户。

图 7-3

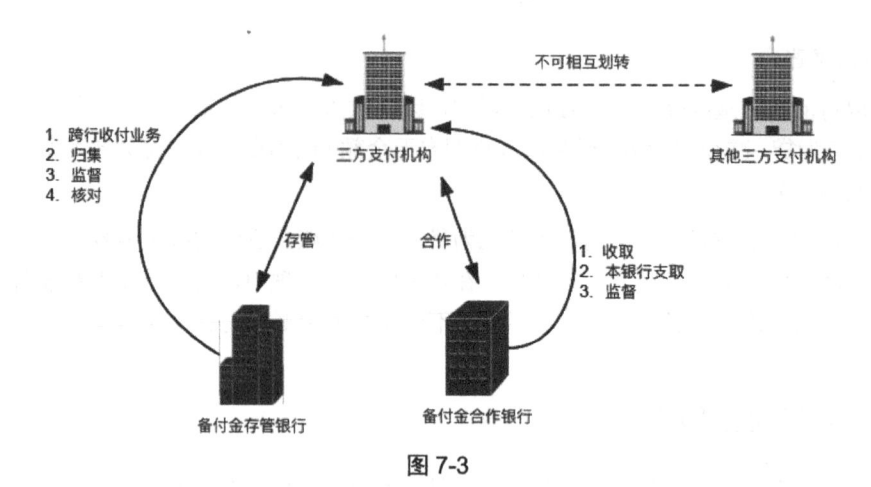

备付金存管账户由备付金存管银行管理,具备本行和跨行收付款、调整备付金账户头寸、结转手续费等功能。值得注意的是,支付机构在同一个省只能开设一个备付金存管账户。

备付金收付账户由备付金合作银行开设并管理,具备本行的付款功能,跨行仅能转账到备付金存管账户做资金归集。

备付金汇缴账户在备付金存管银行和备付金合作银行都可以开设,支持本行收款和原路退回业务,资金日终清零,归集到备付金存管账户或收付账户。

备付金三类账户之间的关系如图 7-4 所示。

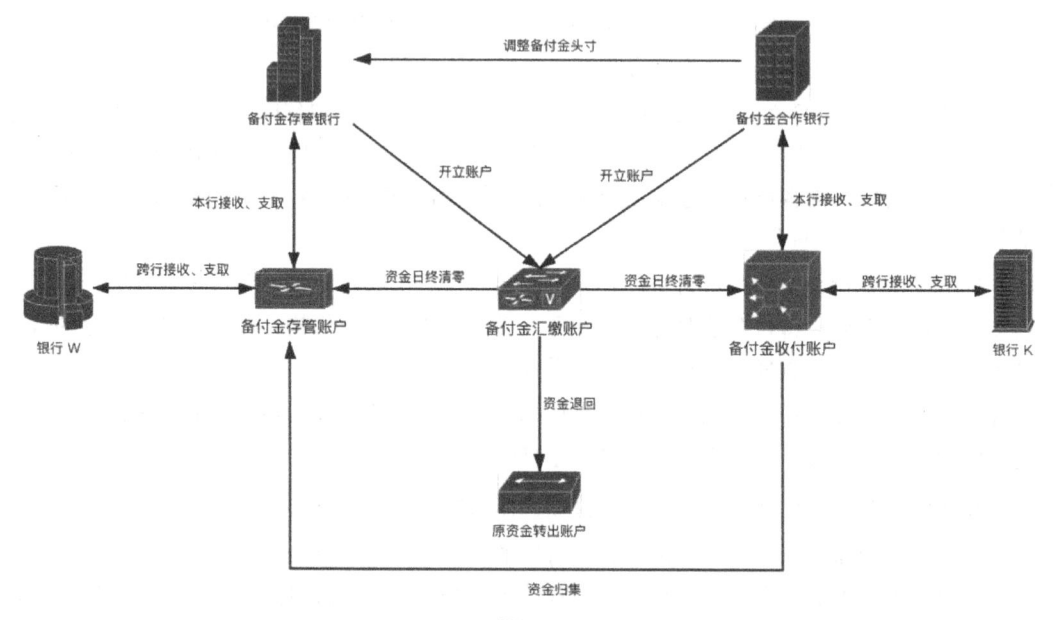

图 7-4

7.2 账务系统设计

账户体系梳理清楚之后,我们一起来设计一下账务系统。账户体系中除了备付金账户,其他的账户都需要由账务系统来管理,接下来分析账务系统如何管理这些账户。

7.2.1 账务架构

账务系统最核心的功能是管理账户余额,账户余额的变更是根据业务来确定的,这里的账务记账与会计是分开的,只是针对账户的管理,以及商户账户资金的管理。账务系统的架构如图 7-5 所示。

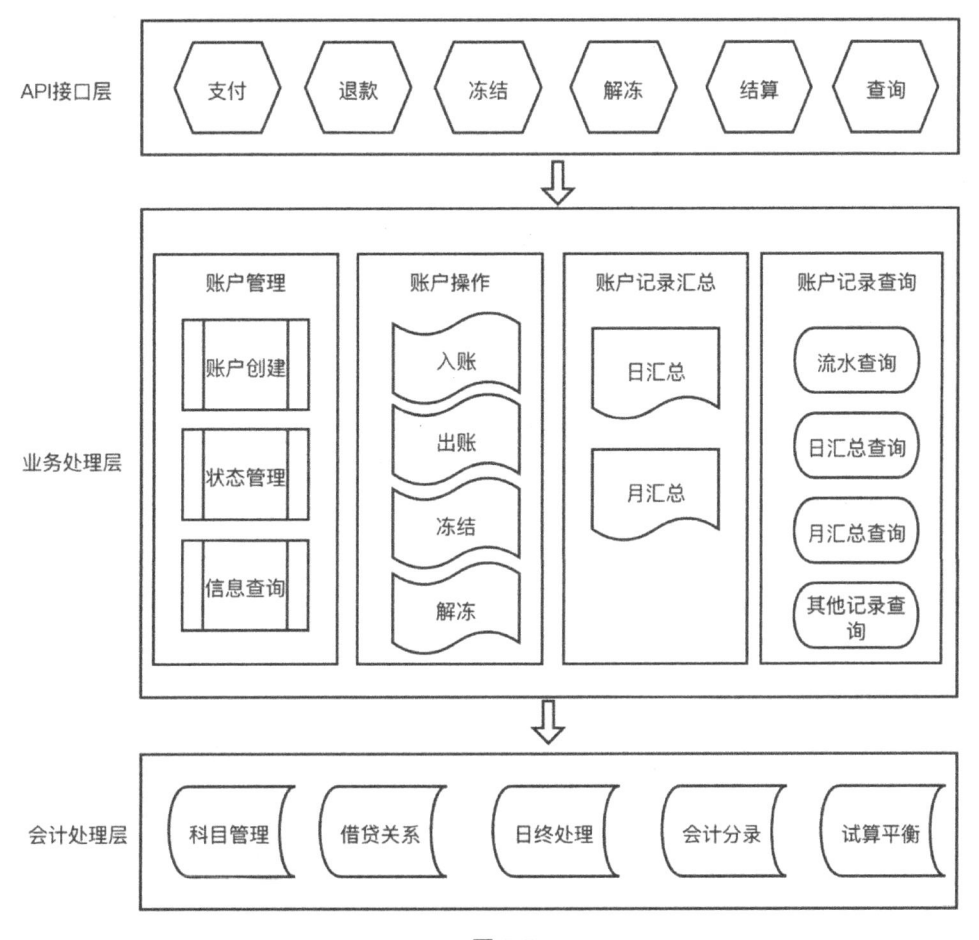

图 7-5

1. API接口层

账务系统是支付体系里底层的系统，不会有支付以外的系统和账务系统进行交互，账务系统提供的接口也是给内部支付业务系统使用的，主要给支付核心、结算系统、风控系统等提供 API 接口，针对支付核心提供支付、退款等接口，针对结算系统提供结算接口，针对风控系统提供冻结、解冻等接口，通过这些上游系统一起对账户进行操作，实现记账、结算资金等功能。

2. 业务处理层

要对商户的资金做好管理，首先要管理好商户的账户，商户入驻时支付机构需要给商户开通账户，在账务系统中就要创建对应的账户，商户停止使用支付机构的支付功能时，需要把账户设置为不可用，即对账户的状态要具备管理的能力。账户状态通常有初始化、使用中、已停用、冻结等状态。账户的信息也要支持上游查询。

商户对应的账户是用来记账的，记账分为入账和出账，商户售卖一个商品，收到一笔支付单，账户里就需要有一笔入账，消费者做了退款操作，账户里就需要有一笔出账，账务系统需要定义好入账和出账的逻辑。支付机构需要有反洗钱、反欺诈系统，能够及时检测到商户及 C 端消费者交易的异常，如果商户存在电信欺诈、洗钱等风险，则需要及时冻结商户余额，避免给社会造成损失，所以账务系统提供了冻结与解冻账户的功能。

商户的资金余额是怎么来的呢？这要有对应的明细，可以在支付核心查询到支付、退款单相关的明细，但是手续费的收取明细需要在账务侧来查看，所以账务系统要提供针对账户操作的明细订单，供商户用来对账。

3. 会计处理层

一般三方支付机构会单独搭建会计系统来管理公司的会计科目、借贷关系、会计分录等内容，账务系统做好记账之后会把信息透传给会计系统，会计系统需要提前配置好会计科目，然后根据借贷关系进行登账。

7.2.2 热点账户处理

1. 什么是热点账户

支付、退款等操作都会改变商户的余额账户，针对账户资金的操作都需要加锁、解锁，以保证资金的安全。例如，公司 A 在支付机构开设账户，账户的存储情况如表 7-1 所示。

表 7-1

账户	账户类型	商户名	余额（元）
66666****	余额账户	公司A	1000

假设消费者产生一笔 100 元的退款，这个时候数据库中的数据如表 7-2 所示。

表 7-2

账户	账户类型	商户名	余额（元）
66666****	余额账户	公司 A	900

在这个过程中数据库都做了哪些操作呢？首先，数据库需要对这条数据中的余额字段做一次更新操作，减去退款的 100 元。做更新操作的时候为了避免并发问题，在更新数据之前，需要对这条数据进行加锁（Lock），锁定数据后，对余额进行更新，然后释放锁（Unlock）。

那么问题来了，假设数据库对数据进行一次更新操作需要耗费 5ms 的时间，在业务量小的情况下没有问题，如果商户的交易非常频繁，就会出现频繁地进行资金进出的操作，针对商户对应的账户频繁地出现加锁与解锁，如果商户做活动，QPS 达到万级，那么对数据库来说，基本无法承受，这就产生了热点账户的问题。

2. 如何解决热点账户问题

解决热点账户问题可以从两个途径考虑，一是通过业务的手段，二是通过技术的手段。业务的手段通常有两种方式可以作为参考。

（1）汇总入账。

当天的交易可以先落入数据库，不做入账出账处理，在 T+1 日的时候把 T 日所有的交易做好汇总轧差，然后统一入账，这样其实每天对账户操作一次即可，避免了热点账户问题。汇总入账的处理流程如图 7-6 所示。

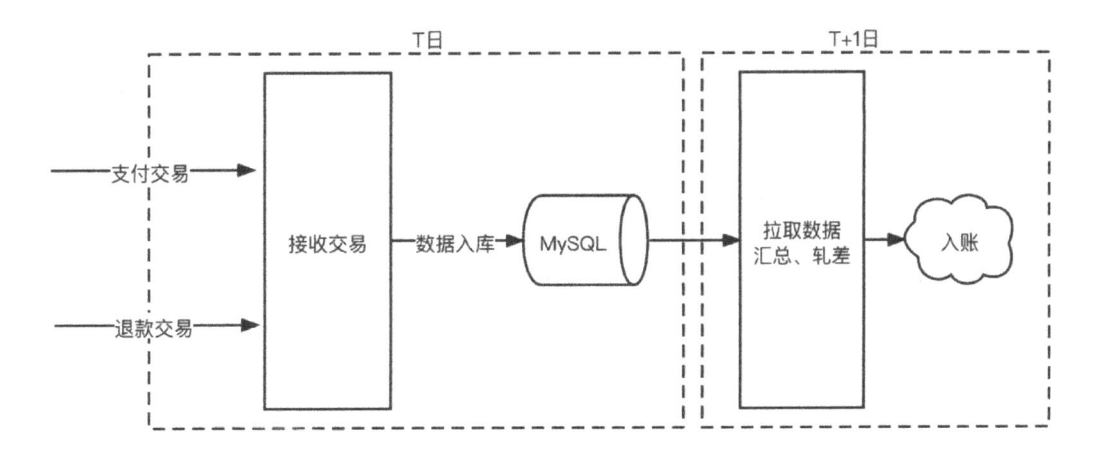

图 7-6

汇总入账的优点是大大减轻了数据库的压力，日间所有交易先存储在数据库中，等到 T+1 日计算好入账资金后，一次性入账，数据库几乎毫无压力。这么做存在的业务弊端是商户账户资金没有做到实时入账，对商户有一定的对账成本，并且会产生疑问，为什么我售卖了商品但收入余额没有变化，需要到第二天才能看到余额的变化？

（2）缓冲记账。

缓冲记账的处理逻辑是收到记账请求后会先返回受理结果，再处理实际业务逻辑，有点类似 NIO 的思维，将实时同步的记账行为进行异步化，从而达到记账实时性和系统稳定性平衡的目的，在一定程度上解决了汇总入账时效差的问题。账务系统收到入账请求后，会先入库，不做任何业务处理，然后直接返回上游受理成功，再使用专门的线程来处理入库后的数据并进行入账操作。缓冲记账的流程如图 7-7 所示。

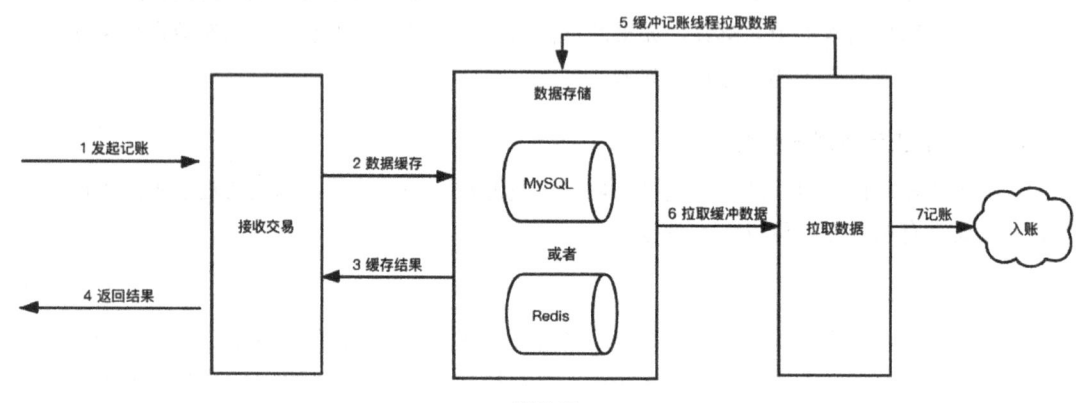

图 7-7

上游发起记账，账务系统会接收记账请求，然后把记账请求落入数据库或者缓存，并返回给上游记账成功，这个流程就结束了。后续会有缓冲记账的线程从缓存中拉取数据，根据数据库的承受能力来设定拉取数据的处理速度，然后将数据逐一入账。缓冲记账默认也是实时入账的，只不过能接受一定时间的延迟，比如告知商户延迟是 10 分钟，就是用时效性换取峰值时的稳定性。但不是所有场景都适用缓冲记账，业务量明显过大时，缓冲记账会带来业务问题。假如账务实际处理能力与业务量不在一个量级上，那么缓冲记账的延迟会给业务造成一定的困扰，比如用户会奇怪明明退款成功了，但并没有收到钱。另外，异步处理有一个前提条件是账户状态正常，如果没有这个前提条件，那么后续的处理都会有问题，并且针对出账的场景要保证账户的资金充足。

技术手段解决账户热点问题通常是采用拆分子账户的方式，将原本一个账户拆分为多个子账户，能够倍数级地降低 QPS，比如原本一个账户要承受的 QPS 是 100，即每秒处理 100 个请求，把这个账户拆分成 10 个账户后，每个账户需要承受的 QPS 就降低到了 10。账户拆分前后对比如图 7-8 所示。

账户拆分前　　　　　　　　　　　　账户拆分后

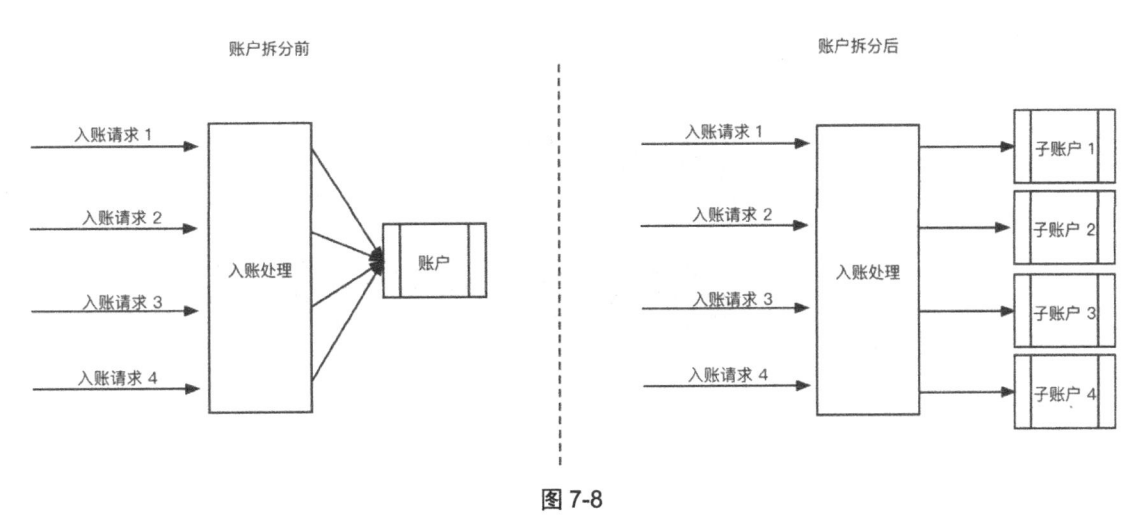

图 7-8

拆分子账户就是创建与热点账户对应的多个子账户，子账户与账户的数据结构相同，将账户的余额分散至各个子账户。当账务系统收到账务请求的时候，通过 Hash 分配（根据具体情况来定义具体的 Hash 函数）选择子账户进行记账，这样就将原来对一个账户的请求分散到多个子账户中，分散了账务热点。拆分子账户虽然缓解了热点账户的问题，但需要额外处理一些拆分后的逻辑。

- 扣款入账实际操作的是子账户（就是一个单独的账户，只是保存了与原本账户之间的关系），主账户中不存放余额，余额存放在子账户中，所以查询余额时，需要做特殊处理，即求和子账户的余额。
- 多子账户扣款时会存在子账户余额不足的问题，但所有子账户的余额总和可能是充足的，所以需要在余额不足时做子账户资金的归集。而且若为代付代发的场景，那么对商户账户进行充值时，需要做充值资金拆分，将资金加到每个子账户中。

在实际场景中，我们处理的热点账户问题通常并非为单个热点账户。例如，账户基数为 1000 万个，其中高并发账户有 1 万～5 万个，在正常入账时，这些热点账户在数据库上产生的锁及占用的数据库连接都是共享资源，会相互影响，以至于很难提升性能。在这种情况下，我们可以从几个方面对数据库的性能进行优化，首先要控制并发数，所有入账和出账操作都进入线程池，以线程池的并发数控制对热点账户操作的并发数。其次要缩小事务范围，对热点账户的操作尽量控制在小的事务范围内，减少时间分片，提高成功率。但这些还解决不了根本问题，要想真正缓解数据库整体的压力，还需要分库分表，这部分内容在支付核心一章已经介绍过，这里不再赘述。

第 8 章 高效的核对体系

8.1 对账简介

8.1.1 支付机构的信息流和资金流

我们使用的微信、支付宝都会在 APP 上提供账单查询的功能,有记账习惯的人每个月会查询自己的账单与实际消费有没有出入,这就是一个简单的人工对账的过程。支付机构承担管理消费者和商户资金的职责,对账是保证资金安全的最后一道屏障,所以对账也是支付机构需要解决的一个重要问题。要解决对账的问题需要先厘清订单的资金流转过程。一笔支付订单经过支付机构时信息流和资金流的流转过程如图 8-1 所示。

(1)消费者在商户店铺进行消费,支付 100 元(信息流)。

(2)商户将交易信息上送到支付机构(信息流)。

(3)支付机构组装报文信息并上送到清算机构(银联或者网联)(信息流)。

(4)清算机构请求发卡行扣除持卡人交易资金(信息流)。

(5)发卡行扣除持卡人交易资金 100 元(资金流)。

(6)将扣款结果按照发卡行→清算机构→支付机构→商户→持卡人依次向上通知(信息流)。

(7)清算机构会在清算日计算好手续费和需要清算给支付机构的资金,并发起清算(信息流)。

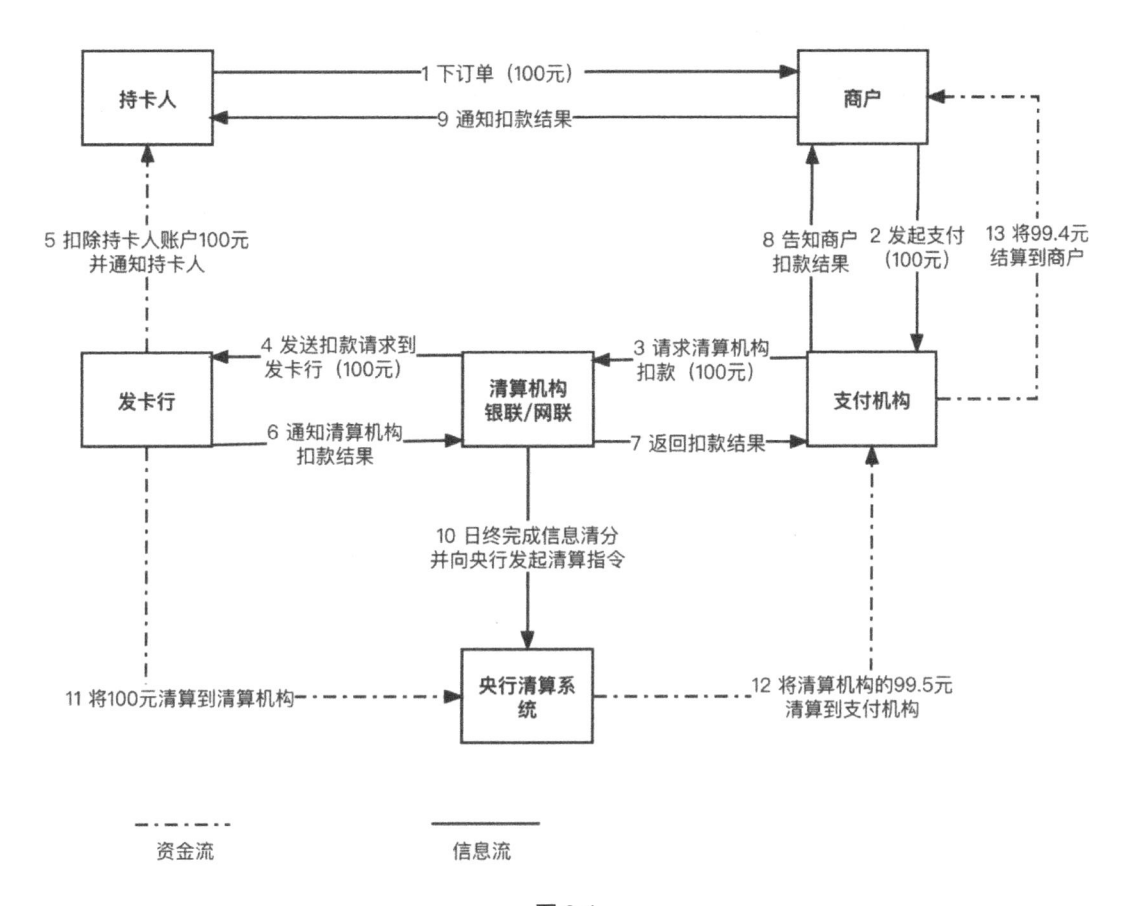

图 8-1

（8）央行清算系统接收清算指令，从发卡行划拨资金到清算机构（清算机构账户+100 元）（资金流）。

（9）清算机构划拨资金到支付机构备付金账户（备付金账户+99.5 元，剩下的 0.5 元是清算机构的收入）（资金流）。

（10）支付机构清算商户资金，并通过清算机构把资金结算给商户（商户账户+99.4 元，剩下的 0.1 元是支付机构的收入）（资金流）。

支付机构在整个订单交易过程中负责把资金交易信息上送给清算机构，清算机构把资金结算给支付机构后，支付机构会把资金结算给商户，即图 8-1 中第 3、12、13 步。在第 3 步中清算机构会把每天的交易汇总起来在 D+1 日以文件的形式发送给支付机构，用以对账，我们称之为渠道对账。在第 12 步和第 13 步中备付金的动账明细会通过清算机构告知支付机构，备付金账户的资金流是否正确，也需要有核对的步骤，我们称之为银存核对，银存核对会将渠道的对账文件和备付金实际的动账明细进行核对，保证备付金账户资金流的正确性。

渠道对账和银存核对解决的是三方支付机构和外部交互的对账问题。支付机构内部系统之间资金是否一致、状态是否正确，也需要核对。支付机构内部系统资金的流转过程如图 8-2 所示。

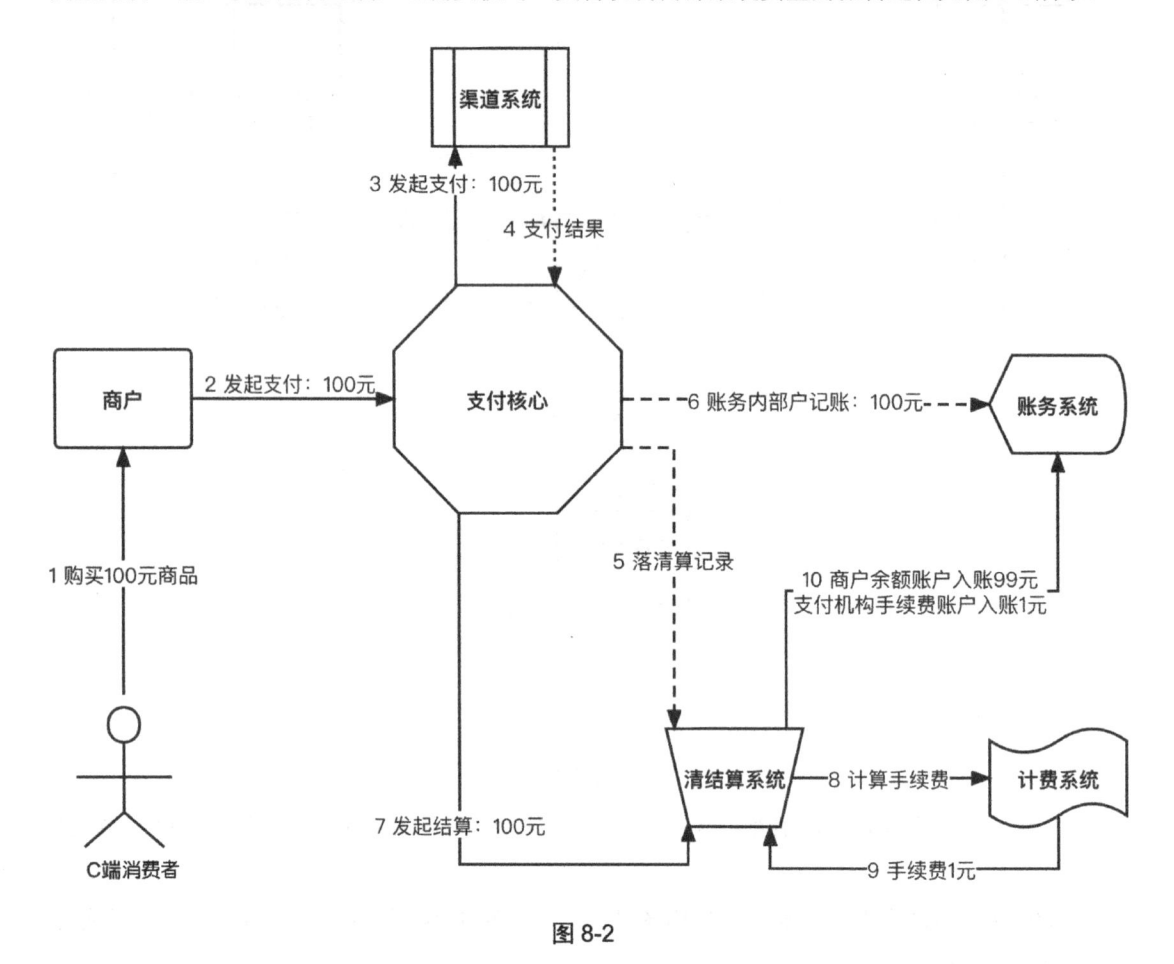

图 8-2

（1）C 端消费者通过商户发起 100 元的支付订单。

（2）支付机构收到支付指令之后，通过支付核心解析数据并落库，然后组装支付报文请求渠道系统。

（3）渠道系统请求清算机构获取支付结果并通知支付核心。

（4）支付核心收到结果之后会通知清结算系统落清算记录，并通知账务系统告知支付结果，账务系统内部户会增加一笔支付收入。

（5）一般在 T+1 日支付核心会发起结算，清结算系统收到结算指令之后会请求计费系统，根据配置的计费规则计算该笔交易的手续费。

（6）计算好手续费之后，清结算系统会请求账务系统进行记账，如果交易金额是100元，手续费是1元，那么商户的账户余额会入账99元，支付机构手续费账户余额会入账1元。

由图8-2可以看出，支付机构内部系统之间资金的流转一点也不比外部资金流转的流程简单，保证资金在内部系统之间流转的安全性、高效性是支付机构的重要职责。如果内部系统之间资金出了问题，那么支付机构和外部交互的资金肯定也是有问题的。所以内部对账也是支付机构不可忽视的重要工作。

8.1.2 对账业务简介

了解资金在支付机构内部和外部的流转过程之后，可以很清晰地看出哪些环节可能会出现资金不平的问题。资金安全问题如果没有被及时发现并止损，很可能造成更大的资金损失。那么如何对账才能及时发现问题呢？按照业务类型可以把对账分成四个模块：渠道对账、银存核对、实时核对（也称资损防控）和离线核对。

渠道对账和银存核对都是支付交易完成之后检测支付机构资金处理和外部资金处理是否一致的手段。除了和外部对账，支付机构内部系统之间也需要进行核对。支付机构内部的每个系统都有自己的存储和业务处理逻辑，中间任何一个环节有问题都可能造成资金不平，对商户、消费者和支付机构都是一种损失，所以要保证内部系统之间交互数据的一致性。我们可以搭建资损防控系统，实时对数据进行核对。内部账务的动账明细也需要与系统的交易明细进行核对，比如有些批量处理的场景不适合实时核对，因为批量处理的数据体量大，并且业务上实时性要求不高，使用实时核对很大程度上会浪费资源，所以可以实现内部系统之间的离线核对，实现T+1日、D+1日对数据进行核对。核对体系的业务架构如图8-3所示。

- **渠道对账**：三方支付机构的交易都要通过银联/网联和银行进行交互，银联/网联和支付机构通常会搭建专线解决网络传输的问题，专线相比公网网络更加稳定，数据更加安全。但是跨地区、跨公司之间的数据传输并不能保证百分之百的数据一致，涉及资金的交易如果数据不一致，很可能产生资金异常的问题，所以需要通过对账来确保数据的一致性，主要核对金额和状态即可。银联/网联作为三方支付机构的下游，会提供对账单给支付机构，通常对账单会在D+1日给到，即当天的交易会在第二天汇总起来放在对账单中，统一给到支付机构。支付机构获取对账单之后会和支付机构内部系统的交易单进行核对，核对的维度有支付明细、退款明细、出金明细、手续费明细等。支付机构逐笔核对金额和状态，如果没有问题就认为交易是没有问题的，如果核对资金有问题，则会进行存疑处理、差错处理等操作，具体处理流程后面会一一介绍。

图 8-3

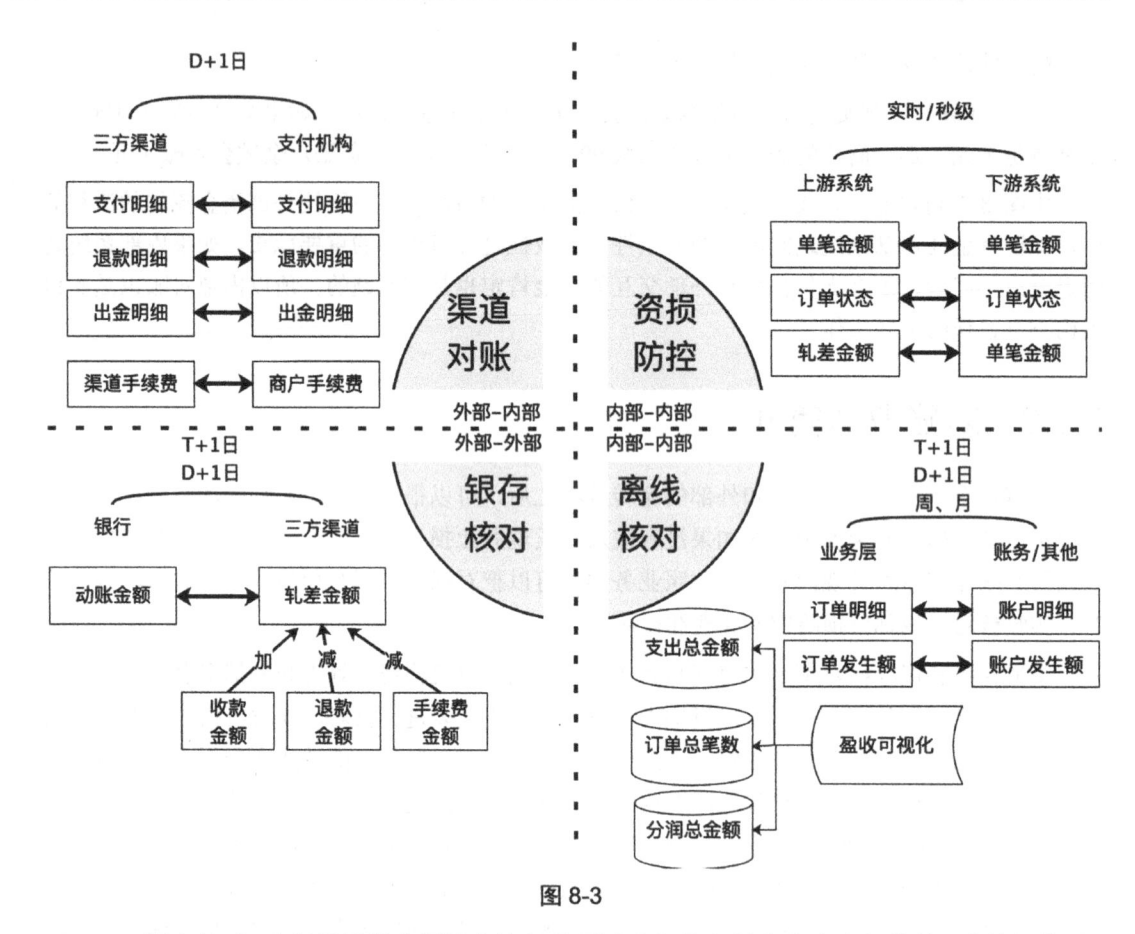

- **银存核对**：支付机构的实际资金流都是通过央行的备付金账户来操作的，清算机构（银联/网联）每日会把交易记录做好清算，应该结算给支付机构多少资金，手续费收取多少资金都会算清楚，然后发起结算把资金打到支付机构的备付金账户中，备付金账户的动账明细会通过银联/网联主动推送至三方支付机构。另外，三方支付机构也需要把资金结算给商户，银联提供了银联虚户映射备付金账户的资金，这个账户的资金变动也会推送给三方支付机构。三方支付机构有自己实际备付金资金账户的动账明细，也有清算机构（银联/网联）的信息流交易明细，可以把两者的数据进行核对，以验证备付金账户里资金的流入、流出是否正确，从而确保支付机构自身资金的安全性和准确性。动账明细通常是一笔或几笔明细，对账单的数据是比较零乱的，所以核对的时候需要把对账单里的明细做好轧差再和动账明细进行核对。
- **资损防控**：支付机构内部会有很多系统处理支付交易，系统之间会有资金的流转，由图 8-2 可以看出，支付机构内部系统有支付核心、渠道系统、清结算系统、账务系统

等处理资金的系统。每个系统都有自己的存储、业务逻辑处理，要保证系统和系统之间交易金额的一致性和状态的一致性，才能保证整体交易资金的安全性。所以需要有一个资损防控系统实时监测系统之间交易的一致性，通常监测的维度是上下游系统之间单笔金额、单笔状态的一致性。但是有的时候上下游系统针对同一笔支付订单，会有拆单的逻辑，所以需要做好轧差才能去做核对。

- **离线核对**：支付机构内部系统之间会存在批量操作的情况，对核对结果的实时性要求不高，所以支付机构可以提供离线核对的功能，支持按天、周、月、年的维度来对账，并给财务人员提供总金额、总笔数这些维度的报表功能。离线核对弥补了资损防控的不足，和资损防控互为补充。离线核对对账的维度是支付机构内部信息流和资金流的核对，即交易信息记录和账务最终记账记录的核对，通常是将交易的订单明细和账务的动账明细进行核对，并且离线核对功能可以包装给商户使用。

8.1.3 对账架构设计

根据不同的业务核对需求，核对功能可以划分为渠道对账、银存核对、资损防控和离线核对四个模块，这四个模块组成支付机构的核对体系。业务模型划分清晰之后，就可以分析核对共性，抽象公共组件，设计出通用的核对体系架构，核对体系架构如图 8-4 所示。

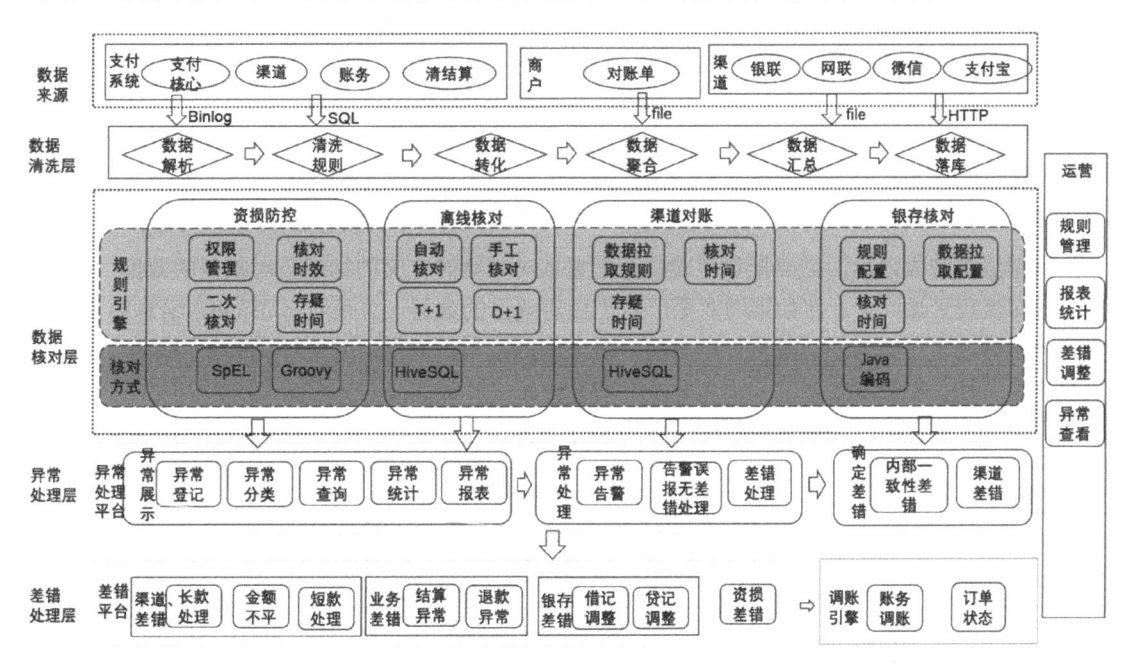

图 8-4

1. 数据来源

不同的核对业务需要核对的数据来源也不一样，资损防控主要针对的是支付机构内部系统的数据，需要监听支付核心、渠道系统、账务系统、清结算系统等的 Binlog 消息来获取数据，进而对数据进行核对。离线核对分为两部分，一部分是针对支付机构内部的数据，弥补资损防控覆盖不了的批量业务。另一部分是商户提供的数据，需要商户上传对账文件进行核对。渠道对账核对的是清算机构和支付机构之间的信息流，一方的数据是支付机构内部的数据，另一方是清算机构提供的对账文件，有的对账文件会在固定的时间放在 SFTP 目录下，有的需要通过 HTTP 请求才能获取对账文件。银存核对依赖渠道对账的对账文件和备付金账户的动账明细，备付金账户的动账明细也是通过银联或网联推送给支付机构的。

2. 数据清洗层

获取核对的数据之后，并不是所有的数据都需要参与核对，而是需要进行过滤筛选。获取的数据有监听 Binlog 消息得来的，有通过 SQL 查询业务系统的数据库得来的，有通过拉取对账文件得来的，不同获取数据的方式对应的解析数据的方式也不一样。Binlog 消息需要解析消息体进而获取需要的数据内容。通过查询数据库来获取数据时需要定义映射体，通过 SQL 查询拉取所需的数据，并把数据留存下来。不同渠道提供的对账文件也不一样，有的是 Excel 文件，有的是 CVS 文件，需要定义不同的解析文件工具类来解析文件。

数据解析完成之后要对数据进行清洗，获取需要的数据，过滤不需要的数据。需要对账的数据都是终态的数据，所以从内部系统监听 Binlog 得来的数据要过滤非终态的数据，并且根据配置的清洗规则过滤不需要的数据。比如渠道对账只需要根据订单号、交易金额、退款金额、手续费等关键字段进行核对，但是对账文件给到的字段有几十个，这时只取需要核对的字段并存储即可。又比如实时核对的核对规则是根据不同的业务进行配置的，但是同一张表中有多种业务数据，这时只清洗需要核对的业务数据，不需要核对的业务数据直接过滤即可。

数据清洗完成之后，需要把数据转化为配置核对规则时定义的标准核对模型的数据，以便后续核对流程更加简便。比如渠道对账，我们核对双方的数据一方是监听 Binlog 消息得来的，另一方是通过支付渠道的对账文件得来的，两方的数据根据交易单号进行关联，但是定义的字段名字不一样，在数据清洗这一步需要把字段名称统一，如表 8-1 所示。

表 8-1

字段名称	存储定义
交易单号	trade_no
交易金额	pay_amount
退款金额	refund_amount
手续费金额	fee_amount

两方的字段名称统一之后，后续核对的对应关系就清晰了。

核对的时候有的数据需要合并起来，比如银存核对，从渠道对账单得到的数据要做好轧差才能与动账明细的数据进行核对。又比如资损防控，两个系统存储的订单的笔数不一致，如支付核心没有手续费记录，而账务系统有手续费记录，这时就需要把账务系统的数据合并做好轧差才能与支付核心的数据进行核对，所以需要有数据聚合、汇总的操作。

数据清洗完成之后，最终需要存储起来，为后续的核对提供数据支撑。因为核对的数据量非常大，所以业务数据需要存储在大数据平台，但是触发核对的监测点、大数据平台查询数据的 Key 可以存储在关系型数据库中。

3. 数据核对层

数据准备好之后就需要对数据进行核对，数据核对层根据不同的核对业务对应不同的核对方式，不同业务的核对规则也不一样，主要分为两个模块：核对业务管理和核对规则配置。

实时核对配置的核对规则需要设置相应的权限，避免配置规则的人员相互之间修改核对规则，并且实时核对要保证核对的时效性，基本是秒级实现核对，并且可以设置存疑时间，在存疑时间之内提供二次核对的能力，解决数据延迟造成的大量异常的问题。

离线核对针对支付机构内部的系统提供自动核对能力，通过配置的规则监听 Binlog 消息，实现自动核对。另外，离线核对也针对商户提供了手动核对能力，商户可以手动上传对账文件进行双方数据的核对。

渠道对账的核对规则相对比较简单，逐笔核对即可。需要注意的是，不同渠道提供的下载对账文件的方式不一样，需要根据渠道的要求配置不同的下载对账文件的方式，并且要根据对账文件提供的时间来定义核对的时间。因为离线核对和渠道对账是集中处理数据的，所以在大数据平台操作起来比较方便，采用 HiveSQL 编写核对规则。

银存核对使用渠道对账的对账单明细，做好轧差之后和备付金账户的动账明细进行核对。动账明细的数据量非常少，一天可能只有几笔，所以重点在于如何定义动账明细的计算逻辑。因为关系型数据库适合计算，所以会把数据存储在关系型数据库中，对账的时候把数据"拉出来"在内存中进行计算核对。

4. 异常处理层

异常处理分三个模块：异常展示、异常处理、确定差错。

各个核对系统核对出的异常统一登记在一个地方，便于查询和处理。核对的异常会统一存放在关系型数据库中，并且根据核对业务、核对规则、核对场景区分不同的核对异常，同时根据异常的分类能够提供异常报表功能，统计出哪些系统出现的异常比较多，进而分析系统的稳定性等。

核对出的异常要及时处理，首先要发送告警消息通知相关业务及相关系统的负责人，相关负责人根据告警内容排查问题，有的问题可能是数据延迟产生的误报，有的问题可能是业务修改但是规则没有及时更新产生的误报，要把这些误报及时处理以免对实际有异常的告警产生干扰。实际有异常的告警会落入差错平台进行差错处理。

误报单排除之后，剩下的基本都是实际有问题的异常单，需要把异常单做好分类，即异常是渠道对账的异常还是内部核对状态不一致产生的异常，哪些需要调账，哪些不需要调账，做好差错分类之后，调用差错系统的接口，落成差错单进行差错处理。

5. 差错处理层

处理差错时首先要把差错分类，渠道对账的差错分为长款、短款，长短款的差错都需要调账才能处理。内部业务的差错根据不同的业务有不同的差错类型，是支付的时候产生的异常，是结算的时候产生的异常，还是退款的时候产生的异常，不同的异常的处理方式也不一样。银存核对产生的差错主要是金额对不上，根据具体的场景具体处理。

划分差错类型之后，对需要调账的差错就请求相关的调账接口进行调账，不需要调账的差错进行相应的处理即可。一般调账需要请求账务系统调整商户的账户资金。内部核对异常状态不一致的差错需要请求支付核心提供的状态调整接口来调整相关的状态。

6. 运营

核对规则、异常订单的展示都需要有对应的运营页面。核对体系也需要提供相应的运营界面，通过运营界面管理核对规则，通过运营界面直观地看到核对出的异常分类，通过运营界面分析异常报表进而确定下一阶段在核对能力上应该提高的地方。同时需要通过页面直观地看到调账的原因、金额等。

核对体系架构的优势：

（1）抽象出数据清洗层，统一数据模型标准，解决了数据来源复杂、逻辑混乱带来的核对问题。

（2）抽象出规则引擎层，实现核对规则可配置化，后续新接入的业务需要核对业务数据时配置核对规则即可，基本没有开发量。

（3）实现数据拉取、核对异步化，引入本地缓存、Redis 缓存，支持高并发、大流量的实时核对。

（4）提供运营报表能力，能够根据核对出的问题及时发现系统是否稳定，不稳定的点在什么地方，并督促业务方及时修复。

（5）通过数据核对→异常处理→差错处理形成闭环能力，所有的异常都汇总到差错平台来处理，从异常登记到告警再到调账一个流程处理所有问题。

8.2 对账实现

8.2.1 渠道对账

渠道对账是支付机构核对体系里最核心的对账功能,每个三方支付机构都会实现渠道对账功能。支付机构会把每一笔交易都上送到清算机构进行实际资金的划转,清算机构是支付机构的下游。如果清算机构有支付成功的记录,而支付机构没有该记录,则需要支付机构清结算人员线下联系清算机构进行处理,把多扣的资金返回消费者账户。如果支付机构有支付成功的记录,而清算机构没有,则需要在支付机构内部做相应的调账处理。渠道对账流程如图 8-5 所示。

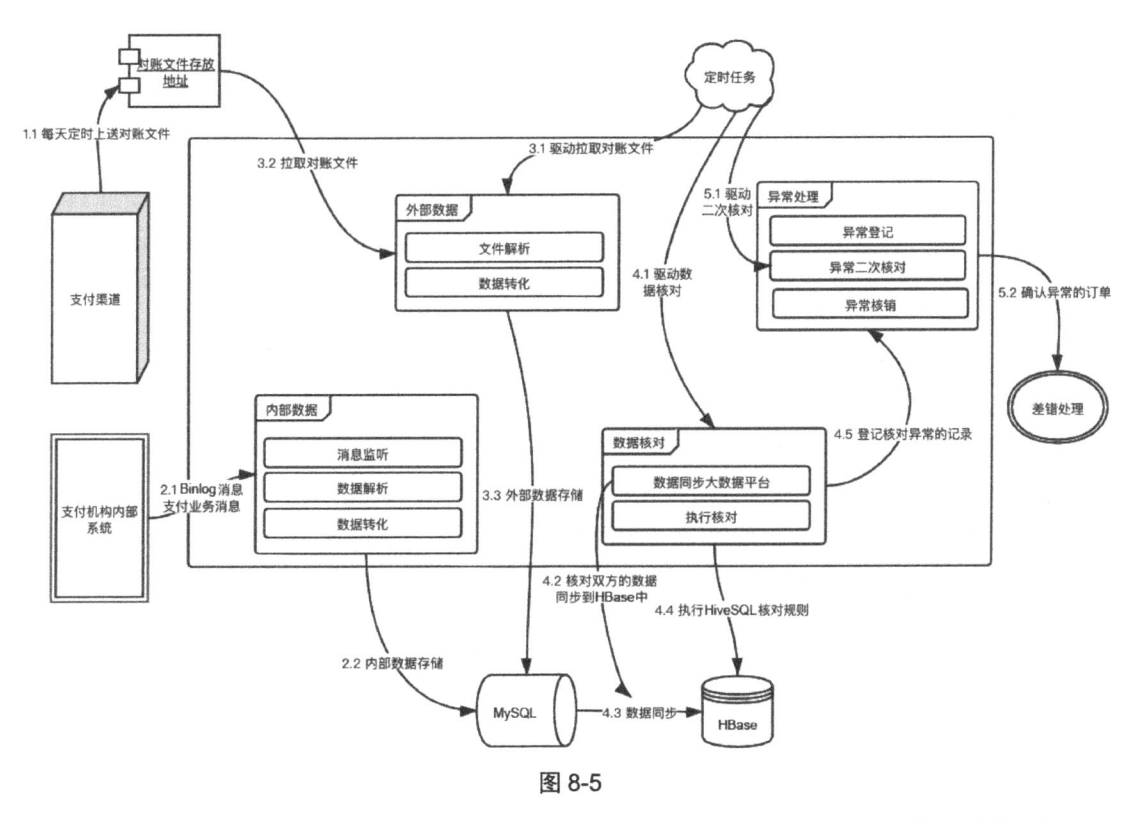

图 8-5

- 1.1 清算机构每天定时把前一天的交易记录(包含支付记录、退款记录、手续费记录)以文件的形式存放到指定的地址。
- 2.1 渠道对账系统实时监听内部系统的 Binlog 消息。
- 2.2 将监听到的 Binlog 消息解析并转化为需要的数据格式存放在数据库中。

- 3.1 定时任务驱动渠道对账到指定的地址拉取清算机构的对账文件。
- 3.2 支付机构到指定的地址拉取对账文件。
- 3.3 解析对账文件,并将数据转化后存储在数据库中。
- 4.1 定时任务驱动核对任务。
- 4.2~4.3 将从对账文件中获取的数据和监听 Binlog 消息获得的数据同步到 HBase 中。
- 4.4 执行核对规则,对双方的数据进行核对。
- 4.5 将核对出的异常记入异常表。
- 5.1 等待第二天账单到来,对异常表中的数据进行二次核对,如果二次核对没有异常就消除异常记录。
- 5.2 将没有被消除的异常记入差错系统,等待差错处理。

1. 数据拉取

渠道对账实现了支付机构和清算机构交易的信息流之间的数据核对,核对的数据来源一方是清算机构的对账文件,另一方是支付机构内部的交易订单数据。清算机构一般会在 D+1 日将交易信息汇总起来,以文件的形式存放在指定的地址,通常是 SFTP 的方式。支付机构会在约定的时间去拉取对账文件,然后解析文件,并将数据存入数据库。以银联为例,对账文件通常是 Excel 文件,表头如下所示。

交易时间、商户号、特约商户号、银联订单号、商户订单号用户标识、交易类型、交易状态、付款银行、货币种类、应结订单金额、代金券金额、银联退款单号、商户退款单号、退款金额、充值券退款金额、退款类型、退款状态、商品名称、商户数据包、手续费、费率、订单金额、申请退款金额、费率备注、银联附加数据

对账文件通常都会存放在 SFTP 上,清算机构和三方支付机构约定好时间,比如每天的凌晨 2 点将前一天的对账文件存放到 SFTP 上,到了凌晨 2 点,支付机构就可以到 SFTP 上下载对账文件。从 SFTP 上下载对账文件的代码如下所示。

```
public class SftpUtils {

    private final static Logger logger = LoggerFactory.getLogger(SftpUtils.class);

    protected final static int CLIENT_TIMEOUT = 1000 * 180;

    public SftpUtils(){

    }
```

```java
/**
 * 连接SFTP服务器
 */
public static ChannelSftp login(String host, int port, String username, String password) {
    logger.info("SftpUtils login begin");
    Session session = null;
    ChannelSftp Sftp = null;
    try {
        JSch jSch = new JSch();
        session = jSch.getSession(username, host, port);
        session.setTimeout(CLIENT_TIMEOUT);
        if (!StringUtils.isEmpty(password)) {
            session.setPassword(Base64.getDecoder().decode(password));
        }
        Properties config = new Properties();
        config.put("StrictHostKeyChecking", "no");
        session.setConfig(config);
        session.connect();
        Channel channel = session.openChannel("Sftp");
        channel.connect();
        Sftp = (ChannelSftp) channel;
        logger.info("SftpUtils login end");
    } catch (JSchException e) {
        logger.error("连接SFTP服务器失败", e);
    }
    return Sftp;
}
/**
 * 关闭连接的Server
 */
public static void logout(ChannelSftp Sftp){
    logger.info("SftpUtils logout begin");
    if (Sftp != null) {
        Session session = null;
        try {
            session = Sftp.getSession();
            if (Sftp.isConnected()) {
```

```
                    Sftp.disconnect();
                }
            } catch (JSchException e) {
                logger.error("获取session失败", e);
            } finally {
                if (session != null) {
                    session.disconnect();
                }
            }
        }
        logger.info("SftpUtils logout end");
    }

    /**
     * 将输入流的数据上传到SFTP作为对账文件。文件完整路径=basePath+directory
     * @param basePath    服务器的基础路径
     * @param SftpFileName    SFTP端文件名
     */
    public static boolean upload(String host, int port, String username, String
password, String basePath, String SftpFileName, InputStream input) {
        logger.info("SftpUtils upload begin");
        boolean success = true;
        ChannelSftp Sftp = login(host, port, username, password);
        try {
            Sftp.cd(basePath);
        } catch (SftpException e) {
            //如果对账文件目录不存在，则创建对账文件目录
            String [] dirs = basePath.split("/");
            String tempPath = "";
            for(String dir:dirs){
                if(null== dir || "".equals(dir)) {
                    continue;
                }
                tempPath+="/"+dir;
                try {
                    Sftp.cd(tempPath);
                } catch (SftpException 01) {
                    try {
```

```
                    Sftp.mkdir(tempPath);
                    Sftp.cd(tempPath);
                } catch (SftpException e2) {
                    logger.error("创建文件夹失败", e2);
                }
            }
            try{
                Sftp.cd(tempPath);
            }catch(SftpException O1){
                logger.error("SFTP服务器异常", O1);
            }
        }
    }
    try {
        //上传文件
        Sftp.put(input, SftpFileName);
    } catch (SftpException e) {
        //TODO Auto-generated catch block
        logger.error("上传文件失败", e);
        success = false;
    } finally {
        logout(Sftp);
    }
    logger.info("SftpUtils upload end");
    return success;
}

/**
 * 下载文件
 */
public static boolean download(String host, int port, String username, String password, String filePath, final OutputStream outputStream) {
    logger.info("SftpUtils download begin");
    boolean downloaded = true;
    ChannelSftp Sftp = login(host, port, username, password);
    String fileName = null;
    try {
        if (filePath != null && !"".equals(filePath)) {
```

```java
                String directory = filePath.substring(0, filePath.lastIndexOf
(File.separator));
                Sftp.cd(directory);
            }
            fileName = filePath.substring(filePath.lastIndexOf(File.separator) + 1);

            Sftp.get(fileName, outputStream);
        } catch (SftpException e) {
            downloaded = false;
            logger.error("FTP服务器异常", e);
        } finally {
            logout(Sftp);
        }
        logger.info("SftpUtils download end");
        return downloaded;
    }

    /**
     * 删除文件
     */
    public static boolean delete(String host, int port, String username, String
password, String filePath){
        logger.info("SftpUtils delete begin");
        boolean success = true;
        ChannelSftp Sftp = null;
        try {
            Sftp = login(host, port, username, password);
            String directory = filePath.substring(0, filePath.lastIndexOf
(File.separator));
            Sftp.cd(directory);
            String fileName = filePath.substring(filePath.lastIndexOf(File.separator)
+ 1);
            Sftp.rm(fileName);
        } catch (SftpException e) {
            logger.error("文件删除失败", e);
            success = false;
        } finally {
            logout(Sftp);
```

```
            }
            logger.info("SftpUtils delete end");
            return success;
    }


    /**
     * 列出对账文件目录下的文件
     */
    public static boolean isFileExist(String host, int port, String username,
String password, String filePath) {
        boolean success = false;
        ChannelSftp Sftp = null;
        try {
            Sftp = login(host, port, username, password);
            String directory = filePath.substring(0, filePath.lastIndexOf
(File.separator));
            String fileName = filePath.substring(filePath.lastIndexOf
(File.separator) + 1);
            Vector<?> vector = Sftp.ls(directory);
            for (Object obj : vector) {
                if (obj != null) {
                    LsEntry lsEntry = (LsEntry) obj;
                    if (fileName.equals(lsEntry.getFilename())) {
                        success = true;
                        break;
                    }
                }
            }
        } catch (Exception e) {
            logger.error("Sftp服务器异常");
        } finally {
            logout(Sftp);
        }
        return success;
    }

}
```

下载对账文件之后，需要解析对账文件，把解析好的内容存入数据库。不同的清算机构对账文件的格式也不一样，常见的有 Excel、CVS 等。

支付机构内部的数据会从渠道系统拉取，渠道系统请求清算机构的记录都会落库，数据库中的数据变更时会发送 Binlog 消息，渠道对账系统监听 Binlog 消息，然后进行解析、过滤、筛选，最终获取需要核对的数据并存入数据库。至此，核对双方的数据都获取了，接下来就可以进行核对了。

2. 数据核对

获取数据之后，会有定时任务触发核对规则，对双方的数据进行核对。核对的方法有很多种，如果数据量不是很大，则可以在数据库中进行核对，通过编写 SQL 逐笔进行核对，能够精准核对出哪些数据有异常。

但在数据量大的情况下，单笔核对对数据库的压力非常大，可以在 MySQL 中对数据进行排序，然后每次捞取一批数据（比如前 500 笔交易数据）做哈希操作，对哈希操作的结果进行比对。比如假设清算机构账单的数据保存在表 A 中，内部数据保存在表 B 中，根据订单号对表 A 和表 B 中的数据进行排序，然后对表 A 中查出的数据做哈希处理得到哈希值，对表 B 中查出的数据做哈希处理得到哈希值。哈希值一致的就放过，如果不一致，则再单独对这 500 笔交易数据进行核对，找出有异常的订单。

如果数据量特别大，单日有百万、千万笔订单，因为性能的问题就不能依赖关系型数据库进行核对了。可以把 MySQL 的数据同步到大数据平台（HBase、Hive 等），然后通过 HiveSQL 写核对规则进行核对。使用 HiveSQL 不仅能够减轻关系型数据库的压力，核对的效率也非常高，并且能实现逐笔核对，准确找出不一致的订单数据。

3. 异常登记

核对出的异常订单会被登记下来，渠道对账单会涉及临界点的问题（0 点的订单），有可能会放在下一个对账单中，所以当天核对出的异常并不一定是真的异常，可以先存疑，等待获取下一个对账单之后再次进行核对，如果还是有问题就进入差错系统进行差错处理。

8.2.2　银存核对

银存核对是统计每个清算日各个渠道应收到的或者应付的资金，与银行账户中实际收到的资金进行核对的过程。在银存核对之前，需要将每个渠道的业务明细状态进行核对，保证每笔应该清算的订单的状态一致且正常完结。这些操作现在由"渠道对账"完成。

清算机构在每个清算日会把资金做轧差后结算到支付机构的备付金账户中，轧差的公式为：

$$结算金额=支付总金额-退款总金额-手续费总金额$$

例如，一个支付渠道一天收到客户 A 和客户 B 的两笔交易，并且客户 A 有退款操作，清算机构最终给支付机构的结算金额的计算方式如图 8-6 所示。

	支付金额	退款金额	渠道手续费
客户A	100元	50元	0.5元
客户B	100元		0.5元
结算金额	100元 + 100元 − 50元 − 0.5元 − 0.5元 = 249元		

图 8-6

最终支付机构备付金账户会收到 249 元的打款。这笔钱与上送给清算机构的信息流是否一致也需要通过对账功能来核对。渠道的信息流与备付金账户动账的实际资金流之间的核对我们称之为银存核对。银存核对在渠道对账完成之后才可以执行，因为银存核对的一方数据来源是清算机构给的对账文件，需要将清算结构的业务明细状态进行核对，保证每笔应该清算的订单状态一致且正常完结。银存核对业务的流程如图 8-7 所示。

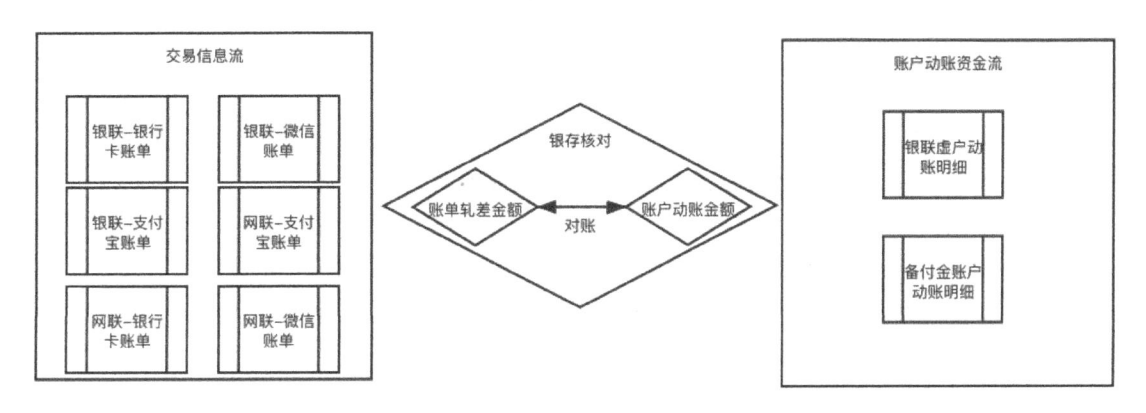

图 8-7

银存核对的数据来源一方是交易明细，即渠道对账单里的明细记录，根据接入的渠道不同会有多个对账单，通常有银联—银行卡对账单、银联—微信对账单、银联—支付宝对账单、网联—银行卡对账单、网联—微信对账单、网联—支付宝对账单等，并且每个渠道会有不同的渠道商户号，不同的渠道商户号又会区分不同的对账单。另一方是备付金账户的实际动账明细，包含备付金账户所在银行的动账明细、银联给三方支付机构开设的虚户的动账明细。

银存核对的处理流程如图 8-8 所示。

图 8-8

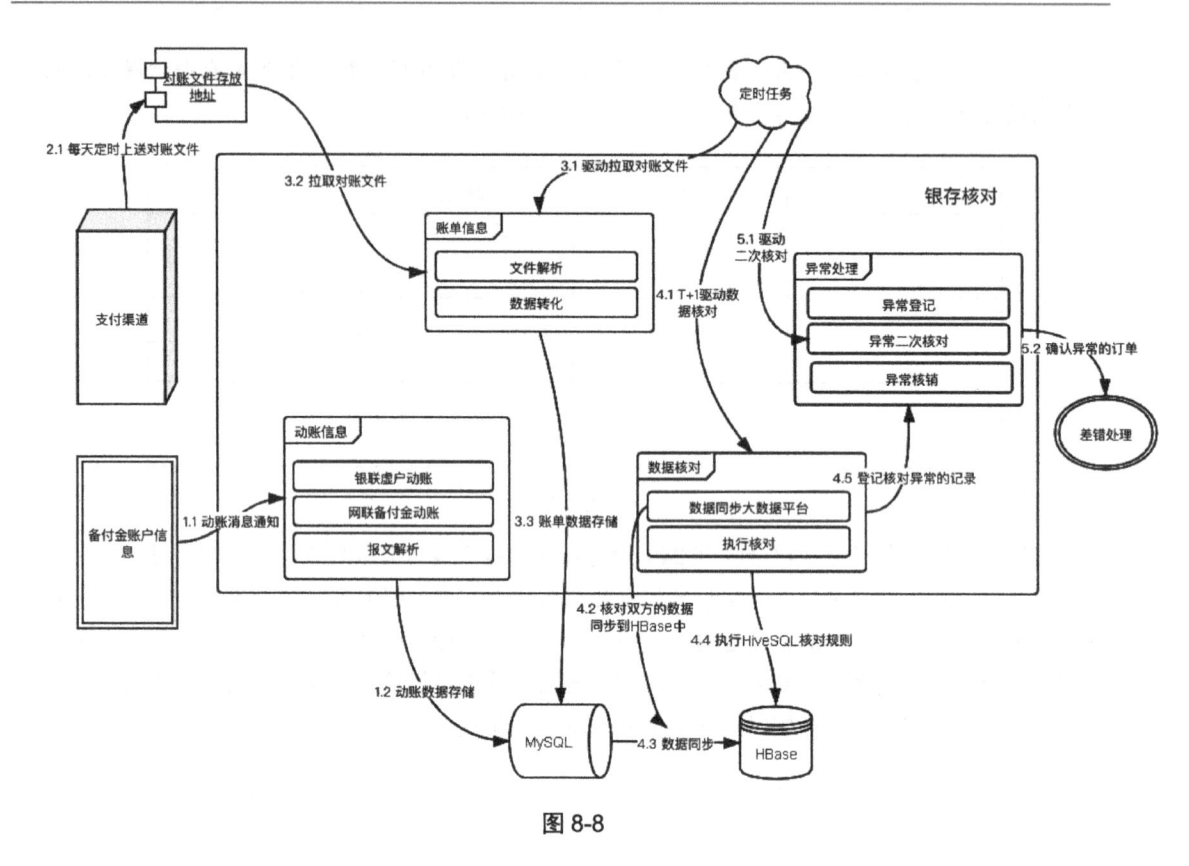

银存核对和渠道对账流程类似，对账的一方数据来源都是银联或网联的对账文件，不同点在于银存核对需要渠道对账结束之后才能执行，一来依赖渠道对账的数据，二来渠道对账如果不平，则银存核对没有意义。银存核对另一方的数据来源是备付金的动账明细，包含备付金实际动账明细，这部分明细会通过网联通知三方支付机构，还有银联虚户的动账明细，这部分明细银联会通知三方支付机构。获取数据之后对数据进行解析、存储、核对，核对出的异常也会经过存疑、二次核对、差错处理这些步骤。

- 1.1 银联/网联会把银联虚户、备付金账户的动账明细通知三方支付机构。
- 1.2 三方支付机构收到动账明细之后，对数据进行解析并存储。
- 2.1 清算机构每天定时把前一天的交易记录（包含支付记录、退款记录、手续费记录等）以文件的形式存放在指定的地址。
- 3.1 定时任务驱动渠道对账系统到指定的地址拉取清算机构的对账文件。
- 3.2 支付机构到指定的地址拉取对账文件。
- 3.3 解析对账文件，将数据转化后存储在数据库中。

- 4.1 定时任务驱动核对任务。
- 4.2~4.3 将渠道对账文件的数据和动账数据同步到 HBase 中。
- 4.4 执行核对规则,对双方的数据进行核对。
- 4.5 将核对出的异常登记到异常表中。
- 5.1 等待第二天账单到来后,对异常表中的异常单进行二次核对,如果二次核对正常就消除该笔异常单。
- 5.2 将没有被消除的异常单记入差错系统,等待差错处理。

银存核对能够核对出备付金实际动账明细和交易明细不匹配产生的资损问题,如果一个三方支付机构的备付金账户被黑客攻击,把资金直接转移,那么通过银存核对能够核对出是不是本机构正常的操作,及时发现资金漏洞。渠道对账和银存核对解决的都是外部资金安全的问题,三方支付机构内部资金安全也需要通过核对来保证,下面介绍实时核对和离线核对。

8.2.3 实时核对

前面我们介绍了资金在支付机构内部的流转,一笔支付交易在支付机构内部需要经过支付核心到渠道系统实现 C 端消费者实际资金的扣除,支付核心收到支付结果之后,会通知清结算系统、账务系统进行相关的记账操作。在 T+1 日的时候支付核心会发起该笔支付的结算任务,清结算系统收到结算任务后通过计费系统计算好相关的手续费,然后请求账务系统进行内部账户资金的变更。这个流程是非常复杂的,如何保证系统之间金额、状态的一致性也是一个很重要的事情。如果出现资金和状态的不一致,那么如何及时发现问题就是防止资损的重要步骤,所以需要搭建一个实时监控支付数据的系统,防止系统之间的漏洞产生资损。搭建实时核对系统(也称资损防控系统)的目的在于治理资损。分析发生的资损故障,发现大部分资损是因为系统的 Bug 引起的,主要表现在以下几个方面。

(1)新发布项目,业务场景考虑不周全。

(2)系统重复请求,下游系统没有做好幂等判断。

(3)系统之间的金额不一致。

(4)系统之间的状态不一致。

基于这些问题,需要有一个系统能自动、及时发现系统之间终态数据的不一致,进而发现系统的漏洞并及时修复。在这种情况下,资损防控系统就应运而生。资损防控系统的架构如图 8-9 所示。

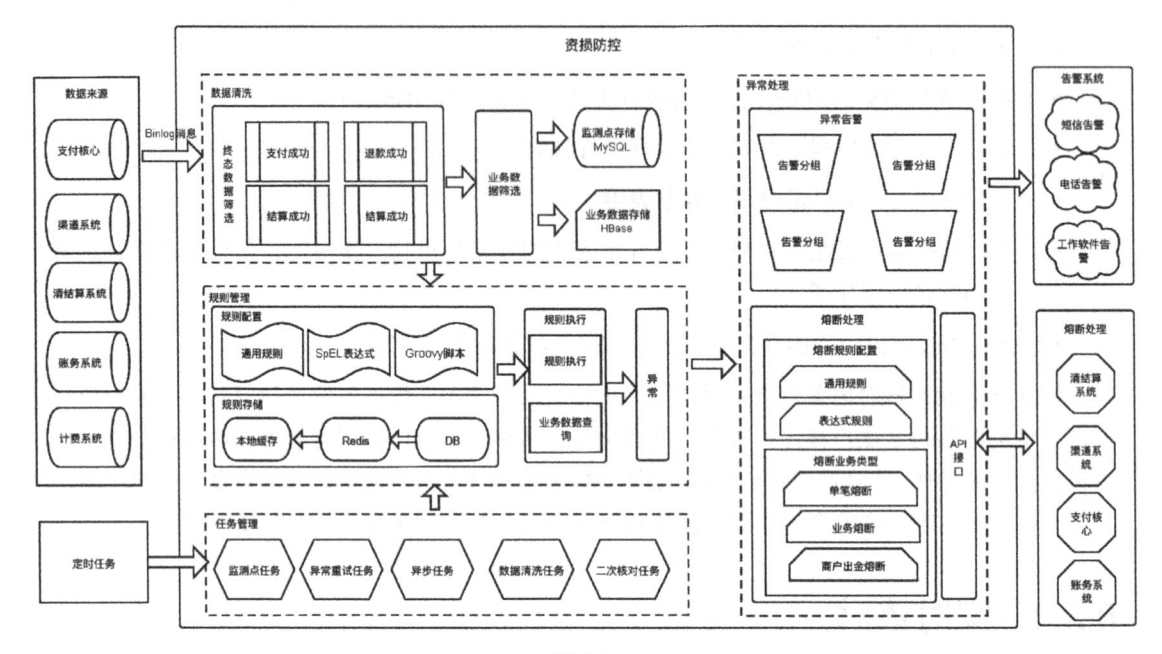

图 8-9

由图 8-9 可以看出，资损防控系统由以下几个模块组成。

1. 数据清洗

资损防控的数据来源是各个支付业务系统的 Binlog 消息。为什么监听 Binlog 有几方面的原因，第一，数据库里的数据是最终的数据，监听 Binlog 数据的变更可以防止手工修改数据库造成的资损；第二，业务数据有没有落库都可能被篡改，落在数据库中的数据被篡改的可能性要小得多，并且一旦被篡改也能第一时间监控到；第三，Binlog 消息是实时的，资损防对数据的实时性要求很高，需要及时发现资损问题。基于这些原因，最终确定监听 Binlog 消息作为数据来源。

资损防控核对的业务数据是终态的数据，比如支付成功、退款成功、结算成功、退款失败等。非终态的数据不会被核对，因为没有到终态就无法判断数据的正确性，并且非终态持续的时间也非常短，没有必要核对。

数据的存储分成两个部分，一部分是业务数据，会存储在 HBase 中，因为如果使用关系型数据库，数据量非常大，对数据库的压力非常大，并且这些数据不是业务主链路的数据，不影响主链路的业务，所以对存储的准确性、实时性要求不高，可以存储在大数据平台。另一部分是监测点数据。什么是监测点？监测点是指触发检测规则的一个触发点，比如通过 Binlog 监听到的业务数据就可以作为一个检测点，然后通过定时任务扫描监测点，从而触发核对规则。这部分数据存储在关系型数据库中，并且会存储业务数据在 HBase 中的 Key。

2. 规则管理

根据业务的不同，资损防控规则的复杂程度也不同，所以配置规则的方式也不同，通用规则基本能满足大多数核对的需求，定义好需要核对的字段即可。稍微复杂一点的核对规则可以使用 SpEL 表达式，再复杂的核对规则可以使用 Groovy 脚本。

规则的存储也分几个层级，因为规则是实时使用的，所以使用规则的时候会先在本地缓存里获取，如果获取不到再从 Redis 中获取，最后才从 DB 中获取，并且会把从 DB 中获取的规则同步到 Redis 和本地缓存中。

获取规则之后会执行规则，执行规则需要有数据的支撑，通常业务数据存储在 HBase 中，根据 Key 拉取数据即可。

3. 任务管理

检测点落入数据库之后，会有定时任务触发检测规则来执行实际的业务检测，这个任务就是检测点任务。如果第一次检测失败，有可能是因为数据延迟导致的，可以过一段时间继续检测，所以可以创建一个异常重试的检测任务；检测成功的检测点可以及时清理以减轻对数据库存储的压力，所以需要创建一个数据清洗任务；有些核对规则需要异步核对，或者异步拉取数据，可以创建异步任务来完成；核对出有问题的异常点，有时可能是网络抖动的原因造成的，在数据量比较多的情况下会把实际有问题的异常淹没，可以创建一个二次核对的任务，对有检测异常的监测点进行隔天或者自定义时间的重新检测，进而把实际有问题的监测点筛选出来。

4. 异常处理

异常处理分为异常告警和异常熔断两个模块。

异常告警很容易理解，一笔订单经过核对规则检测之后，如果订单的金额或者状态有异常，则需要及时通知业务、技术的相关负责人，让相关负责人采取相应的应急措施。告警也可以根据规则的不同分为不同的层级，如果一个规则是资金相关的，那么检测到异常就可能有资损，可以配置电话告警，引起相关责任人的重视。如果一个规则只是状态相关的，不涉及大的资金，则可以只设置短信告警或者工作软件告警。

异常熔断需要支付业务系统的支撑，熔断从策略上可以分为单笔熔断、业务熔断、出金熔断。单笔熔断是指在交易阶段核对出资损异常，比如重复支付，可以对第二笔支付进行熔断，从而中断该笔交易；业务熔断是指某时间段内发现某一种业务都出现资损问题，可以把该业务进行熔断，后续该业务都暂停交易，比如我们发现有大量的重复退款，那么可以针对退款业务进行熔断；出金熔断是指资金已经结算到商户的账户余额，但还没有提现到商户自己的银行卡，发现给商户重复结算资金，或者商户有风险，暂停商户的提现能力。

资损防控系统架构优点

（1）实现规则可配置化。业务系统负责人可以根据业务自行配置核对规则，可以使用 SpEL 表达式、Groovy 脚本来配置核对规则，充分发挥系统的平台性。如果业务有变更，那么只需要修改规则即可，无须修改资损防控系统。

（2）支持高并发。数据收集和核对采用异步的方式，并且业务数据存储使用 HBase，针对核对规则这种常用的数据引入了三级缓存，优先使用本地缓存，如果本地缓存中找不到，那么再到分布式缓存中查询，如果还是找不到才会到数据库中获取。对 Groovy 脚本使用编译后存储在本地缓存中的方式减少了编译的耗时。这一系列性能上的优化，使系统的处理能力有了很大的提升。

（3）监听 Binlog 消息而不是业务消息，通过检测底层的数据，能够及时发现数据库的数据是否被篡改，以及人为操作失误造成的资损等，并且支付业务系统没有任何接入成本。

了解资损防控的架构之后分析具体的技术实现，技术流程如图 8-10 所示。

（1）监听支付业务系统数据库变更的 Binlog 消息。

（2）根据配置的数据清洗规则对数据进行清洗，清洗后的业务数据落入 HBase，并生成检测点落入 MySQL。

（3）定时任务扫描数据库里的检测点，触发核对规则，根据 Key 从 HBase 中拉取数据并进行核对。

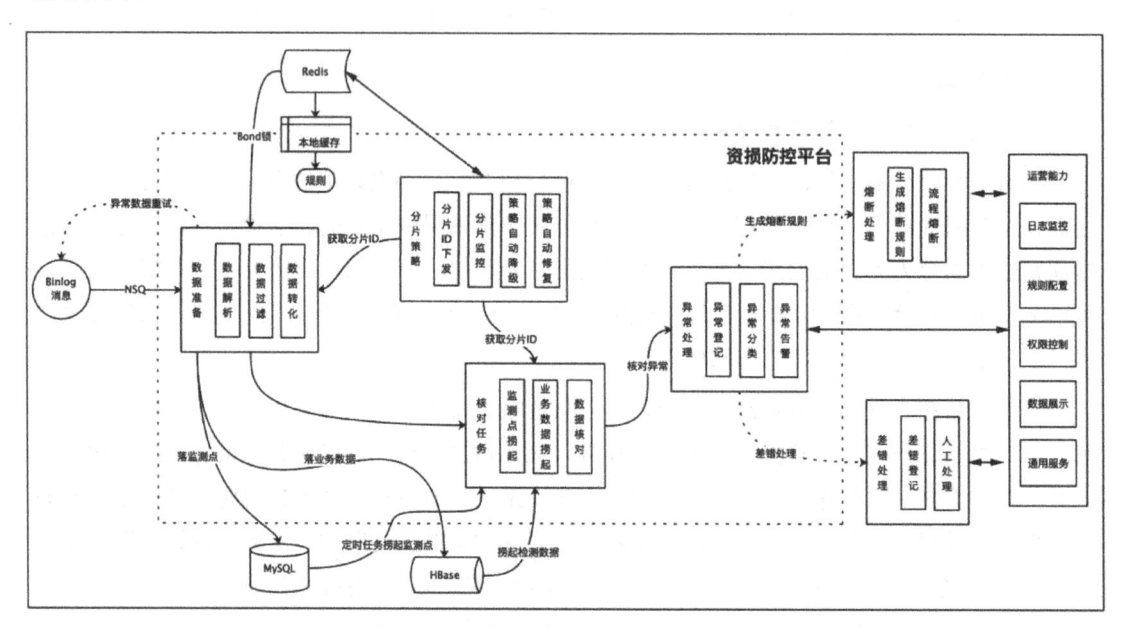

图 8-10

（4）核对成功的数据，会有定时任务触发清洗规则删除数据库里的监测点，减轻数据库的存储压力。

（5）核对异常的数据会根据配置的存疑时间判断是否继续核对，如果没有过存疑时间，则会在下次触发检测点任务中继续核对，直到过了存疑时间。

（6）过了存疑时间且仍然核对异常的检测点会第一时间发送告警，通知相关的负责人排查并处理问题，如果判断交易需要熔断，则根据配置的熔断规则生成熔断点。

（7）确认有异常的数据会落入差错系统，有专门的清结算人员进行差错处理。

解决资损问题需要经历三个步骤：发现问题→处理问题→及时止损。发现问题可以通过配置资损规则对数据进行核对来完成，发现的问题基本都能及时得到处理。如果是一类业务问题，单纯处理已发生的问题还可能出现大量的资损，可以把这一类问题及时熔断，暂停该类业务的交易，能够防止出现大的资损，这就是熔断的过程。熔断最核心的点在于及时终止交易，把资金留存在三方支付机构中或者不让交易扣除 C 端消费者银行卡的资金，以保证资金可控。熔断的架构如图 8-11 所示。

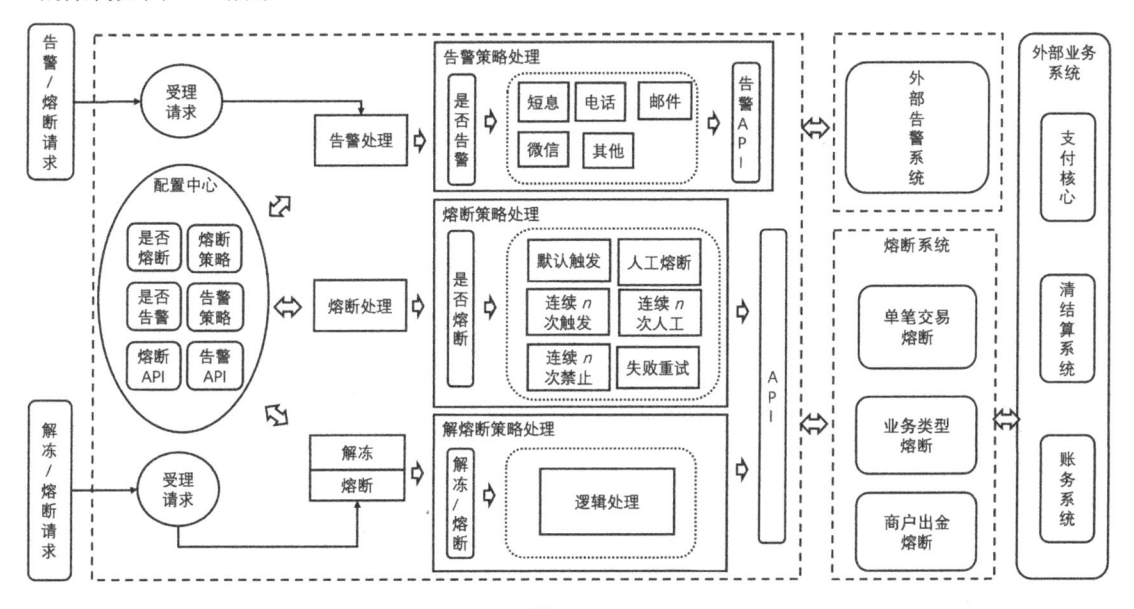

图 8-11

实时核对能够及时发现问题，发现问题之后需要及时止损，实现核对异常后根据业务进行熔断功能，支持手动熔断（人为配置熔断规则）、自动熔断（资损防控系统发现资损问题，自动生成熔断规则）两种熔断方式。手动熔断针对人为发现的一些异常，可以手工配置熔断规则，比如针对批量代发工资业务，暂时停止该业务的交易，支付核心收到代发工资业务的指令，暂时停止执行该业务，会把数据存储起来，过一段时间进行重试，判断是否熔断已经解除，如果解除了，那么业务继续执行。自动熔断需要建立在实时核对核对的异常非常准确的基础上，根据核对的异常自动生成熔断规则。

熔断的维度分为单笔交易熔断、业务类型熔断、商户出金熔断三种。单笔交易熔断针对的是单笔交易，这种熔断策略对实时性要求非常高，需要及时发现问题，只支持自动生成熔断规则。如果实时核对检测到一笔订单重复支付，则可以针对该笔订单生成熔断规则，在结算阶段暂停该笔订单的结算。业务类型熔断针对的是某个业务，一般会手工生成熔断规则，系统自动生成熔断规则的风险会比较大。商户出金熔断是及时止损的最后一道防线，针对商户生成熔断规则，暂停商户的出金，一般商户会在 T+1 日出金，所以尽量在这个时间段内处理核对出的异常，解除熔断，做到商户无感知。

熔断分两个阶段，第一阶段是生成熔断规则，第二阶段是根据熔断规则熔断交易。熔断规则的生成有手工生成和系统自动生成两种方式，熔断规则生成之后会存储在数据库中。熔断系统会提供 API 接口，支付业务系统做交易的时候会调用 API 接口判断该笔交易是否需要被熔断，如果需要被熔断就暂停交易，等待下次处理。接入熔断系统 API 接口的有支付核心、清结算系统、账务系统。

有熔断就需要解熔断，针对商户出金、单笔交易、业务类型的风险解除之后，需要解除熔断策略，解除熔断策略一般需要手工在运营界面操作。业务负责人确定风险解除之后对熔断规则进行解除，当支付业务系统重试任务调用熔断 API 接口的时候，会发现熔断已经解除，交易继续。

8.2.4 离线核对

离线核对和实时核对都是针对三方支付机构内部系统之间的核对，两者的区别在于实时核对是对支付交易单实时进行核对，对时效性的要求很高（在分钟级别甚至秒级别），需要快速发现资金的问题并予以处理。离线核对对时效性的要求没有那么高，一般是在 D+1 日核对。读者可能会有疑问，有了实时核对为什么还需要离线核对？核心原因在于二者核对数据的维度不同，主要体现在以下四个方面。

第一，支付机构可能有批量操作的业务，比如批量代发工资，单位时间内产生的交易量非常大，实时核对要监控多个系统的数据，数据量是交易量的数倍，所以对实时核对系统的资源占用率会很高，有可能影响其他的核对业务。所以像这种批量操作可以采用离线核对。

第二，支付机构会收取相应的手续费，手续费的收入是支付机构最重要的收入来源，对数据的安全性要求也很高。可以使用离线核对对每天手续费的收入进行核对，这样既能够保证资金的正确性，又可以依据核对数据出具相关的报表。

第三，支付机构通常会开通金融业务功能，金融业务属于支付之外的系统，但是需要使用支付渠道完成资金相关的操作，比如分期付款等。开展金融业务也会有相关的收入，这部分收入也可以使用离线核对功能进行核对，并出具相关的报表。

第四，支付机构服务的对象是商户，商户也有对账需求，但是商户通常不具备开发能力，可能只能人为核对账目，不仅耗费资源，而且也不准确。在这种情况下，支付机构可以提供一个通用核对功能，商户只需要上传需要核对的数据就可以实现核对功能，所以可以把离线核对底层功能开放给商户使用。

离线核对的整体架构如图 8-12 所示。

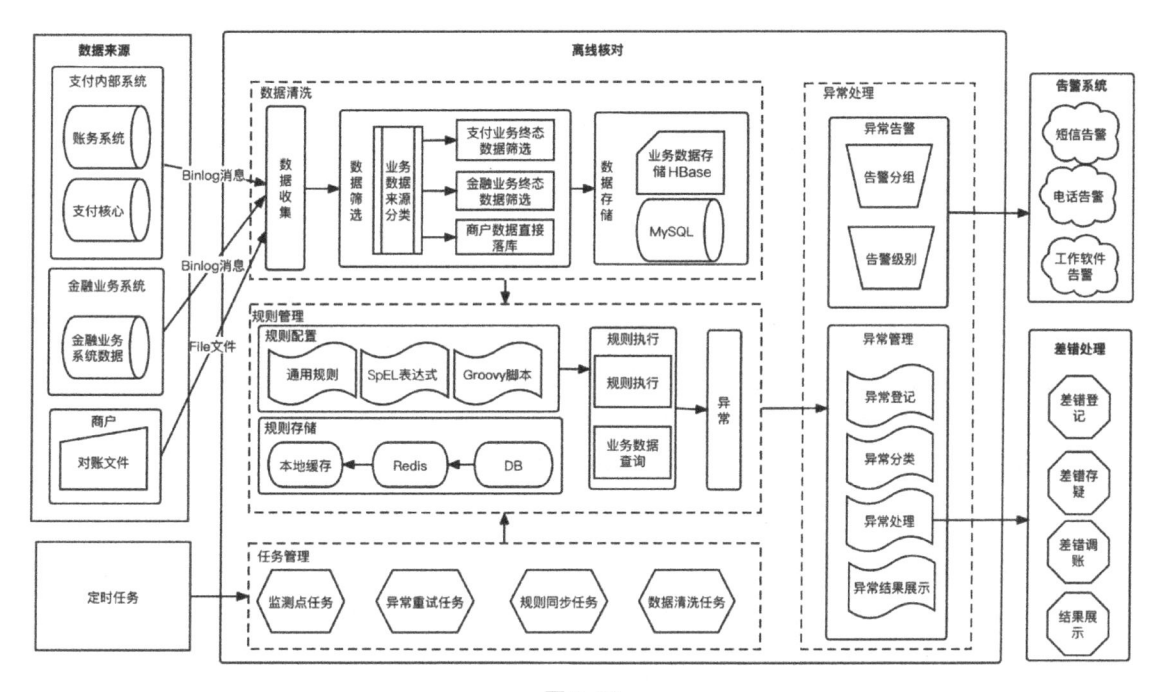

图 8-12

离线核对的架构和实时核对的架构类似，主要分成四个模块：数据清洗、规则管理、任务管理和异常处理。不同点在于，资损防控对实时性要求很高，并且资损防控核对出异常之后有可能触发熔断策略，从而避免更大的资损。而离线核对本身核对的数据基本已经相隔一天的时间，所以对核对出的异常进行差错处理即可。

1. 数据清洗

离线核对的数据来源主要有三个：支付内部系统、金融业务系统（或者其他业务系统）和商户（上送的对账文件）。

离线核对系统通过监听支付业务系统的 Binlog 消息来获取数据，和实时核对的区别在于实时核对需要核对资金流转的每一个支付系统（渠道系统、账务系统、支付核心、清结算系统等），而离线核对只需要核对资金的入口和最终的动账即可，即只需要监听支付核心和账务系统的数据，离线核对不需要关注中间资金流转的过程。只要入口和最终的数据一致，就认为资金是没有问题的。

金融业务数据和支付业务数据类似，都是通过监听 Binlog 消息来获取的，因为都是支付机构内部的系统，所以数据清洗的方式也类似，基本都是核对终态的数据。

如果把核对功能开放给商户使用，那么商户对账一方的数据来源是对账单，另一方是支付机构内部的动账数据。支付机构内部的动账数据很容易获取，商户的对账文件需要手工上送，离线核对收到对账单之后对数据进行解析并落库，然后进行核对。不同的是，这部分核对出的异常数据不需要进入支付机构的差错系统，只需要告知商户即可。

离线核对核对的数据量通常不会很小，所以业务数据同样会存储在大数据平台，关键的核对点等数据会存储在关系型数据库中。

2. 规则管理

离线核对的规则同样支持通用规则、SpEL 表达式规则和 Groovy 脚本规则。其中提供给商户的对账功能只需要支持通用规则即可，因为商户不能编写 SpEL 表达式和 Groovy 脚本。离线核对给商户提供的核对功能也是相对简单的。离线核对对核对规则的存储同样采用三级存储，核对的时候会先从本地缓存获取规则，如果获取不到，则会到 Redis 中获取，如果还是获取不到，才会从 DB 中获取，并把数据同步给 Redis 和本地缓存。

3. 任务管理

离线核对的任务有监测点任务、异常重试任务、规则同步任务、数据清洗任务。监测点任务会根据配置的检测规则，定时执行检测规则，判断业务数据是否有异常，如果有异常就暂时落入存疑库。这个时候重试任务会触发存疑库里的检测机制，如果还是有问题就会记录异常单，落入差错系统。规则同步任务负责检索数据库中的规则是否与缓存中的规则同步，如果不同步，则修改缓存中的规则。

4. 异常处理

异常处理分为两个模块：异常告警和异常管理。

检测出的异常会通过告警系统第一时间发送告警消息给相关业务的负责人，不同的业务对接收告警信息的人会有不同的分组，并且会根据业务的重要程度区分告警的等级。

异常管理包括异常登记、异常分类、异常处理、异常结果展示等，异常登记是把核对出的异常信息存入库中并提供查询页面。核对出的异常根据业务的不同会有不同的分类，不同分类的异常处理的方式也不一样，在异常处理阶段会把分类后的异常落入差错系统，这部分数据基本可以确定需要调账处理，经过处理之后的异常也要及时更新状态避免重复处理。

8.3 对账闭环功能

8.3.1 闭环功能建设

对账的目的是"兜底"，及时发现系统漏洞带来的资金损失，并对已损失的资金进行处理（追款或者补偿）。渠道对账、银存核对、资损防控、离线核对 4 个核对功能解决了支付交易后发现资损的问题，而处理已经成为资损或者异常的订单就需要一个平台，因此我们定义了差错处理平台，最终实现数据核对→异常登记→熔断止损→异常处理→差错处理的闭环，如图 8-13 所示。

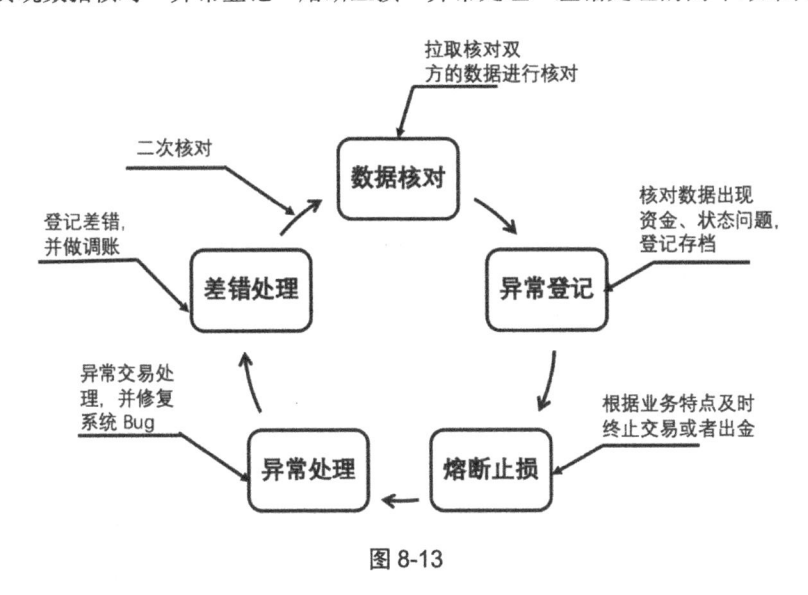

图 8-13

1. 数据核对

渠道对账、实时核对、离线核对、银存核对都实现了数据核对的功能，数据核对分几个步骤：数据拉取→数据清洗→数据存储→数据核对。数据核对能够帮助我们实现自动异常发现功能，把有异常的交易单找出来。

2. 异常登记

在数据核对阶段核对出的异常要及时登记存档，以备后续处理异常时使用，异常订单通常存储在数据库中，通常数据量不会特别大，登记之后会对相关的数据再进行分析研究，判断是否真的有异常，以及是否需要及时止损。

3. 熔断止损

异常订单存储在数据库之后，会根据异常信息对订单数据进行相关的分析，是单笔异常、业务异常还是风险异常，不同的异常类型有不同的应对策略，最核心的点在于及时止损。如果是单笔异常，则对单笔交易进行熔断，如果是业务异常，则对业务进行熔断，避免更大的资金损失。

4. 异常处理

及时止损之后，就有充足的时间去处理系统的异常，是系统 Bug 还是人为操作，需要分析出根本的原因并进行处理。

5. 差错处理

对于异常产生的差错单要及时处理，对异常的数据要及时修复，比如重复支付，要进行退款操作，重复结算也要联系商户进行资金退回的操作。

8.3.2 差错处理

差错处理是把各个核对系统核对出的差错进行调账处理，以达到资金平衡的目的。对需要处理的差错从来源上划分，可以分为外部核对差错和内部核对差错。外部核对差错是支付机构和外部系统核对出的差错，由渠道对账、银存核对产生；内部核对差错是资损防控、离线核对针对三方支付机构内部系统核对出的差错。要搞清楚外部差错，就需要弄明白什么是长款，什么是短款。

1. 长款

什么是长款？我们举个例子：客户消费了 100 元，支付渠道（银联、网联、微信、支付宝）的对账单里有该笔交易支付成功的记录，但由于网络或者其他原因三方支付机构没有收到支付成功反馈，所以该笔记录是支付中或者支付失败，像这种支付渠道有成功记录而三方支付机构没有成功记录的差错对于三方支付机构来说就称为长款。

2. 短款

短款和长款刚好相反，支付渠道里没有该笔订单支付成功的记录，而三方支付机构对于该笔订单的记录状态是支付成功，这样的差错对于三方支付机构来说就称为短款。

不管是内部产生的差错单还是外部产生的差错单，最终都会汇总到差错系统中统一处理，差错系统既要提供查询差错单的运营能力，也要提供处理差错单的处理能力。差错系统的架构如图 8-14 所示。

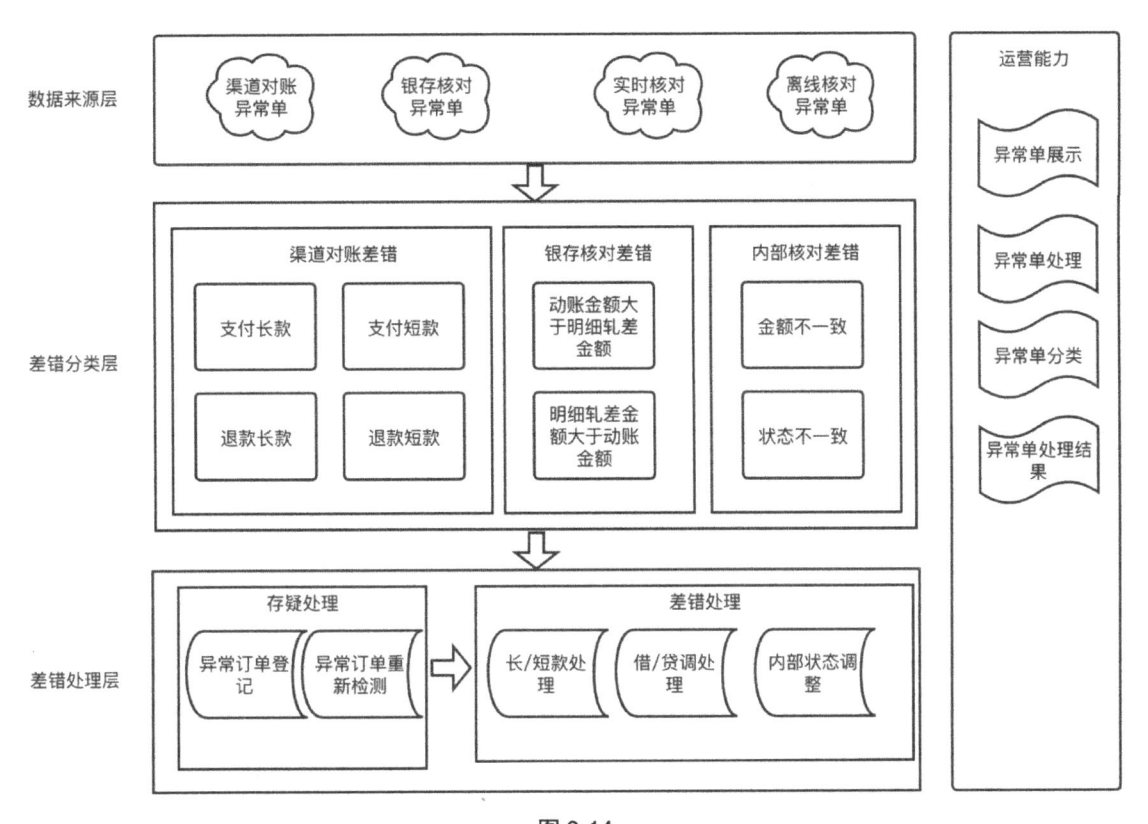

图 8-14

从差错系统的架构图可以看到，差错系统分为数据来源层、差错分类层、差错处理层，并且提供差错数据处理的运营能力。

3. 数据来源

差错系统的数据来源是渠道对账、银存核对、资损防控、离线核对几个核对系统核对出的异常单，核对系统核对出的异常信息会经过一系列的筛选，最终落入差错系统。比如实时核对第一次核对出现异常，要等过了存疑期并且再经过二次核对之后才会落入差错系统。换句话说，就是进入差错系统的数据基本可以确定是有问题的。同样，渠道对账核对出的异常单也需要经过二次核对，过了存疑期才会落入差错系统。

4. 差错分类

不同的核对系统是按照不同的业务划分的，不同核对系统产生的差错类型也不一样，但是可以统一收拢在差错系统中处理。渠道对账会根据业务分为支付、退款类型的差错，支付、退款业务类型又包含长款、短款类型的差错。不同场景下处理差错的方式也不一样。

支付业务的差错单可以分为四种类型，如表 8-2 所示。

表 8-2

差错类型	差错原因
长款	渠道账单有该笔交易，三方支付机构没有该笔交易
短款	三方支付机构有该笔交易，渠道账单没有该笔交易
金额不匹配	在对账过程中，三方支付机构账单金额和渠道账单金额不相等
状态不匹配	在对账过程中，三方支付机构账单状态和渠道账单状态不一致

退款业务的差错单也可以分为四种类型，如表 8-3 所示。

表 8-3

差错类型	差错原因
长款	渠道账单有该笔退款交易，三方支付机构没有该笔退款交易
短款	三方支付机构有该笔退款交易，渠道账单没有该笔退款交易
金额不匹配	在对账过程中，账单金额和渠道账单金额不等
状态不匹配	在对账过程中，账单状态和渠道账单状态不等

内部对账差错分类：内部对账的差错分类比较简单，分为金额不一致和状态不一致两种情况。金额不一致是指两个系统都有该笔交易，但是总金额对不上。状态不一致包含两种情况，一种情况是单边账，即只有一个系统有该笔交易，另一个系统没有；另一种情况是两个系统存储的同一笔交易的状态不一致，比如一个系统存储该笔交易的状态是成功，另一个系统存储的状态是失败。

5. 差错处理

差错处理分为两个阶段：存疑阶段和处理阶段。

存疑阶段是对落入差错系统的数据有一个存疑期，这里的存疑期与对账的存疑期类似，比如渠道对账有日切的问题，交易记录有可能会在下一个账单中而不在当前账单中，所以需要等待下一个账单过来之后再次进行核对，如果还是有问题，才确认为差错。

存疑阶段过了之后，进入处理阶段的异常单基本可以确认都是有差错的，需要经过调账处理。如果是内部的差错，一般会调整账务系统把资金调平，如果是渠道对账的长短款，通常以渠道的对账文件为准来调整三方支付机构内部的资金。

6. 运营能力

差错单的展示、查询、筛选、处理都需要运营界面，通过运营界面能够清楚地看到一共产生多少笔差错，都是什么类型的差错，并且可以跟踪差错处理的过程。

第 9 章 商户中心

9.1 业务简介

9.1.1 商户入驻

1. 商户入驻三方支付机构

三方支付机构是商户和消费者之间商品交易资金流处理的平台，肩负商户和消费者资金安全的重任，所以不能随便一个自然人都可以利用三方支付机构的支付功能来做生意。商户要使用三方支付机构的支付功能，需要提供相关的资质进行入网认证。入网认证要求商户提供正规的做生意的手续。根据不同的主体，商户可以分为个体工商户、企业、党政机关及事业单位、其他组织四种。商户入驻支付机构的流程如图 9-1 所示。

商户入驻三方支付机构首先要准备好入驻的材料，就像我们准备入职材料、入学材料一样。商户可以登录三方支付机构的网站查询都需要哪些材料，然后在官网上填写准备好的材料，确定填写无误后就可以提交了。这里要注意的是，要确认填写的材料无误，因为材料提交后支付机构都是人工审核的，会持续比较久的时间，所以确认材料无误也很关键，能够节省后续流程的时间。如果审核不通过，则支付机构会把不通过的原因告知商户，商户可以在填写资质页面查看驳回原因。如果审核通过，那么商户就可以进行支付交易了。

图 9-1

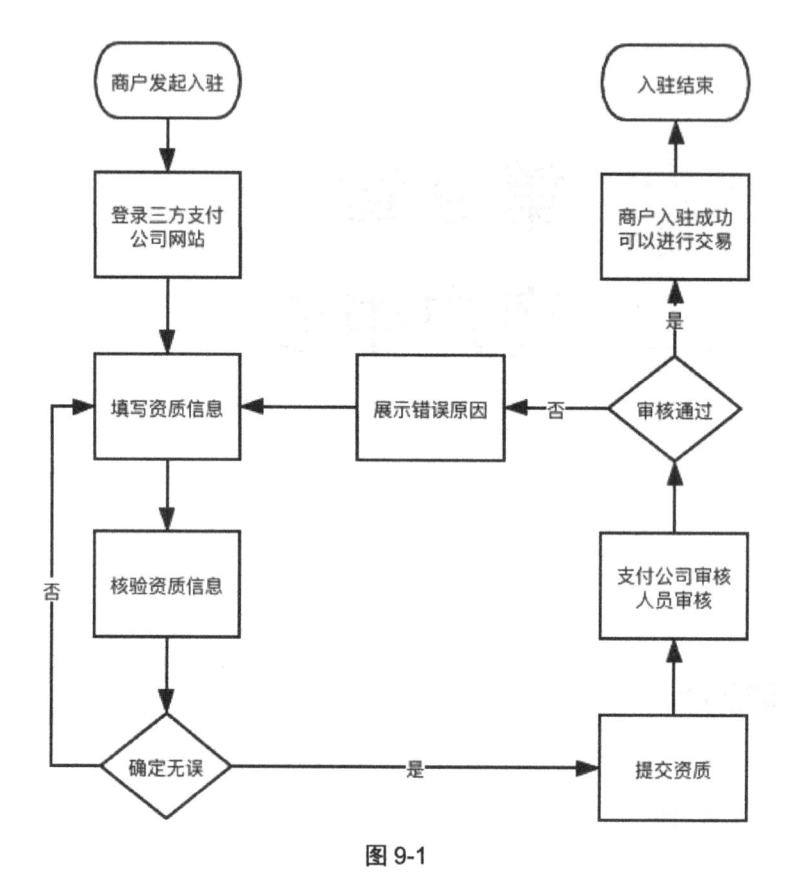

商户上送的资质信息有主体信息、法人信息、结算信息等，如图 9-2 所示。

主体信息包含营业执照和组织机构代码，营业执照包含注册号、商户名称、注册地址和营业执照照片等信息，组织机构信息包含组织机构代码、组织机构代码证照片、有效期、营业期限和经营者姓名。法人信息包含证件类型、证件照片、证件号码、证件持有人姓名、证件有效期，其中证件类型主要有身份证、中国香港居民来往内地通行证、中国澳门居民来往内地通行证、中国台湾居民来往大陆通行证、其他国家或地区居民护照等。结算信息包含账户类型、开户名称、开户银行、开户支行、银行账号。账户类型分为对公账户和对私账户。主体信息、法人信息、结算信息是支付机构针对商户要求的必传信息，不同的支付机构对于商户入驻的额外的信息有不同的要求，常用的有经营信息和结算规则信息，如图 9-3 所示。

经营信息包含客服电话、商户简称和经营类目，经营类目就是我们通常所说的行业类目，支付机构会根据不同的行业类目和商户签订不同费率的计费包。结算规则信息包含结算规则、费率规则和其他补充材料。支付机构常用的结算规则有 T+1 日结算和 D+1 日结算，有些商户着急回款，支付机构针对着急回款的商户会提供实时结算功能。费率通常是根据经营类目来确定的，教育、医疗等类目的费率通常低一点，电商、娱乐行业等类目的费率会高一些。另外，如果要享受低费率，则可能需要商户提供额外的资质证明，所以需要提供补充材料的入口。

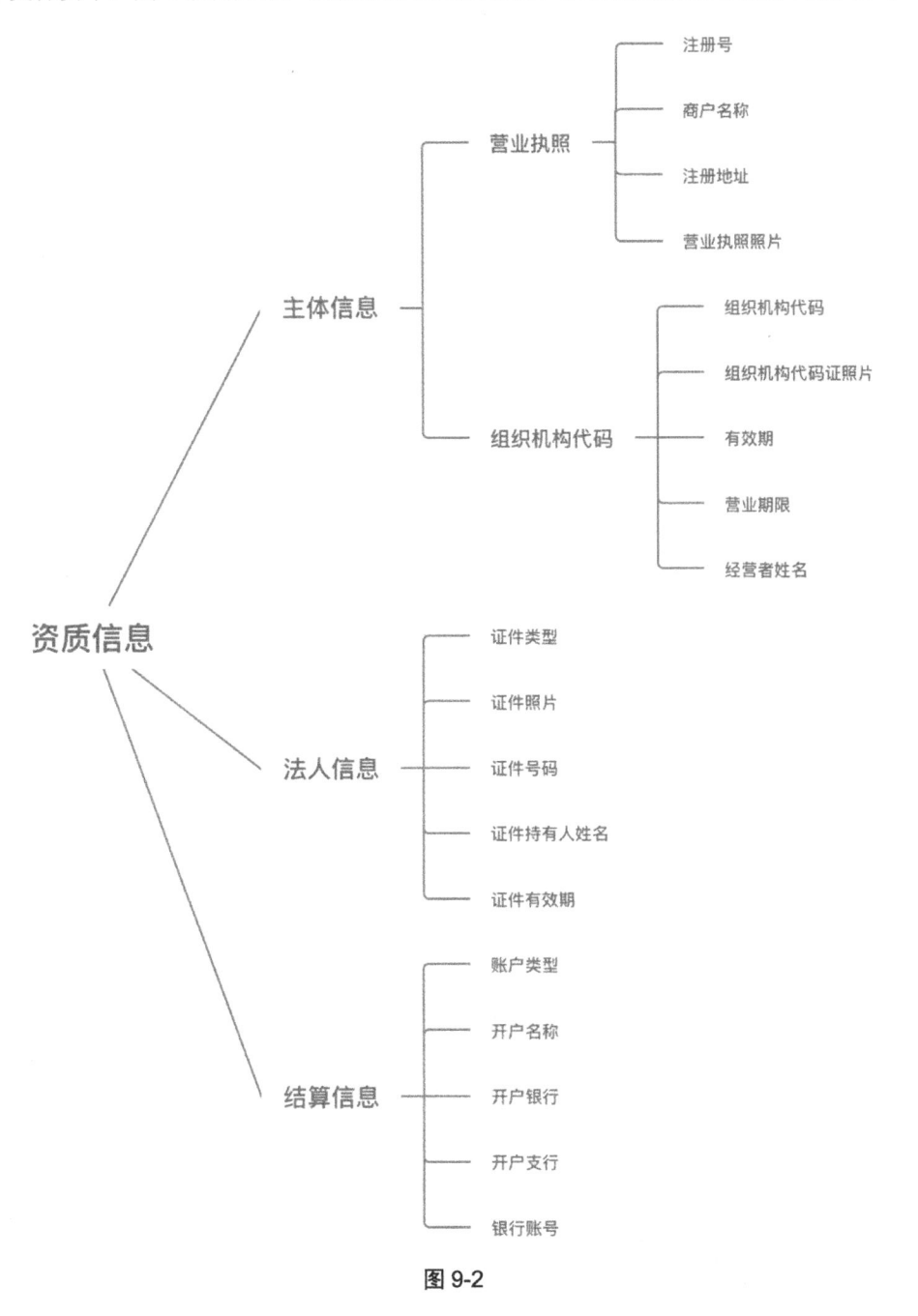

资质信息
- 主体信息
  - 营业执照
    - 注册号
    - 商户名称
    - 注册地址
    - 营业执照照片
  - 组织机构代码
    - 组织机构代码
    - 组织机构代码证照片
    - 有效期
    - 营业期限
    - 经营者姓名
- 法人信息
  - 证件类型
  - 证件照片
  - 证件号码
  - 证件持有人姓名
  - 证件有效期
- 结算信息
  - 账户类型
  - 开户名称
  - 开户银行
  - 开户支行
  - 银行账号

图 9-2

```
其他信息
├── 经营信息
│   ├── 客服电话
│   ├── 商户简称
│   └── 经营类目
│       ├── 教育
│       ├── 医疗
│       └── 电商
└── 结算规则信息
    ├── 结算规则
    │   ├── T+1 日结算
    │   ├── D+1 日结算
    │   └── 实时结算
    ├── 费率
    │   ├── 0.2%
    │   ├── 0.38%
    │   └── 0.6%
    └── 补充资料
```

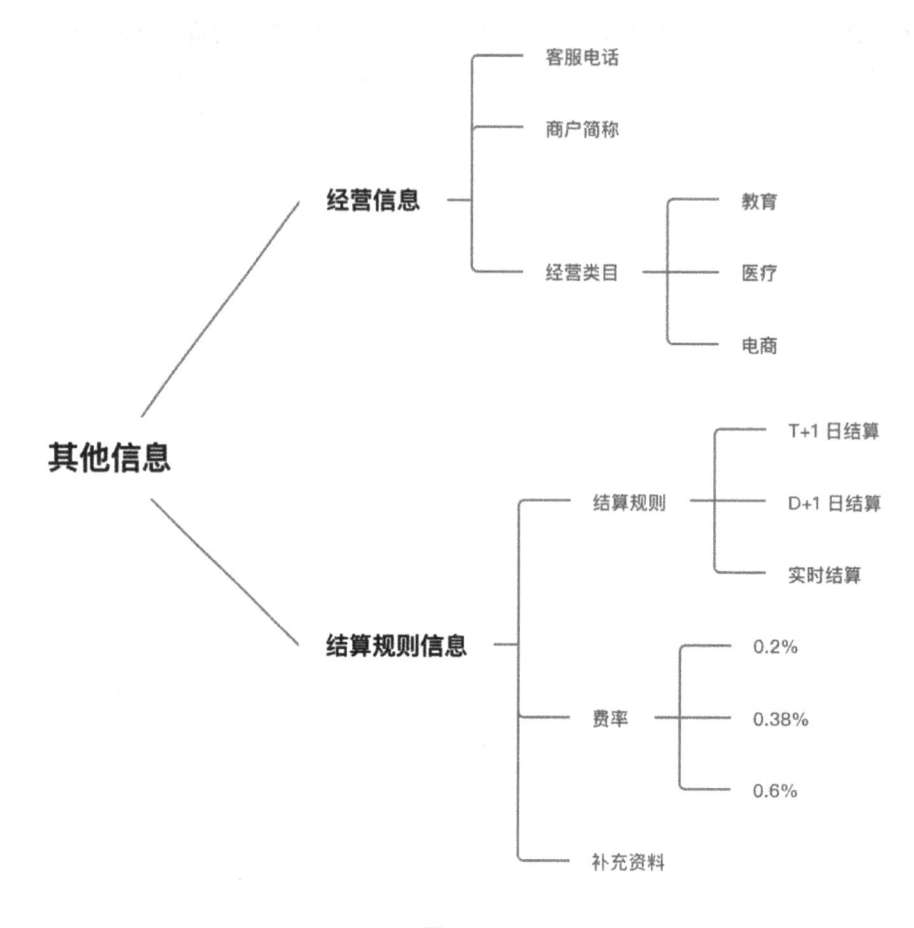

图 9-3

2. 商户入驻微信

商户使用三方支付机构的支付功能时需要上送相关的资质信息到支付机构开通支付功能，同样通过银联、网联渠道使用微信和支付宝的支付功能时也需要上送相关的资质信息，不过三方支付机构对这个流程进行了封装。比如微信这样的支付渠道，上送资质信息之后，微信会返回给商户特约商户号，商户需要带上特约商户号才可以使用微信支付功能，并且针对特约商户号需要进行实名授权。商户入驻微信的流程如图 9-4 所示。

商户上送资质到三方支付机构，支付机构审核通过之后会告知商户审核的结果，然后整理报文并通过银联或者网联上送商户的资质信息到微信，微信审核通过之后会返回商户的特约商户号，之后所有的交易都是用特约商户号进行的。三方支付机构收到特约商户号后告知商户，商户登录微信后台对特约商户号进行实名授权，授权成功后商户就可以使用微信支付了。

图 9-4

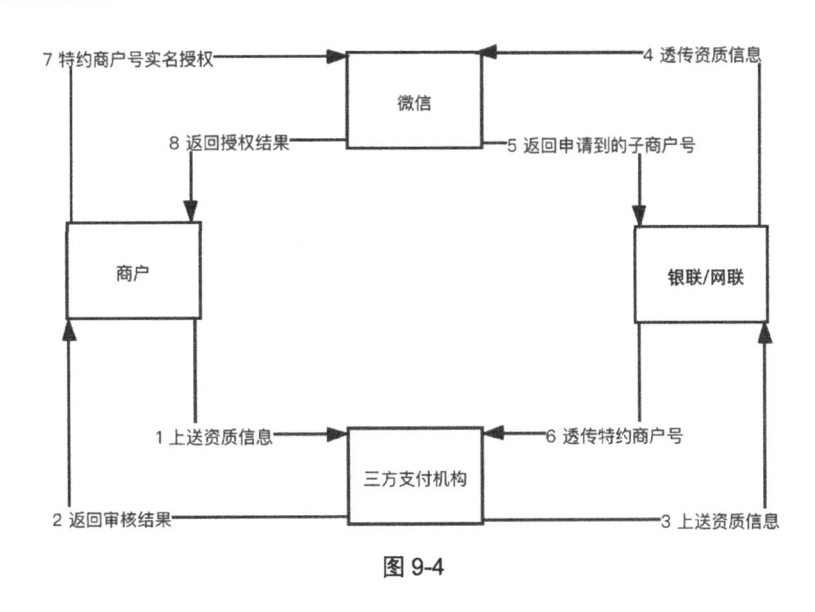

9.1.2 业务架构

1. 交互流程

商户中心保存了商户核心的信息，这些信息在支付、结算流程中也起到了关键作用，支付的过程中需要获取商户信息，尤其是支付宝支付、微信支付需要获取商户申请的特约商户号，支付流程如图 9-5 所示。

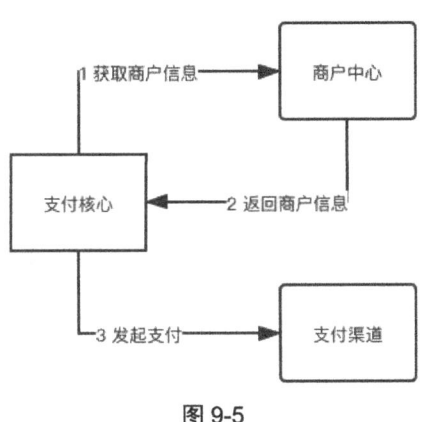

图 9-5

结算流程也需要获取商户的结算规则，结算规则有 T+1 日结算、D+1 日结算、实时结算等，结算规则在商户入驻的时候以合约的形式确定下来，在结算的时候清结算系统会到商户中心拉取商户信息进行结算，结算信息包含结算规则和结算账户。结算流程如图 9-6 所示。

图 9-6

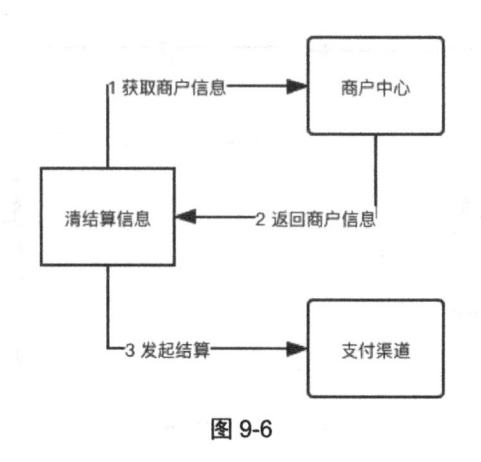

2. 业务架构

商户中心系统是支付体系中管理商户信息的一个微服务系统,需要和商户中心交互的支付业务系统有支付网关、支付核心、清结算系统、账务系统和运营平台。商户中心业务的架构如图 9-7 所示。

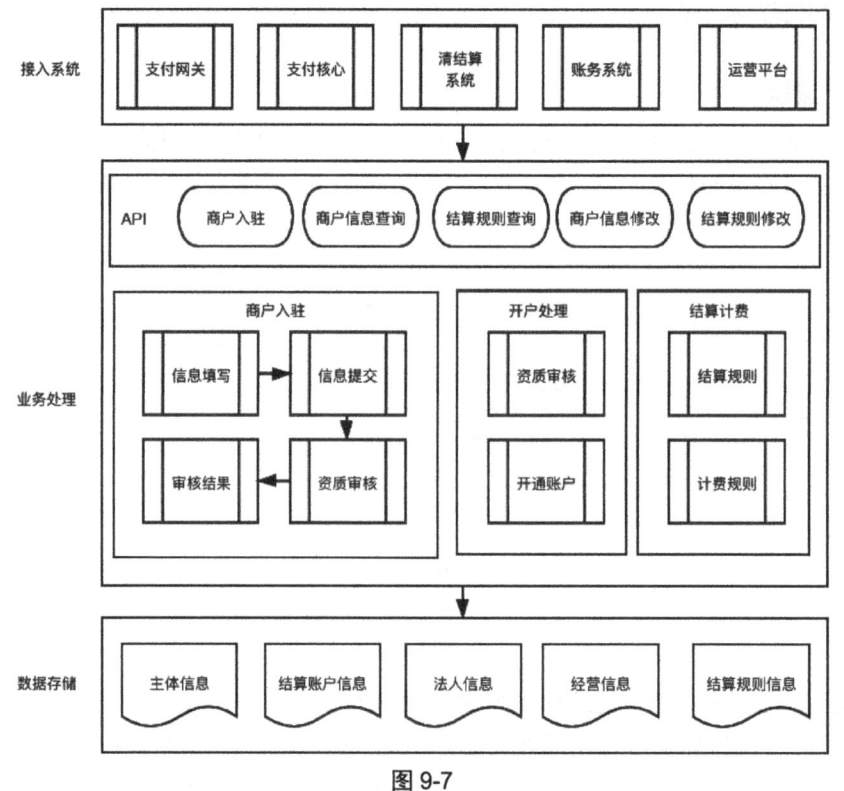

图 9-7

商户中心提供的 API 接口有商户入驻接口、商户信息查询接口、结算规则查询接口、商户信息修改接口、结算规则修改接口等。商户入驻时会调用商户入驻接口上送相关的资质信息，商户中心收到资质信息之后会进行人工审核，如果审核通过，则会把结果消息告知商户。审核通过之后会在账务系统开通账户，并且登记结算规则和计费规则。商户中心需要登记商户的主体信息、结算账户信息、法人信息、经营信息、结算规则信息，在支付和结算的阶段都会用到这些信息。

9.2 系统架构设计

商户中心是支付体系中非常重要的环节，包含商户管理、认证管理等功能，商户管理负责商户信息的维护，以及商户状态的管理。商户入驻需要提供各种资质，支付机构也要依赖外部系统去验证资质，并且需要通过银联、网联来进件特约商户，所以这个模块可以单独拆出来作为一个认证系统。接下来分析商户中心系统与认证系统的架构设计。

9.2.1 商户中心系统架构

商户中心的业务逻辑前面已经介绍过了，根据这些业务逻辑可以抽象出系统架构。商户中心的系统层级主要分为 API 层、业务处理层、核心层和渠道层，具体的架构如图 9-8 所示。

1. API 层

API 层提供 API 接口给支付业务系统使用，提供的接口主要有商户入驻（资质信息上传）、商户注销、商户信息查询、结算规则查询、商户信息修改、结算规则修改等。商户上送资质信息会经过支付网关，所以商户中心提供的商户入驻、商户信息修改接口通过支付网关暴露到支付机构的官网，商户通过官网进行操作。商户信息查询接口提供给支付核心、支付运营平台等系统，支付核心在做支付交易的时候需要获取商户信息进行风控等一系列的判断，支付运营平台通过查询商户信息接口获取商户信息并展示给支付机构内部审核人员。结算规则查询接口提供给清结算系统，清结算系统在做结算的时候，需要获取商户对应的结算规则，或者把结算规则缓存在清结算系统中，根据规则进行清结算处理。商户中心收集到商户的资质，认证审核通过之后需要给商户开通对应的账户，所以商户中心和账务系统的交互需要账务系统提供开户接口。

2. 业务处理层

业务处理层提供商户管理功能、资质管理功能，以及权限管理等其他功能。商户管理业务处理需要支持商户的开户、注销。如果检测到商户有风险，比如有欺诈或者洗钱风险，则需要对商户进行冻结，禁止相关交易；如果风险解除，则同样需要对商户进行解冻。资质管理功能主要包含主体资质、跨境资质管理、法人信息等资质的认证，每种资质的认证都有不同的处理逻辑。业务处理还需要封装结算规则的配置、商户权限的配置、商户进件的前置逻辑。

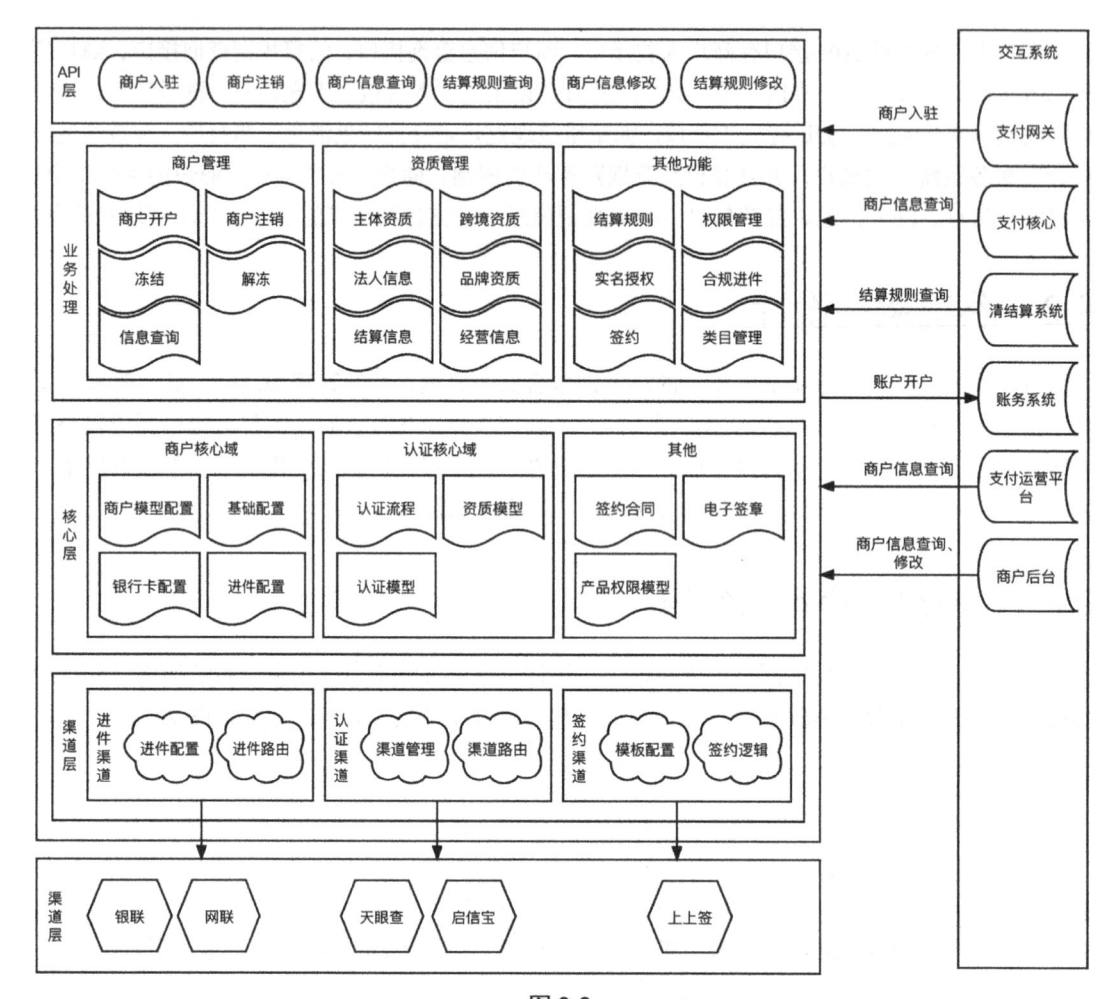

图 9-8

3. 核心层

核心层要针对业务处理层的业务功能封装对应的底层核心功能,针对商户管理需要提供银行卡配置、商户模型配置等功能,针对认证需要提供认证流程、银行卡 Bin 等配置功能。另外,商户入驻三方支付机构时需要签订相关的协议,要提供签约合同、电子签章等功能,商户也需要到微信、支付宝申请特约商户号,所以需要提供进件功能。

4. 渠道层

渠道层封装支付机构和渠道交互的功能,渠道主要有进件渠道、认证渠道和签约渠道,商户通过三方支付机构到微信、支付宝申请特约商户号需要一定的路由逻辑,比如一个商户可以申请多个特约商户号,如果一个特约商户号被风控,则可以通过另一个特约商户号进行支付交易。到微信申请特约商户号既可以通过银联,也可以通过网联,所以路由逻辑非常重要。认证需要查询商户的资质信息,现在市场上常用的查询公司信息的公司有天眼查和启信宝等,可以通过这两家公司查询企业的资质信息。不同的公司收费标准不一样,查询到的信息的准确性也不一样,所以也需要有一定的路由策略。签约的渠道目前常用的是上上签公司,需要维护渠道信息,提供签约模板。

9.2.2 认证系统架构

认证是支付业务合规的必要条件,是开通支付功能的基础,是很多业务准入的判定条件。认证包含入网认证、跨境认证、主体认证等,不同的认证的审核流程基本一致,所以可以统一认证模型,对认证流程进行标准化处理,并提供认证组件以降低业务接入成本,方便快速接入。统一认证模型在各类型认证之上抽象出一层来统一维护认证状态,并且各类型认证严格按照标准流程进行。基于该模型,我们快速衍生出了入网认证、多品牌认证、支付云认证、资质认证和跨境认证,后续需要增加一种新的认证类型时可以快速支持。认证系统的架构如图 9-9 所示。

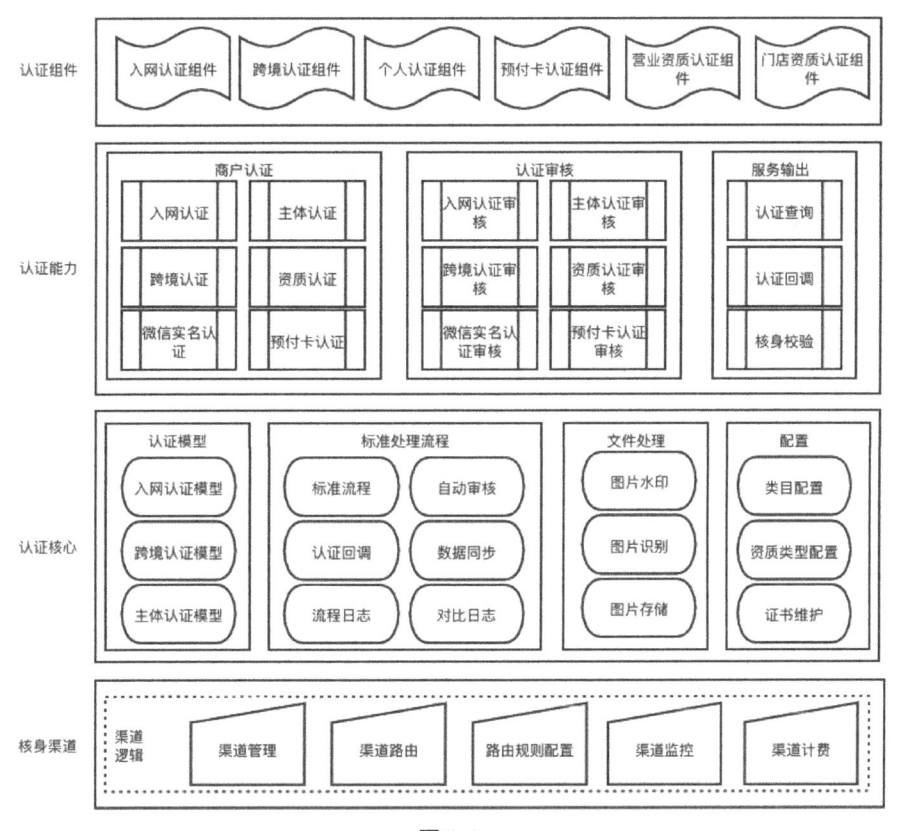

图 9-9

1. 认证组件

为了方便商户的接入，认证系统根据认证类型提供了不同的认证组件，包括入网认证组件、跨境认证组件、个人认证组件、预付卡认证组件、营业资质认证组件、门店资质认证组件等。

2. 认证能力

认证能力包含商户认证、认证审核和服务输出三个模块，商户认证包含商户的入网认证、主体认证、跨境认证等，这些认证有各自对应的审核模块。另外需要提供认证回调、认证结果查询等服务输出能力。

3. 认证核心

认证的核心处理层包含认证模型、标准处理流程、文件处理和配置四个模块，每种认证类型都有不同的认证模型，需要在认证系统中定义清楚。多种认证的流程基本是一致的，所以可以把认证的流程固化下来。图片的处理需要加水印，并且系统需要具备自动识别图片的能力。认证信息要具备配置能力，经营类目、资质类型等要支持可视化配置。

4. 核身渠道

目前常用的核身渠道是天眼查和启信宝，因为渠道的收费标准和稳定性不一样，所以要制定渠道的路由策略，渠道也要实时监控，实现自动切换。

标准化流程对认证业务进行了高度抽象，将业务流程拆分为流程申请、信息保存、审核提交三个同步流程，同时对异步任务进行了约定和编排，定义了水印任务、自动审核任务、派单任务三个异步任务；标准化流程统一管理了不同类型认证的生命周期。目前入网认证、品牌认证、跨境认证、资质认证都复用了这套标准流程。

第 3 部分
支付扩展

第 10 章　跨境支付

第 11 章　支付运营平台

第 12 章　支付体系高可用设计

第 10 章 跨境支付

跨境支付是近几年非常热门的话题，那么什么是跨境支付呢？简单地说，跨境支付指的是两个或两个以上的国家或地区因国际贸易所产生的债券，再借助一定的支付方式与结算工具，实现资金能够跨国或跨地区转移的一系列行为。境内消费者通过跨境电商网站购买境外的产品，或者境外消费者购买境内商户的产品时，由于币种不同，各自的支付方式不同，就得通过一定的技术手段以资金结算的方式来实现国家与国家之间的资金转换从而完成跨国交易。

跨境支付的流程相比境内支付多了结售汇的环节，结售汇是结汇与售汇的统称，结汇即"外汇结算"，是指外汇收入所有者将其外汇收入出售给外汇指定银行，外汇指定银行按一定汇率付给外汇收入所有者等值的本币的行为。售汇即"外汇出售"，是指外汇指定银行将外汇卖给外汇使用者，并根据交易行为发生之日的人民币汇率收取等值人民币的行为。

10.1 业务简介

10.1.1 什么是跨境支付

随着科技的发展，跨境贸易逐渐进入人们的生活，我们想买境外的商品不需要再亲自到境外，只需要通过跨境电商或者代购在网上下单就可以了。现在境内消费者购买境外商品主要有三种途径：个人代购、个人海淘、跨境电商。比较规范的模式是使用跨境电商，所有商业贸易的最后一步也是最核心的一步都是支付，跨境电商也不例外。现在跨境电商呈爆发式的增长，支付又一次遇到了新挑战，就是如何实现跨境支付。很多支付机构都宣布开展跨境支付业务，那么跨境支付究竟是什么呢？

首先，从"跨境"的字面意思来看，跨境支付场景是具有空间性特点的。以跨境电商为例，一个商品的购买和支付行为其实就是买家付款+卖家收款的过程，即支付（买家）+结算（卖家）的过程。跨境支付的空间性特点就是买家和卖家所处的国家或地区不同。

要理解跨境支付可以从跨境电商的业务入手，跨境电商主要分为两种模式：进口模式和出口模式。进口模式是指买家在境内、卖家在境外，商品从境外买入境内。出口模式是指买家在境外，卖家在境内，商品从境内售出到境外。因为所处国家或地区的不同，买卖双方付款或收款的货币也是不同的，这就给支付机构的收付款业务增加了困难度。我们需要先把跨境电商业务买卖双方的关系弄清楚，如表 10-1 所示。

表 10-1

模式	买家所在地	卖家所在地	支付币种	结算币种	举例
进口模式	境内	境外	人民币	外币	天猫国际、海淘
出口模式	境外	境内	外币	人民币	Shopee、Fordeal

从表 10-1 中可以看出，买卖双方所使用的币种不一样。从买家层面来说，如果使用人民币支付，那么使用的支付渠道就是能用人民币进行收款的支付机构，比如微信、支付宝、京东支付等，如果使用外币付款，假设是美元，那么使用的支付渠道就是能用美元进行收款的支付机构，比如 PayPal、Payoneer 等。从卖家层面来说，如果买家付的是人民币，而卖家的结算账户收款需要使用美元，那么就需要支付机构把人民币转换为美元进行结算，如果买家付的是美元，而卖家的结算账户需要使用人民币，那么就需要支付机构把美元转换成人民币进行结算。这种人民币与美元之间互相转换的过程就是换汇。

跨境支付为国际贸易提供了基础支付服务，而国际贸易主要是进口和出口，下面我们站在支付角度来梳理一下进出口资金的流转过程。

1. 出口模式

境外的消费者通过本国的支付机构（比如 PayPal）使用银行账户的资金购买商品，支付成功后资金从消费者的账户转入支付机构的账户，然后通过外币结算到境内的支付机构的外币账户，再结汇到境内的银行账户，然后三方支付机构把资金代发给本国的商户。具体流程如图 10-1 所示。

图 10-1

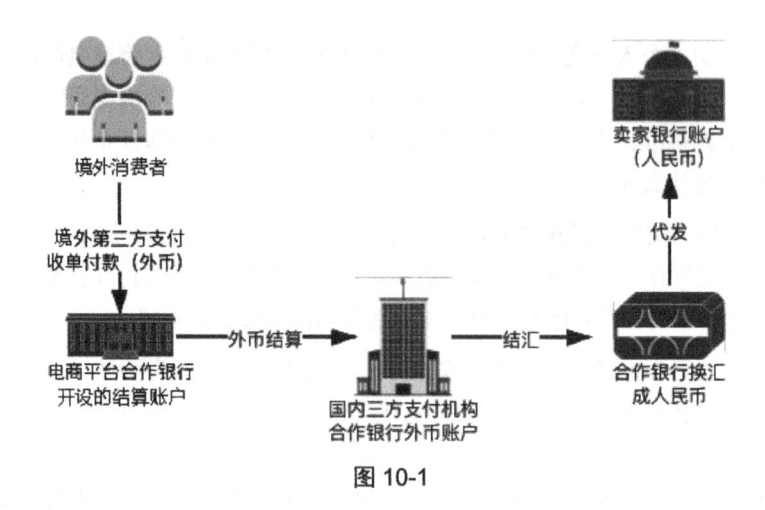

2. 进口模式

进口模式和出口模式相反,买家在国内,通过人民币进行支付,三方支付机构与合作的银行将人民币购汇换成外币,然后结算给境外的卖家银行账户。资金流如图 10-2 所示。

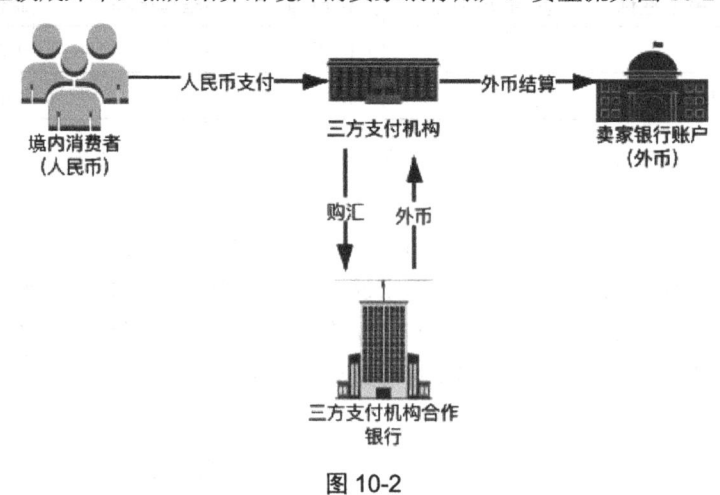

图 10-2

三方支付机构开展的外汇跨境支付业务主要是银行卡收单业务,该业务包括境外收单和外卡收单两个模式。

境外收单业务是指非金融机构为境外网站代收由境内个人向境外支付的外汇货款。业务的基本流程是境内个人在境外网站按显示的外币报价购买商品后,向非金融机构支付对应的人民币金额货款,再由非金融机构的境内合作银行进行批量购汇并录入外汇局个人结售汇管理系统。境外商户在收到非金融机构发出的支付成功信息后,通过邮寄的方式向境内消费者发出商品。境内消费者收到商品后,向非金融机构发送清算指令。非金融机构按照与境外商户的结算约定,通过境内合作银行将外币货款向境外商户银行结算账户汇款,并完成跨境结算。

外卡收单是指境内非金融机构代境内网站收取境外个人向境内支付的外汇货款。业务流程大体是境外个人在境内网站购买商品后,通过与境内非金融机构合作的境外支付机构向境内非金融机构开立在境外的银行账户支付外汇货款(资金支付方式既可以是 Visa/MasterCard 等境外发行信用卡,也可以是 T/T 电汇)。境内非金融机构在确认收到外汇货款后,通知境内网站向境外消费者发货。境外消费者收到商品后,确认并指令境内非金融机构向境内网站划转货款。境内非金融机构的合作银行根据指令办理外汇资金的跨境结算,经结汇后,将人民币资金划转给境内网站。

跨境电商的结算方式有跨境支付购汇方式和跨境收入结汇方式两种。购汇和结汇都是外汇兑换,结汇是将外汇兑换成人民币,即把外汇卖给银行;购汇是将人民币兑换成外汇,即银行购买外汇。

10.1.2 跨境支付相关的支付机构

在全球跨境支付的发展过程中,有几个著名的支付机构需要了解,它们可以说是整个跨境支付业务发展过程中的"里程碑"。

1. SWIFT:最早的跨境支付

SWIFT 的中文名是环球同业银行金融电讯协会,是国际银行同业间的国际合作组织。它是最早的跨境支付组织,成立于 1973 年,目前全球大多数国家的银行都使用了 SWIFT 系统。SWIFT 的使用提高了银行的结算速度,目前信用证的格式主要使用的是 SWIFT 电文。

2. Visa:最大的信用卡国际组织

相比于 SWIFT,Visa 更接近我们的生活,我们在很多商店都可以看到 Visa 的结算标志。Visa 是美国的一个信用卡品牌,也是全球最大的信用卡国际组织。卡上带有 Visa 的字样就证明这个卡加入了 Visa 组织,在国内各大银行办卡的时候可以直接选择 Visa。Visa 的全球交易处理网络可以处理一系列新兴服务,全球转账服务可以使个人通过 Visa 的支付网络享受安全、快捷的电子汇款服务。

3. Master:第二大信用卡国际组织

提到 Visa 的地方总少不了 Master(万事达),Master 是全球第二大的信用卡国际组织。1966 年,美国加州的一些银行成立了银行卡协会,并于 1970 年启用 Master Charge 的名称及标志,统一了各会员银行发行的信用卡名称和设计,1978 年再次更名为现在的 MasterCard(万事达卡)。万事达卡是最先在中国实现全球联网业务的国际组织,为我国银行和商户提供了优质的服务。

4. Western Union：国际汇款公司

Western Union 的简称为西联汇款，1992 年，Western Union 启动了 Money OrderSM 服务，能够让客户快捷方便地获得资金。西联汇款操作十分简单，只要在合作的银行凭借身份证就可以进行付款和收款，无须额外开通银行账户，汇款到达的速度也很快。西联汇款与中国的邮储、农业、光大等银行都有合作。

5. PayPal：三方支付机构

PayPal 是一个总部在美国加利福尼亚州的在线支付服务商，成立于 1998 年 12 月，是目前全球使用最广泛的三方支付工具之一。PayPal 支持的币种超过 100 种，支持信用卡、借记卡、电子支票等支付方式。PayPal 免费注册，支付流程简单，受到了全球有国际收付款需求的用户的欢迎。PayPal 也和一些电子商务网站进行了合作，成为它们的收款方式之一。

10.1.3 跨境支付业务的模式

随着跨境交易资金的快速增长，跨境支付行业的竞争也越发激烈。除了这些老牌的、"里程碑"式的支付机构，像国外的 WorldFirst、Payoneer、Airwallex，国内的银联、支付宝国际、财付通、宝付、拉卡拉、智付等，都在近些年迅速地发展壮大了起来。

跨境支付业务为国内大众所熟知的主要有四种模式，分别是电汇、国际卡组织、银联国际和三方支付平台。

1. 电汇

电汇是最早出现的传统进出口贸易跨境支付方式，一般是通过我们上面所提到的 SWIFT 通道来进行数据传输，主要应用于跨国银行间往来，靠电报费、手续费和中转费来盈利。

2. 国际卡组织

国际卡组织最常见的就是 Visa 和 Master，主要应用在线上的海淘和线下 POS 机刷卡，可以看到很多店铺上贴了 Visa 或者 Master 的标志，代表该店铺可以接受对应的国际信用卡付款，这种模式主要靠手续费盈利。

3. 银联国际

银联是国内首家开展跨境支付业务的机构，银联国际就是中国银联负责运营国际业务的子公司，海外成员行可以通过银联国际体系和中国进行资金清算和结算，其收入方式也以手续费为主。

4. 三方支付

三方支付是最晚进入跨境支付行业的，需要中华人民共和国国家外汇管理局（简称国家外汇管理局）颁发的跨境支付牌照，大多应用于小额跨境支付业务，比如留学等。

对于中国来说，跨境支付行业正在经历一个"走出去"和"走进来"同步发展的时代，2015年，PayPal 选择连连支付作为国内官方合作伙伴，2016年，Apple Pay 进入中国，2018年3月21日，中国人民银行官网发布 2018 年第 7 号公告，放开了外商投资支付机构准入限制，明确了外资和内资支付机构须遵守相同规定，实现统一的准入标准与监管要求，在这之后外资支付机构更是瞄准了国内广阔的市场潜力，纷纷进入中国市场。

与此同时，国内支付机构也在努力扩展海外业务。2017年9月，微信和法国巴黎银行合作推出微信支付。2018年6月，首个基于区块链的电子钱包跨境汇款服务在中国香港上线。港版支付宝 AllPayHK 的用户可以通过区块链技术向菲律宾钱包 Gcash 汇款。除了支付宝、微信这种行业巨头，环迅支付、连连支付等机构也都在积极拓展海外市场，"一带一路"更是给这些机构提供了诸多便利和支持。

随着国内外贸易的进一步发展扩大，未来将对跨境支付产生更多的需求。融合了区块链技术的跨境支付模式，能够降低国内企业的交易成本和"走出去"的阻力，中国的跨境支付市场或许将成为下一个享受政策红利的"新蓝海"。

10.2 技术实现

10.2.1 业务流程

跨境支付分为外汇跨境支付和人民币跨境支付，外汇跨境支付以外币结算资金，人民币跨境支付则以人民币结算资金，这样省去了币种兑换的流程，缩短了支付周期的同时避免了货币汇兑的汇差损失。人民币跨境支付有利于跨境商户的拓展及简化支付结算流程。境内买家通过境内支付机构接入境外商户购物，无须再为个人结售汇等手续困扰，可直接使用人民币购买境外商户的商品或服务。

消费者在境内，商户在境外，消费者购买商户的商品之后，资金流如图 10-3 所示。

（1）境内消费者通过三方支付机构购买商品，付款的币种为人民币。

（2）三方支付机构收到资金之后，在结算的时候把人民币购汇为外币。

（3）三方支付机构的合作银行把购汇的外币汇款到三方支付机构的境外账户。

（4）三方支付机构的境外账户的资金结算给境外的商户银行账户。

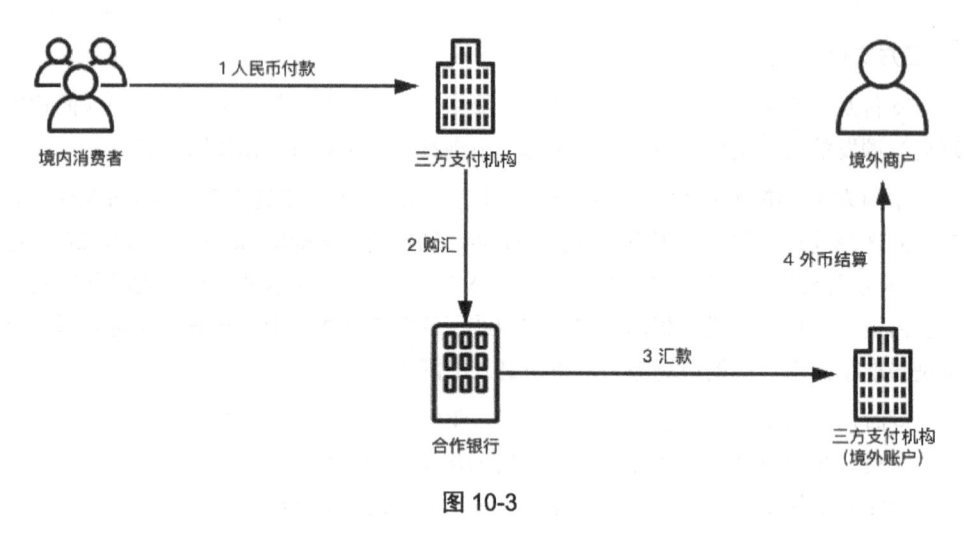

图 10-3

消费者在境外，商户在境内，消费者购买商户的商品之后，资金流如图 10-4 所示。

（1）境外消费者通过三方支付机构购买商品，付款的币种为外币。

（2）三方支付机构收到资金之后，在结算的时候把资金购汇为人民币。

（3）三方支付机构的合作银行把购汇的人民币汇款到三方支付机构的境内账户。

（4）三方支付机构的境内账户的资金结算给境内的商户银行账户。

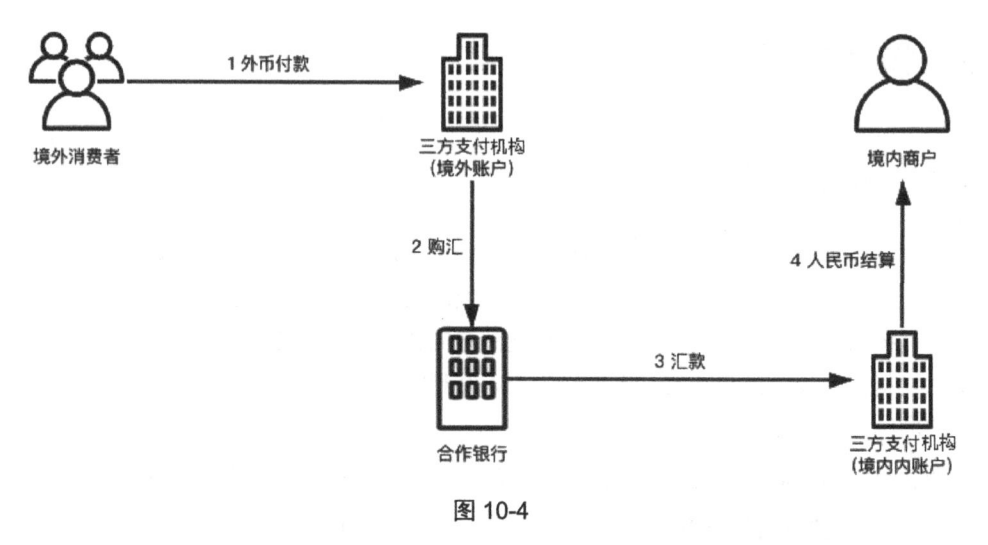

图 10-4

国际贸易和国内贸易最主要的区别在于国际贸易需要经过海关，买家付款之后，商户经过物流发货，所有的商品都会到达海关进行报关，报关要有三方支付机构的支付单及物流公司的物流单。报关通过之后海关才会放行，商品再通过境内的物流到达买家手上。

10.2.2 交互设计

跨境贸易涉及支付单、订单、物流单、申报单四单，海关要求"四单对碰"才是一个正常的交易。三方支付机构有支付单，可以承担支付单的报关，订单、物流单、申报单的报关都需要商户自己来完成。国家外汇管理局印发的《通过银行进行国际收支统计申报业务指引（2016年版）》中规定，支付机构应通过银行对贸易项下实际用汇客户的跨境收支进行还原申报，申报内容包括主体名称、用汇金额和币种、用汇日期、交易对手名称和国别、交易编码和交易附言。之前跨境出口电商往往因为无跨境结算的相关正式材料而只能通过离岸账户、个人分拆、地下钱庄等渠道实现资金收付和结售汇，存在非常大的合规风险。基于合规要求，三方支付机构必须给海关提供跨境支付单数据。

商户要做跨境业务，开通跨境支付，要经历三个步骤：报备、银行开户、商户入驻。跨境商户的入驻要求商户在三方支付机构合作的银行进行报备，报备完成之后拿到相关材料再到三方支付机构入驻并开通跨境结算账户。具体流程如图10-5所示。

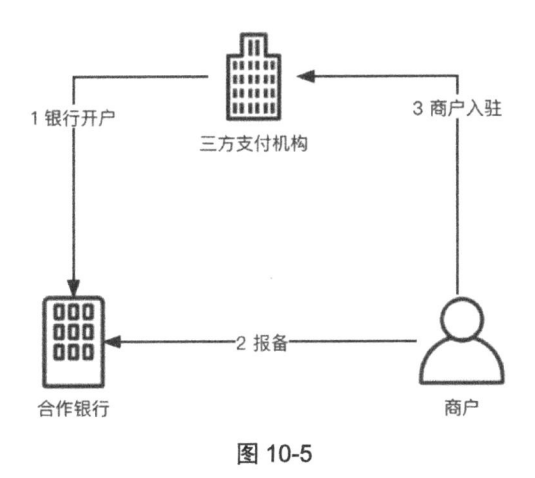

图 10-5

商户入驻之后就可以进行交易，交易的时候需要区分是境内商品交易还是境外商品交易，不同的交易类型结算方式是不一样的。支付交易的流程如图10-6所示。

跨境支付和普通支付的支付流程是一样的，不同点在于支付交易打了跨境标，支付完成之后发送给计费系统和清结算系统的支付成功消息记录也要打上跨境标，因为需要根据标识来判断交易收取的手续费和结算的模式。

境内的支付机构主要针对资金出境的情况，就是消费者在境内，商户是境外商户，消费者购买境外商品的场景。如果一个商户既售卖境内的商品，也售卖境外的商品，则需要区分是哪种商品，给商户做结算的时候要区分结算到哪个账户中。例如，商户的账户中原来有待结算账户，那么需要区分境内待结算户和境外待结算户。境内商品的资金都清算到境内待结算账户中，境外商品的资金都清算到境外待结算账户中。结算的时候，如果是境内待结算账户的资金，则直接结算到商户的境内银行卡中，如果是境外待结算账户的资金，则需要先购汇，然后结算到三方支付机构的境外账户中，再结算给商户的境外账户，如图 10-7 所示。

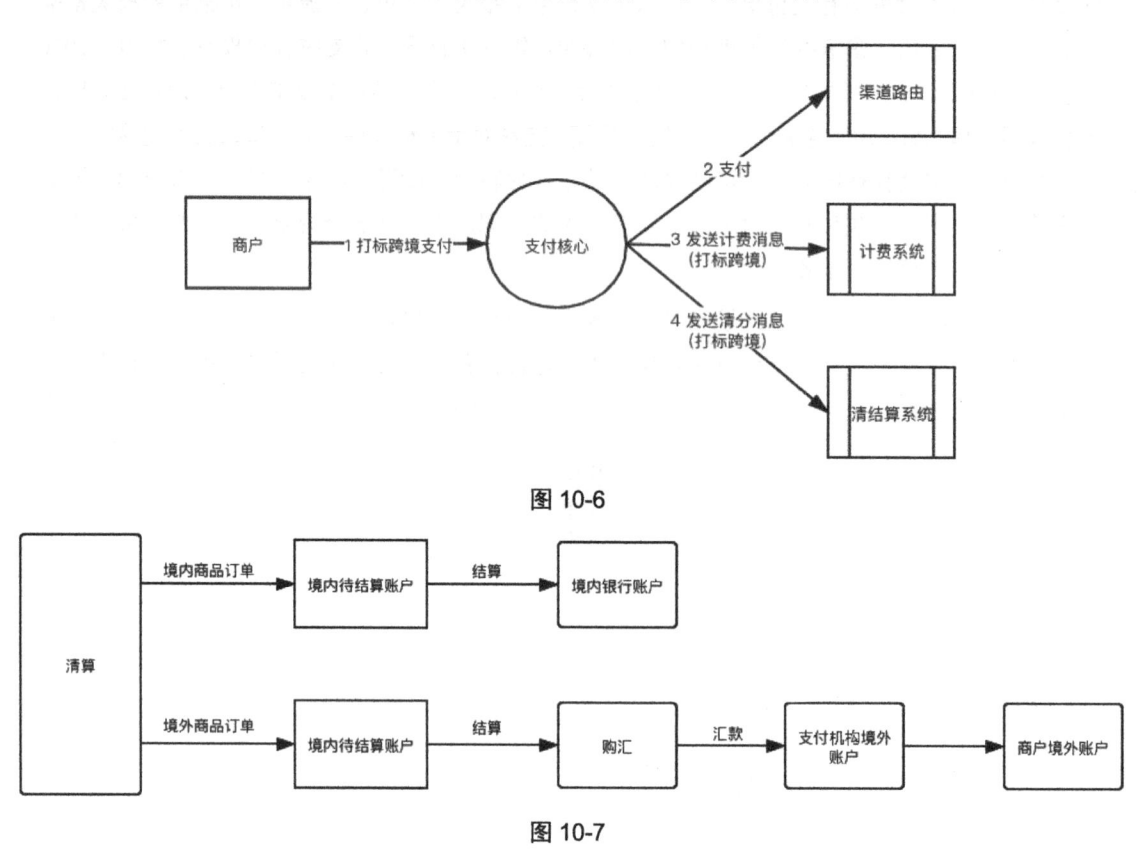

图 10-6

图 10-7

跨境的支付流程和境内的支付流程是一样的，都使用人民币进行支付，支付完成之后需要根据商品类型进行区分，境内的商品执行原有流程，境外的商品要单独执行一套境外结算的流程。在清算阶段区分商品类型（境内、境外），并清算到不同的待结算账户中，境内待结算账户结算的时候流程不变，境外待结算账户结算的时候要经过购汇、汇款、打款几个步骤。

第 11 章 支付运营平台

11.1 业务简介

支付运营平台是提供给支付机构内部员工使用的，用来查交易信息、商户信息、费率信息等的内部服务工具。使用的群体有支付开发人员、测试人员、支付产品人员、清结算人员、财务人员、客服人员等。开发、测试和产品人员需要使用支付运营平台处理值班问题，及时查询数据、监控服务等。清结算人员使用支付运营平台处理对账及调账等问题。客服人员使用支付运营平台查询交易信息、商户信息并第一时间反馈给咨询的客户。虽然支付运营平台不在支付体系的主链路上，但是作用绝对不容小觑，任何一家支付机构都离不开支付运营平台。

11.1.1 支付运营平台发展历程

支付机构的支付订单量比较少的时候，支付体系的各个模块都融合在一个系统中，因为一个系统能处理收单、清结算、账务、商户管理等所有的事情。支付运营平台是支付系统的一个后台管理平台，通过该平台实现维护商户信息、查询交易数据等功能。这时候的支付运营平台提供管理页面，一套 Spring MVC 框架就"搞定"，支付运营平台可以直接链接支付系统的数据库对可操作的数据进行增删改查。此时的架构如图 11-1 所示。

随着支付机构业务量的增长，一个支付系统处理所有事情的局限性慢慢凸显出来。首先是耦合性太强，无法灵活扩展，其次是系统性能遇到了瓶颈。这时要把支付系统按照业务模块拆分成各个子系统，以提升可扩展性和容错能力，比如将负责业务逻辑处理的模块拆分成支付核心系统，将负责结算的模块拆分成清结算系统，将负责记账的模块拆分成账务系统，将负责商户信息管理的模块拆分成商户中心。系统拆分完成之后也并不能解决性能的问题，因为性能的瓶颈会凸显在数据库上，所以需要把数据库也根据子系统来拆分。拆分之后的支付体系架构如图 11-2 所示。

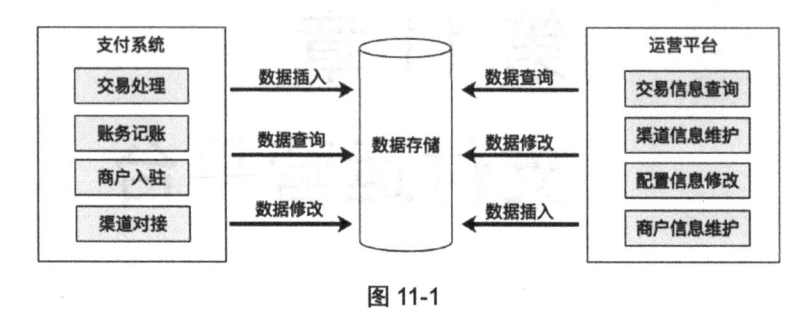

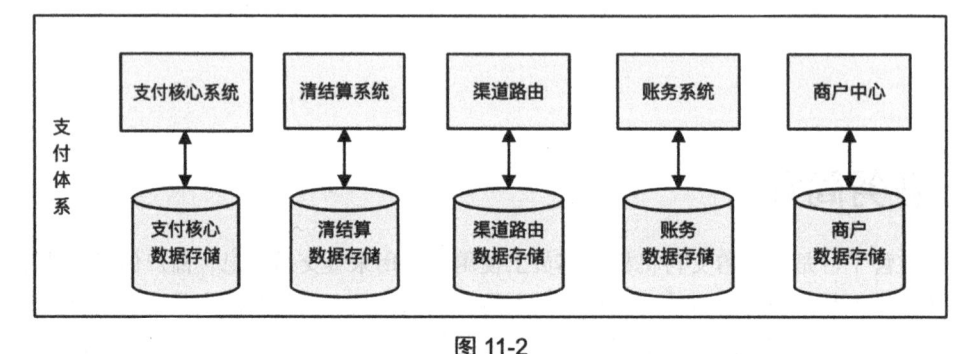

图 11-1

图 11-2

按照这个架构拆分之后，运营平台就会面临各种各样的问题，首先是跨数据源操作数据的问题，其次是安全合规性问题，即是否可以通过运营平台直接操作数据库修改数据。这时就涉及如何把运营平台的可用性设计得更好一些。

11.1.2 支付运营平台业务逻辑

1. 用户群体分析

技术是为业务服务的，要设计一套高可用的产品，一定要把业务逻辑梳理清楚。梳理业务逻辑首先要厘清不同用户群体对产品的需求。支付运营平台的用户群体前面已经讲过，这里我们详细介绍一下这些用户对运营平台的需求，如表 11-1 所示。

表 11-1

用户群体	需求	体验目标
支付开发、测试、产品人员	日常值班问题排查，交易、商户信息查询，查看自身系统数据是否正常	信息查询易操作，易排查问题

续表

用户群体	需求	体验目标
客服人员	查询交易信息、查询商户信息，查询费用信息等，用以处理客户咨询的问题	信息查询快速响应，根据提供的少量信息能查出客户所需的信息，信息呈现清晰易浏览
运营人员	合规安全保证，权限分配	权限分配易操作，易维护
清结算人员	对账结果查看，差错处理，调账	信息准确有效，操作安全
财务人员	营收情况统计，会计核算	信息准确有效，易操作
风控人员	风控策略配置，风控信息查询	易操作，易查询

2. 业务架构

用户群体的需求梳理清楚之后，需要整理运营平台的业务架构。支付运营平台需要给不同的用户群体提供业务支撑，复杂度相对来说是比较高的，尤其是需要到不同系统中汇总数据、修改数据的情况。支付运营平台的业务架构如图11-3所示。

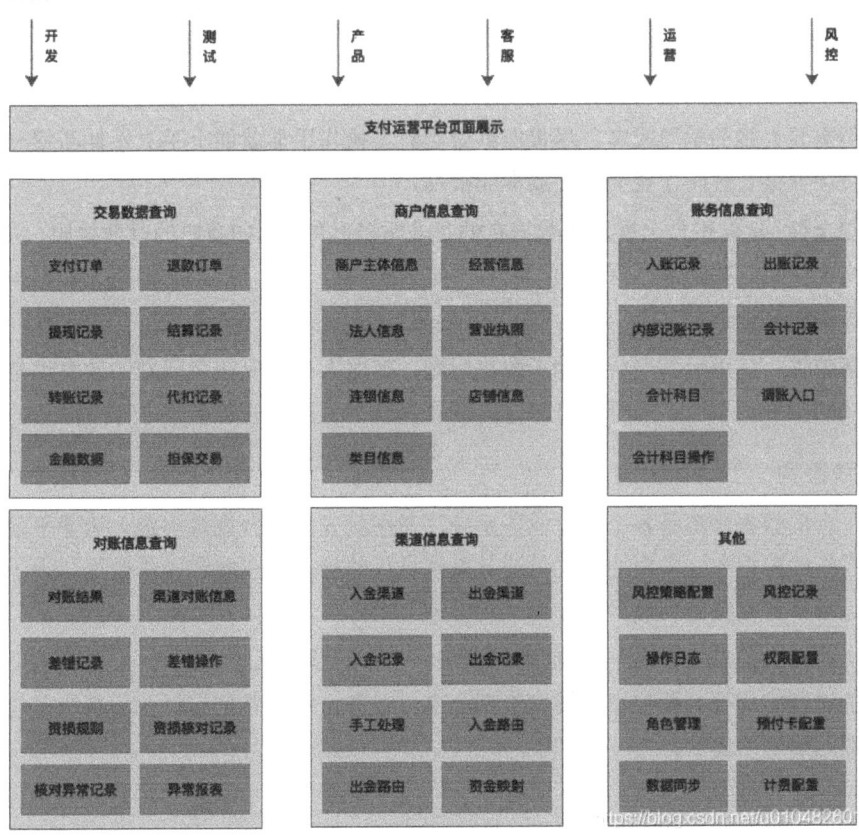

图 11-3

使用运营平台的人员通过页面查看订单数据、商户信息，并操作相关的数据。运营平台需要到支付的各个业务系统中去获取数据、展示数据，并修改数据。

11.2 支付运营平台设计

11.2.1 系统交互设计

1. 设计原则

支付运营平台作为给内部员工服务的平台，视觉上没有特别的要求，不需要有太多的视觉冲击。但是对易用性、易学性、安全性、高效性等方面的要求都是比较高的。

- **易用性**：内部员工使用，操作上要尽可能简便，不能有太多复杂的操作，要尽可能地节省操作成本。比如客服查询问题的页面要尽可能简单易懂，输入尽可能少的内容能够得到尽可能多的信息。
- **易学性**：考虑到公司人员流动及新系统培训的成本，设计的系统要尽可能一目了然，不需要太多的学习成本，尽量能够做到看了操作手册就能上手。不然新招一个客服人员培训很长时间才能上岗，成本非常高。
- **安全性**：运营平台上展示的数据有的是非常隐私的，比如商户的营业执照、法人信息、交易信息这些都是要保密的，所以一定要把控好安全。数据的隔离、数据操作的审批都要严格把控。
- **高效性**：使用运营平台是为了解决问题，客服人员回复顾客问题的效率也是一个很重要的指标，不能半天查不出数据，或者修改不了商户的费率。

2. 系统架构

运营平台的数据来源是各个支付业务系统，考虑到安全、合规等问题，运营平台不能直接操作业务系统的数据库，需要通过支付业务系统提供的接口来获取和操作数据。为了扩展性更好一些，运营平台需要做到前后端分离。支付运营平台的交互模式如图 11-4 所示。

支付运营平台前后端分离之后，后端相当于一个业务路由系统，负责转发前端的请求指令，指令转发的过程中需要判断把指令转发给哪个支付业务系统，并把支付业务系统接收指令后处理的业务数据返回给前端。

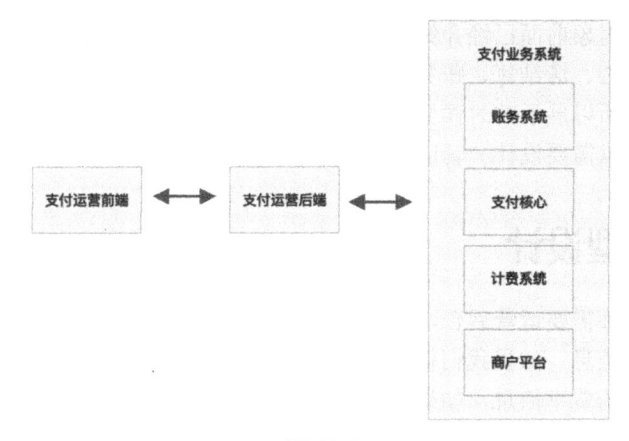

图 11-4

11.2.2 支付运营平台技术架构

业务逻辑和交互模式梳理清楚之后，我们就可以设计出一套通用的技术架构来支撑支付运营平台。考虑到安全性，所有的操作需要留存操作记录，页面也需要加水印以防止截图被到处乱发。考虑到易操作性，需要提供统一的审批流程、权限申请流程等。支付运营平台系统架构如图 11-5 所示。

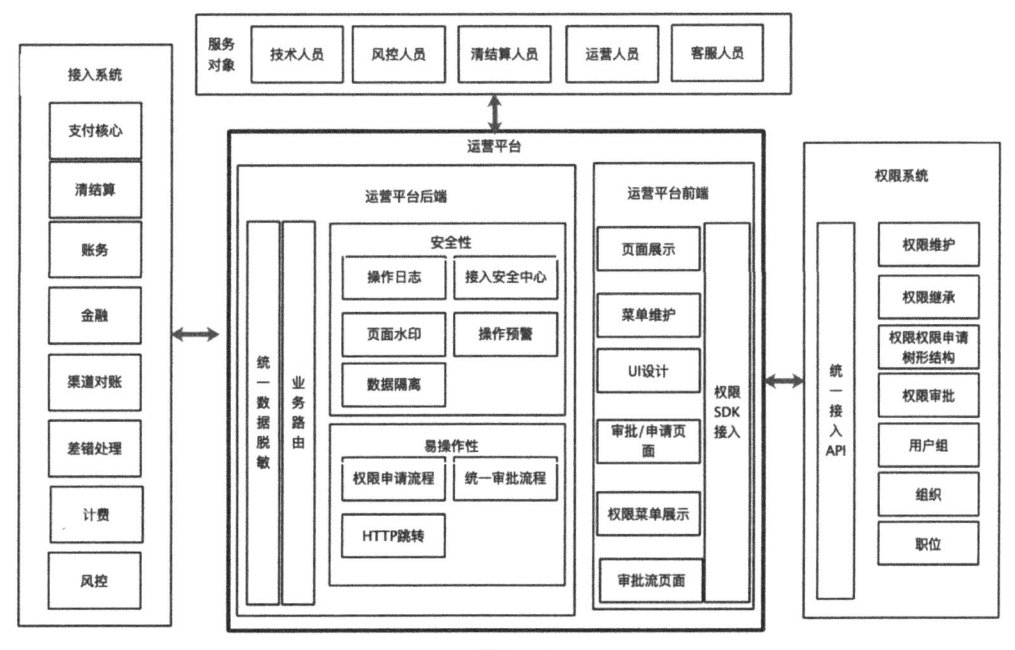

图 11-5

运营平台服务的对象前面已经介绍过了，整合的系统就是整个支付体系内几乎所有的微服务系统，包含支付核心、清结算、账务、风控等主链路和非主链路上的系统。运营平台展示的数据包含敏感数据，所以展示的时候要提供脱敏的能力。运营平台数据的安全性可以通过权限来做一定的控制，所以需要设计一套适合运营平台的权限模型。

11.3　权限模型设计

每一家支付机构都需要运营后台，通过运营后台可以查到所有的商户信息、法人代表信息、交易信息及费率配置信息。如果我们把这些信息不加筛选都开放给公司的每一个员工，那么任何人都可以操作商户的费率信息，如果一不小心把费率改了，则会造成巨大的损失。又比如商户的信息都是非常隐秘的，有些居心不良的员工把这些信息拿出来卖给商户的竞争对手，会给商户造成严重的不良后果。虽然这么做都是个别人人为的过错，但是在制度上，如果本身这些信息不开放出来，就能在很大程度上避免违法乱纪的事情发生了。

总体来讲权限管理是公司数据安全的重要保证，不同的岗位、不同的级别看到的数据是不一样的，操作数据的限制也是不一样的。比如涉及资金的信息只开放给财务的相关岗位，涉及配置的信息只开放给运营的相关岗位，这样各司其职，能避免很多不必要的安全问题。如何让各个岗位的人在系统上各司其职，就是权限管理要解决的问题。

11.3.1　菜单分类

从业务分类上来讲，权限可以分为数据查看权限、数据修改权限等，对应到系统设计中有页面权限、菜单权限、按钮权限等。菜单也分一级菜单、二级菜单甚至三级菜单，通常支付运营平台分两级菜单就够用了。菜单对应的页面里又有很多按钮，我们在设计的时候最好把权限设计成树形结构，这样在申请权限的时候就可以一目了然地看到菜单的结构，需要哪些权限就非常明了了，如图 11-6 所示。

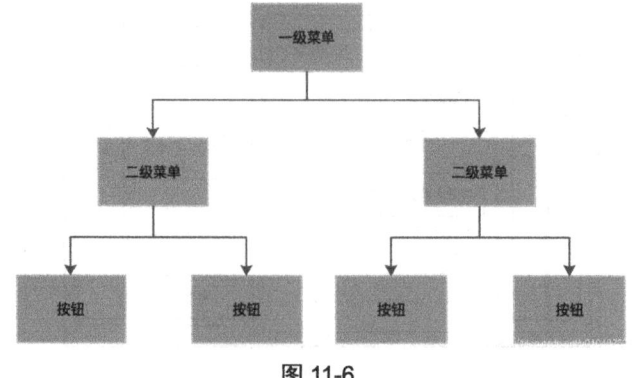

图 11-6

按照这个架构，按钮的父级是二级菜单，二级菜单的父级是一级菜单，这样用户申请权限的时候就可以非常清晰地看到自己需要哪些权限了。

11.3.2 角色权限

权限结构梳理清晰之后，需要思考如何把权限分配给用户，在用户少的情况下，可以直接分配，一个用户可以拥有多个权限，一个权限也可以被多个用户拥有，用户—权限的模型结构如图 11-7 所示。

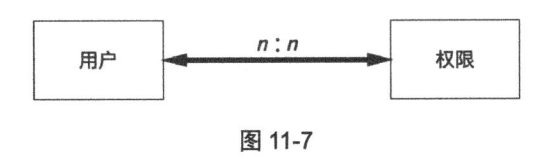

图 11-7

这种模型能够实现权限的基本分配能力，但是随着用户数量的增长，这种模型的弊端就凸显出来了，每个用户都需要去分配权限，非常浪费管理员的时间和精力，并且用户和权限杂乱的对应关系会给后期带来巨大的维护成本。用户—权限的对应关系如图 11-8 所示。

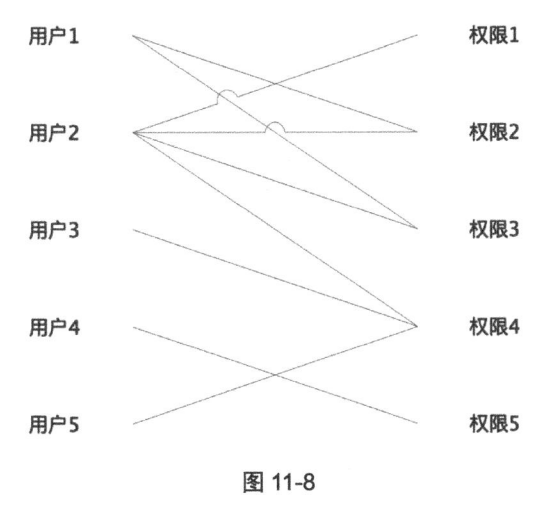

图 11-8

这种对应关系在用户多的情况下基本无法维护了。其实很多负责同一个业务模块的用户所需要的权限是一样的，我们可以借助第三个媒介，把需要相同的权限都分配给这个媒介，然后将用户和媒介关联起来，用户就拥有了媒介的权限了。这就是经典的 RBAC 模型，其中媒介就是我们通常所说的角色。

11.3.3 权限模型的演进

1. RBAC 模型

有了角色之后就可以把权限分配给角色,将需要相同权限的用户和角色对应起来即可。一个权限可以分配给多个角色,一个角色也可以拥有多个权限,同样一个用户可以分配多个角色,一个角色也可以对应多个用户,对应模型如图 11-9 所示。

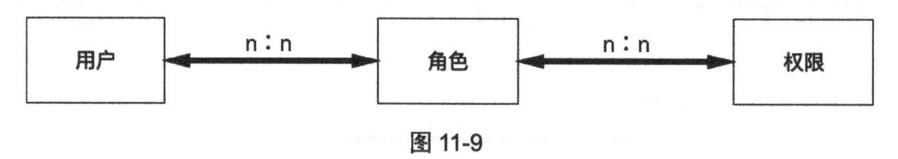

```
用户 <--n:n--> 角色 <--n:n--> 权限
```

图 11-9

这就是经典的 RBAC(Role-Based-Access-Control)模型了,其中角色起到了桥梁作用,连接了用户和权限,每个角色可以拥有多个权限,每个用户可以分配多个角色,这样用户就拥有了多个角色的多个权限。同时因为有角色作为媒介,所以大大降低了错综复杂的交互关系,比如一家有上万人的公司,可能只需要几百个角色,因为很多用户需要的权限是一样的,分配一样的角色即可。这种模型的对应关系如图 11-10 所示。

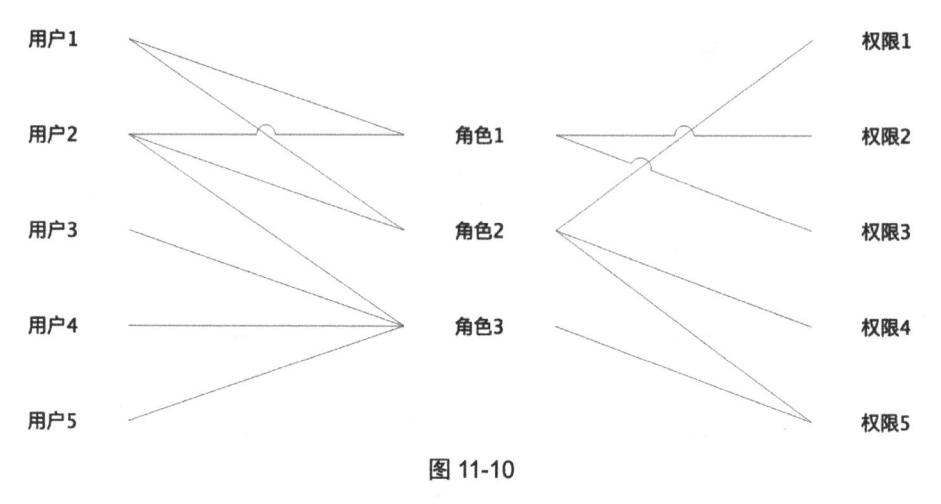

图 11-10

用户和角色、角色和权限都是多对多的关系,这种模型是最通用的权限管理模型,节省了很大的权限维护成本。但是实际的业务千变万化,权限管理的模型也需要根据不同的业务模型适当地调整。比如一个公司内部的组织架构是分层级的,层级越高权限越大,层级高的人不仅要拥有自己下属拥有的权限,而且还要有一些额外的权限。RBAC 模型可以给不同层级的人分配不同的角色,层级高的对应角色的权限就多,这样的处理方式可以解决很多问题。但是有没有更通用、更高效的解决办法呢?答案肯定是有的,这就引出了角色继承的 RBAC 模型。

2. 角色继承的 RBAC 模型

角色继承的 RBAC 模型又称 RBAC1 模型。每个公司都有自己的组织架构，比如公司里管理财务的人员有财务总监、财务主管、出纳员等，财务主管需要拥有但不限于出纳员的权限，财务总监需要拥有但不限于财务主管的权限，像这种管理关系向下兼容的模式就需要用到角色继承的 RBAC 模型。角色继承的 RBAC 模型的思路是上层角色继承下层角色的所有权限，并且可以额外拥有其他权限。角色继承的 RBAC 模型如图 11-11 所示。

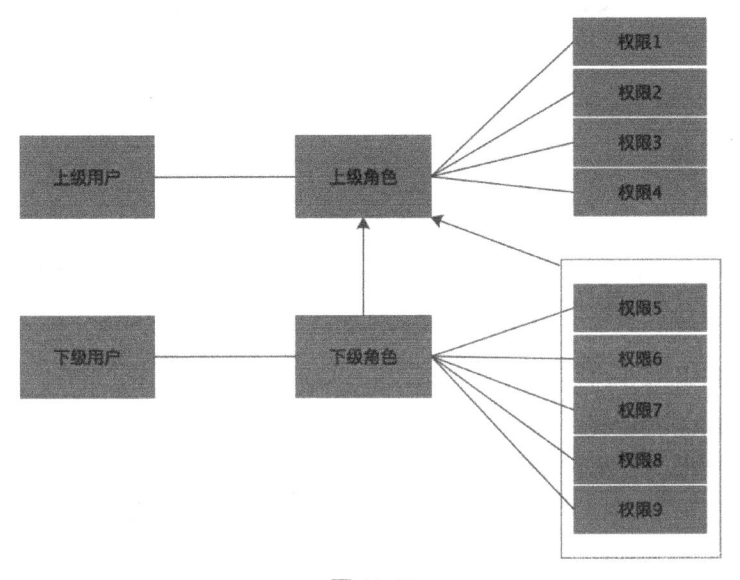

图 11-11

从图 11-11 中可以看出，下级角色拥有的权限，上级角色都拥有，并且上级角色可以拥有其他的权限。角色的层级关系可以分为两种，一种是下级角色只能拥有一个上级角色，但是上级角色可以拥有多个下级角色，这种结构用图形表示是一个树形结构图，如图 11-12 所示。

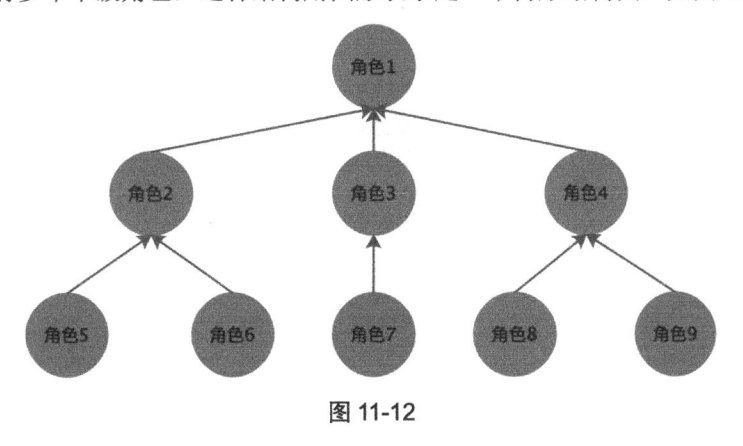

图 11-12

还有一种关系是下级角色可以拥有多个上级角色，上级角色也可以拥有多个下级角色，这种结构用图形表示是一个有向无环图，如图 11-13 所示。

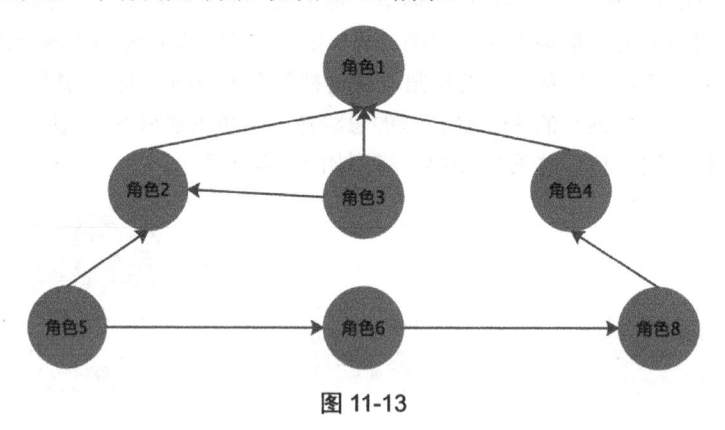

图 11-13

树形图是我们比较常用的，因为一个员工一般情况下不会同时有多个直属上级，比如财务部只能有一个财务总监，但可以有多个财务主管和收纳员。

3. 带约束的 RBAC 模型

带约束的 RBAC 模型又称 RBAC2 模型。在实际工作中，出于安全的考虑会有很多约束条件，比如财务部里同一个人不能既是会计又是审核员，这和一个人同一时间不能既是运动员又是裁判员是一个道理，又比如财务部的审核员不能超过 2 个，也不能 1 个也没有。因为角色和权限是关联的，所以我们做好角色的约束就可以了，常见的约束条件有：角色互斥、基数约束、先决条件约束等。

- **角色互斥**：如果角色 A 和角色 B 是互斥关系，那么一个用户同一时间不能既拥有角色 A 又拥有角色 B，只能拥有其中的一个角色。比如我们给一个用户赋予了会计的角色就不能同时再赋予审核员的角色，如果想拥有审核员的角色就必须先去掉会计的角色。假设提交角色和审核角色是互斥的，如图 11-14 所示。

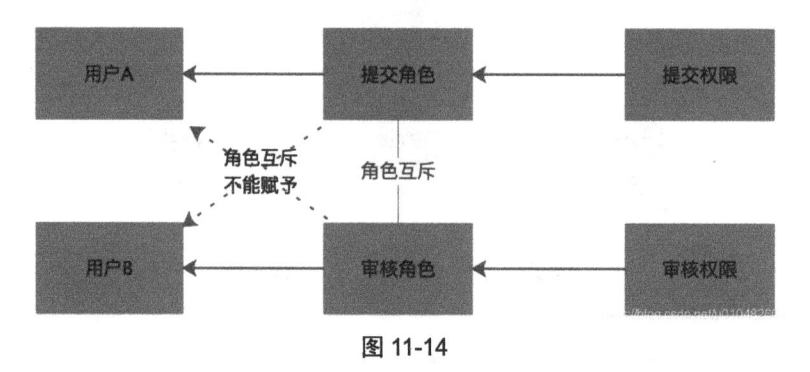

图 11-14

- **基数约束**：可以控制同一个角色被分配的用户数量，比如规定拥有超级管理员角色的用户有且只有 1 个。有时也需要限制用户被分配的角色数量及角色被分配的权限数量。
- **先决条件约束**：用户想被赋予上级角色，首先需要拥有下级角色，比如技术负责人的角色和普通技术员工角色是上下级关系，如果用户想要拥有技术负责人的角色就要先拥有普通技术员工的角色。

11.3.4 用户划分

1. 用户组

我们创建角色是为了解决用户数量大的情况下，用户分配权限烦琐及用户—权限关系维护成本高的问题。抽象出一个角色，把需要一起操作的权限分配给这个角色，把角色赋予用户，用户就拥有了角色的权限，这样避免了一个个地给用户分配权限，节省了大量的资源。同样地，如果有一批用户需要相同的角色，那么我们也需要一个个地给用户分配角色。比如一个公司的客服部门有 500 多个人，有一天研发部门研发了一套查询后台数据的产品，客服部门的员工都需要使用，由于之前并没有分配统一的一个角色给所有的客服人员，这就需要新加一个角色，把权限分配给该角色，再把角色一个个分配给客服人员，这时会发现给 500 个用户一个个添加角色非常麻烦。由于客服人员有共同的属性，所以我们可以创建一个用户组，所有的客服人员都属于客服用户组，把角色分配给客服用户组，这个用户组下面的所有用户就拥有了需要的权限。RBAC 模型添加用户组之后的模型图如图 11-15 所示。

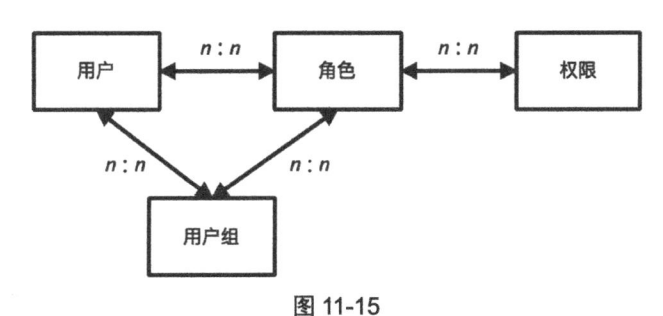

图 11-15

用户组和角色有什么区别呢？简单地说，用户组是一群用户的组合，而角色是用户和权限之间的桥梁。用户组把相同属性的用户组合起来，比如同一个项目的开发、产品、测试人员可以是一个用户组，同一个部门的相同职位的员工可以是一个用户组，一个用户组既可以是一个职级，也可以是一个部门，还可以是一起做事情的来自不同岗位的人。

用户可以分组，权限也可以分组，在权限特别多的情况下，可以把一个模块的权限组合起来成为一个权限组，权限组也用于解决权限和角色对应关系复杂的问题。比如我们定义权限的时候，一级菜单、二级菜单、按钮都可以是权限，一个一级菜单下面有几十个二级菜单，每个二级菜单下面又有几十个按钮，这时我们把权限一个个分配给角色也是非常麻烦的，可以采用分组的方法把权限分组，然后把分好的组赋予角色即可。给权限分组也是个技术活，需要梳理清楚权限之间的关系。比如我们需要在支付的运营后台查询账务的数据、订单的数据、商户的数据等各种信息，这些查询的数据并不在一个页面上，每个页面也有很多按钮，我们可以把这几个页面及按钮对应的权限合成一个权限组并赋予角色。加入权限组之后的 RBAC 模型如图 11-16 所示。

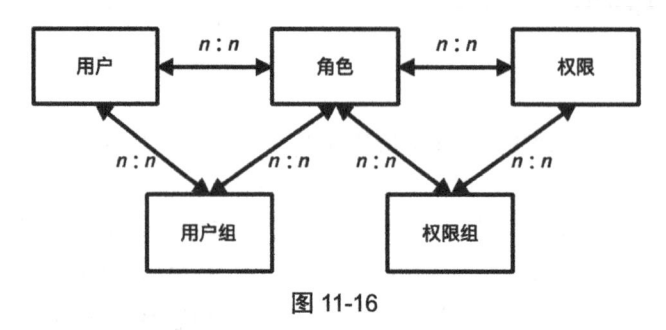

图 11-16

实际工作中我们很少给权限分组，给用户分组的场景会多一些，有的时候用户组也可以直接和权限关联，主要取决于实际的业务场景是否需要，没有统一的权限模型，业务越复杂业务模型就越多样化。

2. 组织

每个公司都有自己的组织架构，很多时候可以根据组织架构来分配权限。因为同一个组织内的员工使用的大部分权限是一样的。一个公司的组织架构如图 11-17 所示。

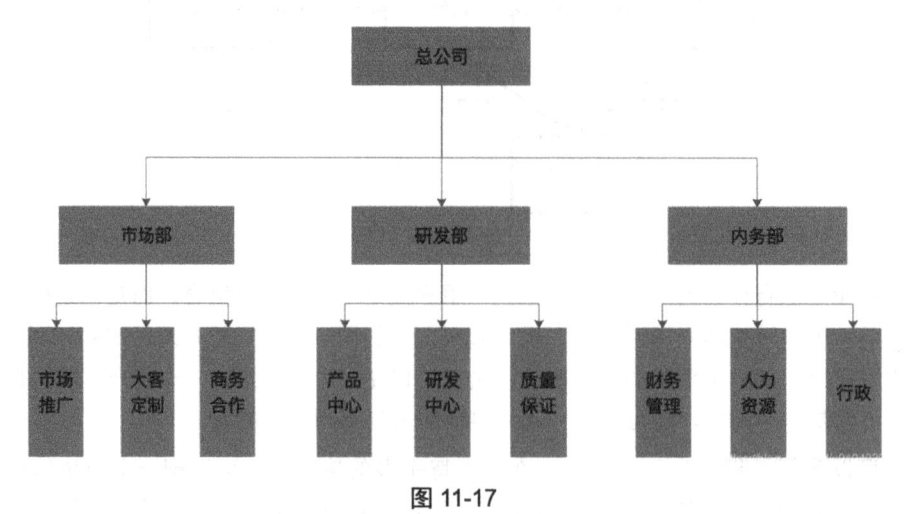

图 11-17

按照这个组织架构，每一个组织里的成员使用的基础权限很可能是一样的，比如人力资源管理人员都需要看到人才招聘的相关信息，市场推广人员都需要看到行业分析的相关信息。按照组织来分配角色会有很多优势：

- **实现权限分配的自动化**：和组织关系打通之后，按照组织来分配角色，如果有新入职的员工，被划分在某个组织下面之后，会自动获取该组织下所有的权限，无须人工分配。又比如有员工调岗，只需要调整组织关系即可，权限会随着组织关系自动调整，也无须人工干预。这么做首先需要把权限和组织的关系打通。
- **控制数据权限**：把角色关联到组织，组织里的成员只能看到本组织下的数据，比如市场推广和大客户定制，市场推广针对的是零散的客户，大客户定制针对的是有一定体量的客户，这些数据虽然在一个平台上，但是只能看自己组织下的数据。

加入组织之后的 RBAC 模型如图 11-18 所示。

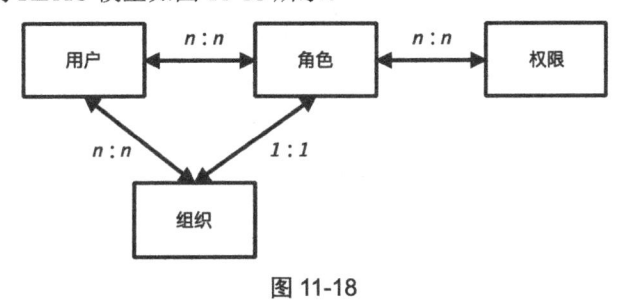

图 11-18

用户可以在多个组织中，因为组织也有层级结构，一个组织里可以有多个用户，所以用户和组织的关系是多对多的关系，组织和角色的关系最好是一对一的关系，但是在工作中可以根据实际情况来确定对应关系。

3. 职位

一个组织下面会有很多职位，比如财务管理会有财务总监、财务主管、会计、出纳员等职位，每个职位需要的权限是不一样的，可以像组织那样根据职位来分配不同的角色。由于一个人的职位是固定的，所以用户与职位的对应关系是一对一的，职位与角色的对应关系可以是多对多的关系。加入职位的 RBAC 模型如图 11-19 所示。

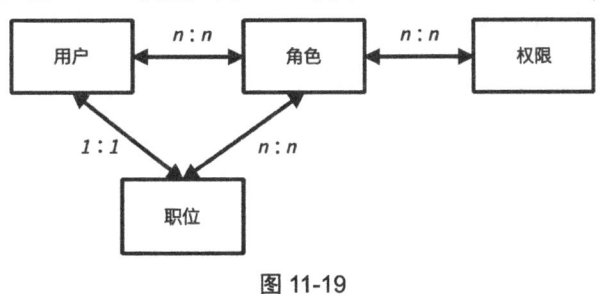

图 11-19

11.3.5 理想的 RBAC 模型

根据不同业务场景的需要，RBAC 模型会有很多种演变，实际工作中业务是非常复杂的，权限分配也是非常复杂的，想要做出通用且高效的模型很困难。我们把 RBAC 模型的演变汇总起来会是一个支撑大数据量及复杂业务的理想权限模型。把 RBAC、RBAC1、RBAC2、用户组、组织、职位汇总起来的模型如图 11-20 所示。

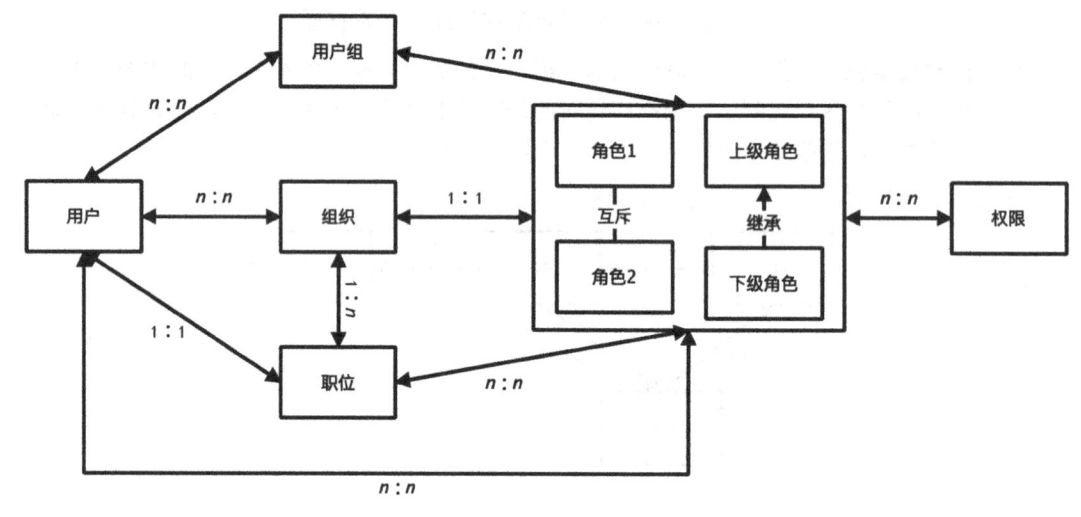

图 11-20

这个模型基本上能够解决所有的权限问题，其中的对应关系可以根据实际的业务情况来确定。在一般情况下，组织和职位是一对多的关系，在特殊情况下可以有多对多的关系，需要根据实际情况来确定。

理想的 RBAC 模型并不是说我们一开始建权限模型就可以这么做，而是在数据体量、业务复杂度达到一定程度之后可以使用这个模型来解决权限的问题。如果数据量特别少，比如刚成立的公司只有十几个人，那么完全可以使用用户—权限模型，没有必要使用 RBAC 模型。

11.3.6 权限系统表设计

1. 标准 RBAC 模型表设计

标准 RBAC 模型的表是比较简单的，要表示用户—角色—权限三者之间的关系，首先要创建用户表、角色表、权限表，用户和角色是多对多的关系，角色和权限是多对多的关系，需要再创建两张关系表，分别是用户—角色关系表和角色—权限关系表。这五张表的 ER 图如图 11-21 所示。

图 11-21

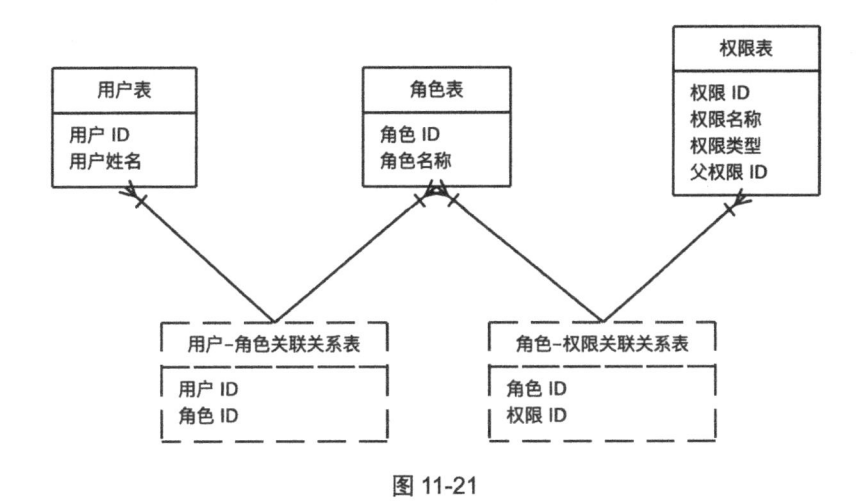

2. 理想 RBAC 模型表设计

理想的 RBAC 模型是标准 RBAC 模型经过多次扩展得到的，表结构也会比较复杂，因为要维护很多关系，理想的 RBAC 模型的 ER 图如图 11-22 所示。

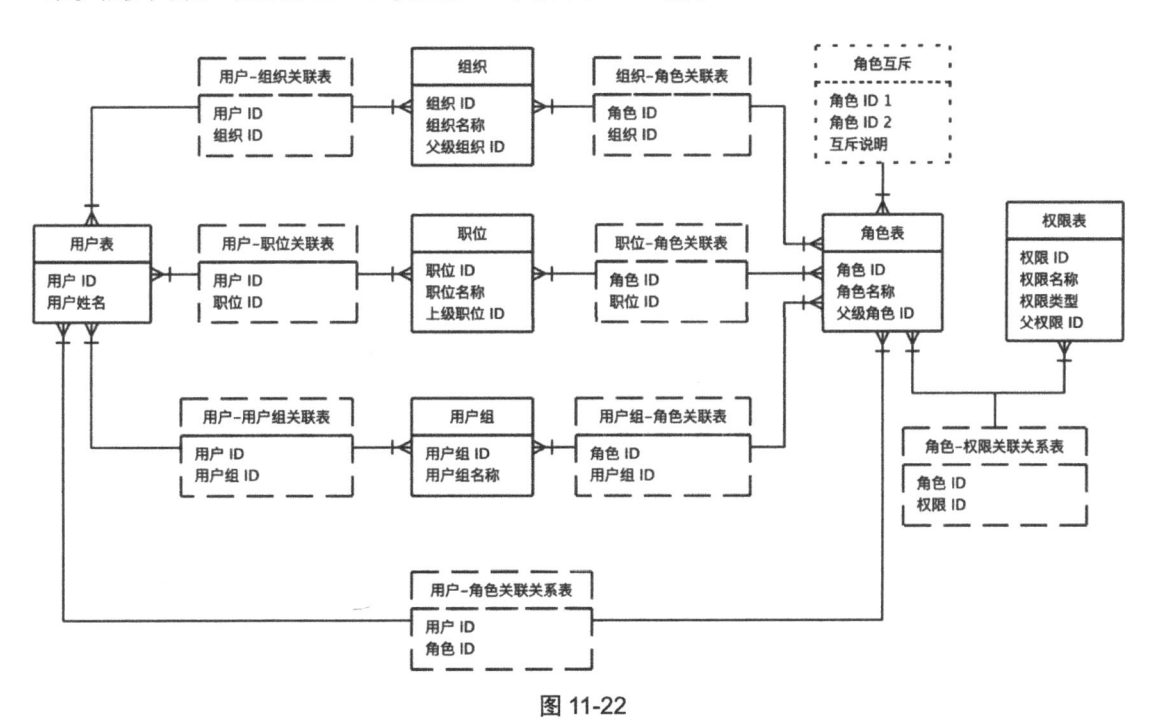

图 11-22

这里面需要强调的是角色互斥表，互斥的关系既可以放在角色上，也可以放在权限上，取决于实际工作的需求。支付机构需要根据实际情况来定义模型，千人以内的公司使用 RBAC 模型是完全够用的，没有必要把权限模型设计得过于复杂。要根据具体情况选择模型，比如公司体量、业务类型、人员数量等。总之，适合自己公司的模型就是最好的模型，权限模式和设计模式是一样的，都是为了更好地解决问题，不要为了使用模型而使用模型。

第 12 章 支付体系高可用设计

12.1 抽象公共能力

12.1.1 加密系统

支付体系建设之初通常都追求快速支撑业务，很多细节会考虑不周。支付体系核心领域拆分成了多个微服务系统，微服务系统会有很多公用的能力。在系统建设之初通常不会考虑公用的能力，比如渠道路由、支付网关、商户中心、渠道对账等系统都会使用加密/解密、加签/验签能力，如果每个系统都实现加密算法，则会有很多重复的劳动，编码也很冗余，并且管理起来也很麻烦，密钥会散落在各个系统中。在这种情况下可以拆分出一个加密系统，把加密/解密的能力、加签/验签的能力统一收拢在加密系统中，抽象出加密系统的前后对比如图 12-1 所示。

抽象出加密系统之后，加密系统把所有加密算法封装起来，密钥统一存储在加密系统中管理，并提供 SDK 给支付业务系统使用，凡是涉及加密、解密、加签、验签的操作都统一使用加密系统的 SDK 来完成，不仅能够大大节省开发的资源，避免重复劳动，而且支付体系的源码也更加整洁，可读性更强。密钥统一管理也符合央行对三方支付机构规范的要求，使支付更加安全合规。

三方支付机构内部敏感数据的存储需要进行加密处理，和银联、网联等外部渠道交互的敏感数据需要进行加密、加签处理。如果商户和三方支付机构之间报文的交互涉及敏感信息，也需要进行加密、加签处理，所以商户入驻需要到支付机构申请证书、密钥等信息。清算机构（网联、银联）要求三方支付机构上送的报文必须使用硬件加密机进行加签、加密。所以加密/解密和加签/验签都涉及硬件，通常三方支付机构需要购买在央行备案的加密机设备。我们可以把加密/解密、加签/验签区分为软件加密/解密、硬件加密/解密和软件加签/验签、硬件加签/验签。

支付机构需要到指定的单位购买对应的硬件设备,加密系统支持的加密/解密和加签/验签的方式如图 12-2 所示。

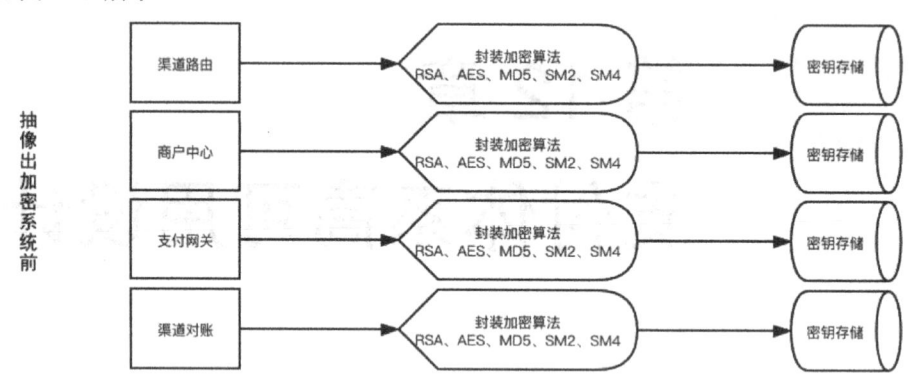

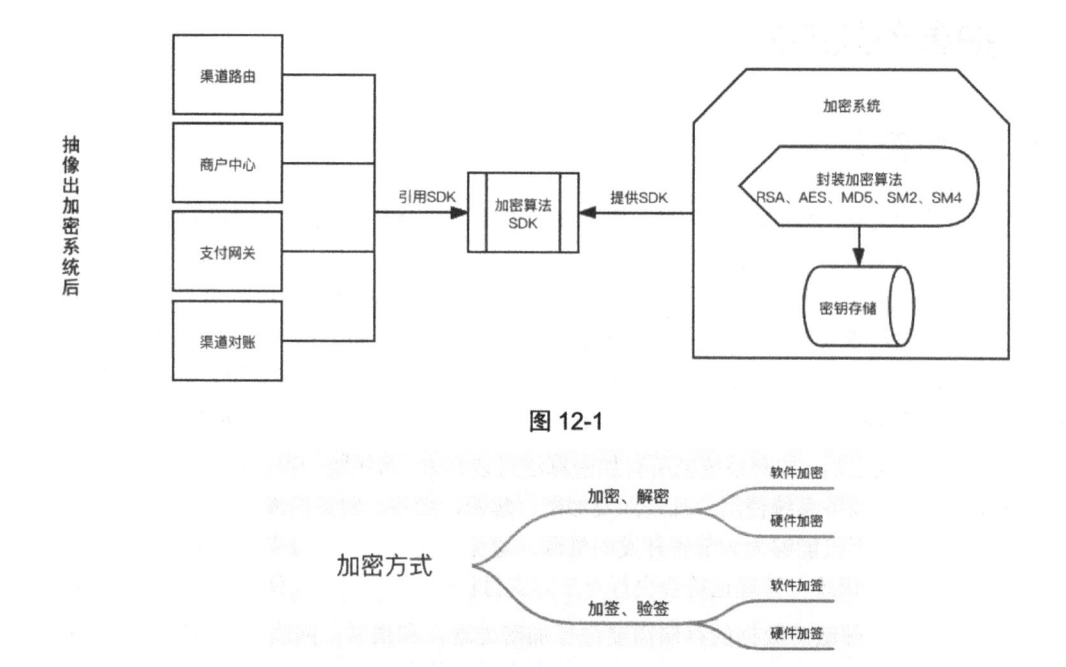

图 12-1

图 12-2

加密算法按照密钥的使用方式可以分为对称加密算法和非对称加密算法,这里不再赘述。加密算法又分国际加密算法和国密算法,国际加密算法是国际通用的加密算法,主要有 RSA、DES、AES、MD5 等。国密算法是国家密码管理局认定的国产密码算法,主要有 SM1、SM2、

SM3、SM4，密钥长度和分组长度均为 128 位。加密算法的划分如图 12-3 所示。

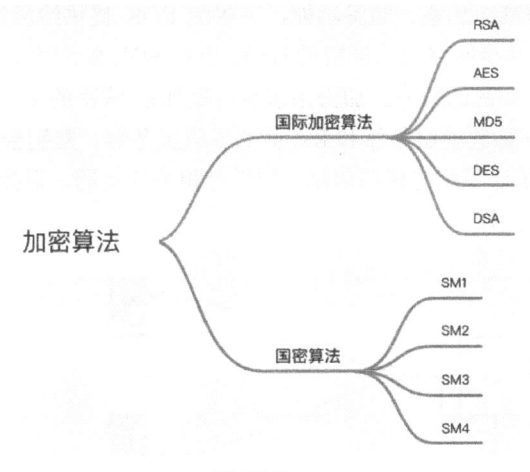

图 12-3

按照 2021 年央行合规过检要求，支付机构对敏感信息的传输、存储等都需要使用国密算法，在这之前，三方支付机构基本都使用国际加密算法，所以大部分支付机构都会面临加密算法变更的问题，这个时候就很考验加密系统的扩展性了。加密系统的架构如图 12-4 所示。

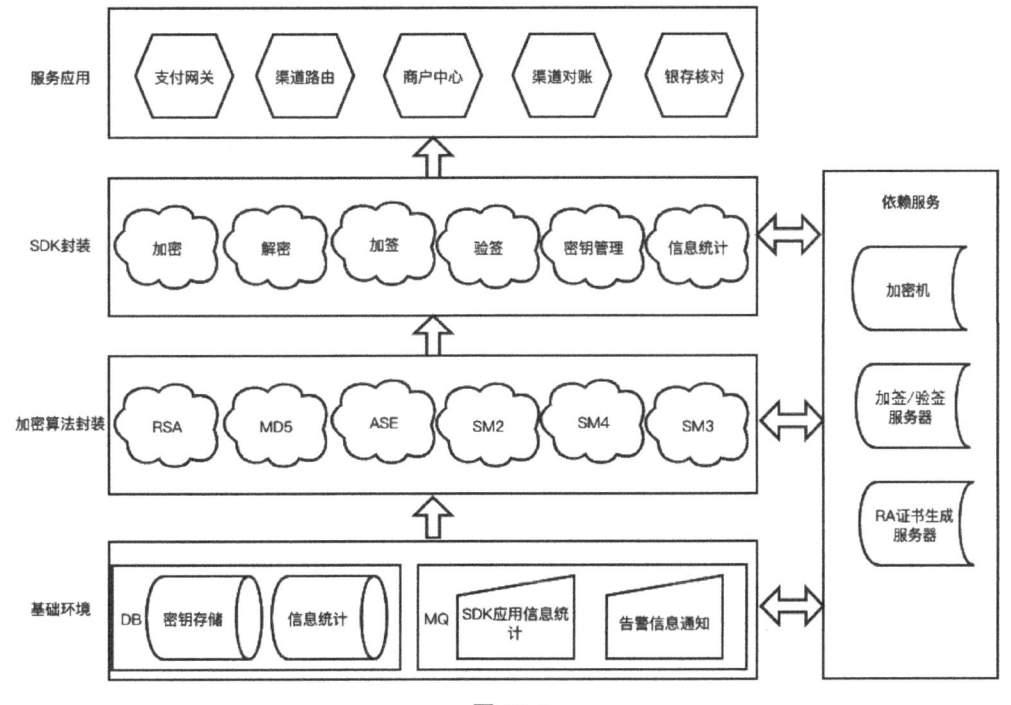

图 12-4

加密系统会封装 RSA、MD5、AES、SM2、SM3、SM4 等加密算法，利用这些加密算法给应用系统提供加密、解密、加签、验签功能，并封装 SDK 提供给应用系统使用。SDK 会管理系统使用的密钥，为了减少网络通信耗费的时间，引用 SDK 的应用系统在启动的时候会把密钥缓存在本地。通过硬件加密的服务，加密系统也会把加密/解密的接口封装在 SDK 中。使用的硬件服务有加密机、加签/验签服务器和 RA 证书生成服务器。密钥会统一收拢在加密系统中保存，提供的 SDK 也会统计系统的相关信息，如果有相关的问题，则会及时发送告警。加密系统的交互过程如图 12-5 所示。

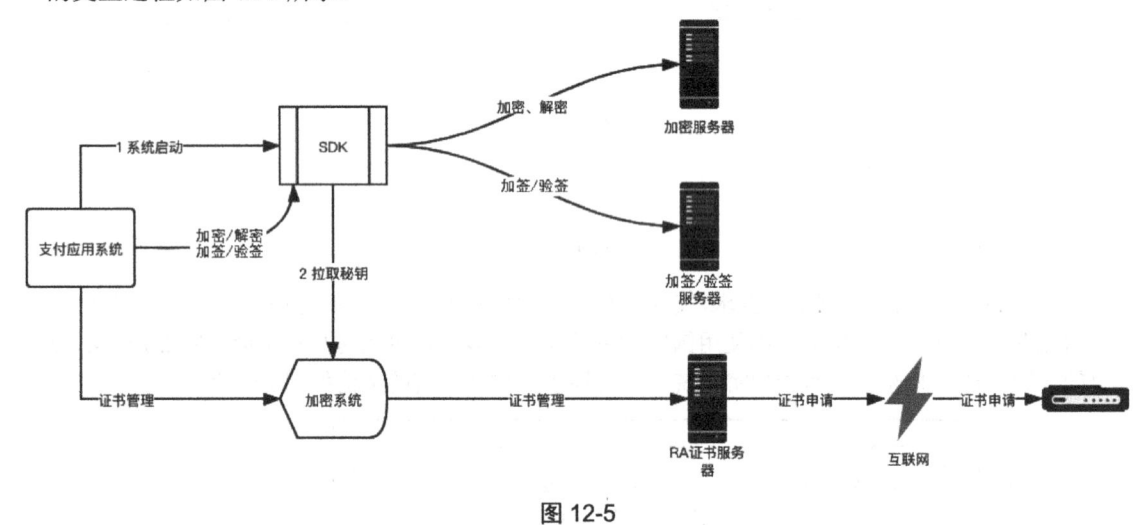

图 12-5

支付应用系统启动的时候会到加密系统中拉取密钥，SDK 提供了软加密和硬加密两种方式，使用密钥就可以实现软加密 SDK，硬加密需要依赖加密服务器，对于一些需要证书来完成加签/验签的应用系统，可以通过加密系统到 RA 证书服务器上来申请证书，通常需要借助三方机构（如 CFCA）申请证书。

国密算法和国际加密算法非常相似，对应关系如下所示。

- SM2——RSA。
- SM3——MD5、SHA-1。
- SM4——AES。

SM1 为对称加密，其加密强度与 AES 相当。该算法不公开，需要通过加密芯片的接口调用该算法。采用该算法已经研制了系列芯片、智能 IC 卡、智能密码钥匙、加密卡、加密机等安全产品，广泛应用于电子政务、电子商务及国民经济的各个应用领域（包括国家政务通、警务通等重要领域）。

SM2 为非对称加密，基于 ECC。该算法已公开。由于该算法基于 ECC，故其签名速度与密钥生成速度都快于 RSA。ECC 256 位（SM2 采用的就是 ECC 256 位的一种）的安全强度比 RSA 2048 位高，但运算速度快于 RSA。

SM3 为消息摘要。可以用 MD5 作为对比理解。该算法已公开。校验结果为 256 位。

SM4 为无线局域网标准的分组数据算法。对称加密，密钥长度和分组长度均为 128 位。

由于 SM1、SM4 加密/解密的分组大小为 128 位，故对消息进行加密/解密时，若消息长度过长，则需要进行分组，若消息长度不足，则要进行填充。

SM4 算法示例如下所示。

```java
public class Sm4Utils {
    public static final String ALGORIGTHM_NAME = "SM4";//密钥名称
    public static final String ALGORITHM_NAME_ECB_PADDING = "SM4/ECB/PKCS7Padding";
    //密码的分组方式为 SM4/ECB/PKCS7Padding
    public static final int DEFAULT_KEY_SIZE = 128;//默认的 Key 值的长度为 128
    static {
        Security.addProvider(new BouncyCastleProvider());
    }
    /*
     * @DescrIPtion 生成 ECB 暗号
     */
    private static CIPher generateEcbCIPher(String algorithmName, int mode, byte[] key) throws Exception{
        CIPher cIPher = CIPher.getInstance(algorithmName, BouncyCastleProvider.PROVIDER_NAME);
        Key sm4Key = new SecretKeySpec(key, ALGORIGTHM_NAME);
        cIPher.init(mode, sm4Key);
        return cIPher;
    }
    /*
     * @DescrIPtion 以固定长度生成密钥，长度为 128
     */
    public static String generateKey() {
        String key = null;
        try {
            key = generateKey(DEFAULT_KEY_SIZE);
        }catch (Exception e){
            ExtExceptionUtils.errorNewException(new BizException(EadCode.GEN_KEY_ERROR), log, "SM4 生成密钥失败 e - {}", e);
```

```java
            }
            return key;
        }
        /*
         * @DescrIPtion 以指定长度生成密钥
         */
        public static String generateKey(int keySize) throws Exception {
            KeyGenerator kg = KeyGenerator.getInstance(ALGORIGTHM_NAME,
BouncyCastleProvider.PROVIDER_NAME);
            kg.init(keySize, new SecureRandom());
            return Base64Utils.encode(kg.generateKey().getEncoded());
        }
        /*
         * @DescrIPtion 加密
         */
        public static String encrypt(String hexKey, String paramStr) {
            String cIPherText = null;
            try {
                if (null != paramStr && !"".equals(paramStr)) {
                    byte[] keyData = Base64Utils.decode(hexKey);
                    byte[] srcData = paramStr.getBytes(UTF8);
                    byte[] cIPherArray = encrypt_Ecb_Padding(keyData, srcData);
                    cIPherText = Base64Utils.encode(cIPherArray);
                }
            }catch (Exception e){
                ExtExceptionUtils.errorNewException(new BizException(EadCode.CRYPT_
ERROR), log, "SM4加密失败 e - {}", e);
            }
            return cIPherText;
        }
        /*
         * @DescrIPtion 加密模式之ECB
         */
        public static byte[] encrypt_Ecb_Padding(byte[] key, byte[] data) throws
Exception {
            CIPher cIPher = generateEcbCIPher(ALGORITHM_NAME_ECB_PADDING,
CIPher.ENCRYPT_MODE, key);
            byte[] bs = cIPher.doFinal(data);
```

```java
            return bs;
    }
    /*
     * @DescrIPtion 解密
     */
    public static String decrypt(String hexKey, String cIPherText) {
        String decryptStr = null;
        try {
            byte[] keyData = Base64Utils.decode(hexKey);
            byte[] cIPherData = Base64Utils.decode(cIPherText);
            byte[] srcData = decrypt_Ecb_Padding(keyData, cIPherData);
            decryptStr = new String(srcData, UTF8);
        }catch (Exception e){
            ExtExceptionUtils.errorNewException(new BizException(EadCode.CRYPT_
ERROR), log, "SM4解密失败 e - {}", e);
        }
        return decryptStr;
    }
    /*
     * @DescrIPtion 解密模式之ECB
     */
    public static byte[] decrypt_Ecb_Padding(byte[] key, byte[] cIPherText) throws
Exception {
        CIPher cIPher = generateEcbCIPher(ALGORITHM_NAME_ECB_PADDING,
CIPher.DECRYPT_MODE, key);
        return cIPher.doFinal(cIPherText);
    }
}
```

SM2算法示例如下所示。

```java
public class SM2 {
    //正式参数
    public static String[] ecc_param = {
            "FFFFFFFEFFFFFFFFFFFFFFFFFFFFFFFFFFFFFFFF00000000FFFFFFFFFFFFFFFF",
            "FFFFFFFEFFFFFFFFFFFFFFFFFFFFFFFFFFFFFFFF00000000FFFFFFFFFFFFFFFC",
            "28E9FA9E9D9F5E344D5A9E4BCF6509A7F39789F515AB8F92DDBCBD414D940E93",
            "FFFFFFFEFFFFFFFFFFFFFFFFFFFFFFFFFFFFFFFF7203DF6B21C6052B53BBF40939D54123",
```

```java
            "32C4AE2C1F1981195F9904466A39C9948FE30BBFF2660B01715A4589334C74C7",
            "BC3736A2F4F6779C59BDCEE36B692153D0A9877CC62A474002DF32E52139F0A0"
    };
    public static SM2 Instance()
    {
        return new SM2();
    }
    public final BigInteger ecc_p;
    public final BigInteger ecc_a;
    public final BigInteger ecc_b;
    public final BigInteger ecc_n;
    public final BigInteger ecc_gx;
    public final BigInteger ecc_gy;
    public final ECCurve ecc_curve;
    public final ECPoint ecc_point_g;
    public final ECDomainParameters ecc_bc_spec;
    public final ECKeyPairGenerator ecc_key_pair_generator;
    public final ECFieldElement ecc_gx_fieldelement;
    public final ECFieldElement ecc_gy_fieldelement;
    public SM2()
    {
        this.ecc_p = new BigInteger(ecc_param[0], 16);
        this.ecc_a = new BigInteger(ecc_param[1], 16);
        this.ecc_b = new BigInteger(ecc_param[2], 16);
        this.ecc_n = new BigInteger(ecc_param[3], 16);
        this.ecc_gx = new BigInteger(ecc_param[4], 16);
        this.ecc_gy = new BigInteger(ecc_param[5], 16);
        this.ecc_gx_fieldelement = new Fp(this.ecc_p, this.ecc_gx);
        this.ecc_gy_fieldelement = new Fp(this.ecc_p, this.ecc_gy);
        this.ecc_curve = new ECCurve.Fp(this.ecc_p, this.ecc_a, this.ecc_b);
        this.ecc_point_g = new ECPoint.Fp(this.ecc_curve, this.ecc_gx_fieldelement, this.ecc_gy_fieldelement);
        this.ecc_bc_spec = new ECDomainParameters(this.ecc_curve, this.ecc_point_g, this.ecc_n);
        ECKeyGenerationParameters ecc_ecgenparam;
        ecc_ecgenparam = new ECKeyGenerationParameters(this.ecc_bc_spec, new SecureRandom());
        this.ecc_key_pair_generator = new ECKeyPairGenerator();
```

```java
            this.ecc_key_pair_generator.init(ecc_ecgenparam);
    }
}

public class SM2Utils {
    /*
     * @DescrIPtion 生成随机密钥对
     */
    public static Map<String,String> generateKeyPair() {
        Map map = new HashMap<String,String>();
        SM2 sm2 = SM2.Instance();
        AsymmetricCIPherKeyPair key = sm2.ecc_key_pair_generator.generateKeyPair();
        ECPrivateKeyParameters ecpriv = (ECPrivateKeyParameters) key.getPrivate();
        ECPublicKeyParameters ecpub = (ECPublicKeyParameters) key.getPublic();
        BigInteger privateKey = ecpriv.getD();
        ECPoint publicKey = ecpub.getQ();
        publicKey.getEncoded(true);
        map.put(PUBLIEC_KEY, Utils.byteToHex(publicKey.getEncoded()));
        map.put(PRIVATE_KEY, Utils.byteToHex(privateKey.toByteArray()));
        return map;
    }
    /*
     * @DescrIPtion 数据加密
     */
    public static String encrypt(String publicKeyStr, String dataStr) {
        String result = null;
        try {
            byte[] publicKey = Utils.hexToByte(publicKeyStr);
            byte[] data = dataStr.getBytes(UTF8);
            byte[] source = new byte[data.length];
            System.arraycopy(data, 0, source, 0, data.length);
            CIPher cIPher = new CIPher();
            SM2 sm2 = SM2.Instance();
            ECPoint userKey = sm2.ecc_curve.decodePoint(publicKey);
            ECPoint c1 = cIPher.Init_enc(sm2, userKey);
            cIPher.Encrypt(source);
            byte[] c3 = new byte[32];
            cIPher.Dofinal(c3);
```

```java
            //将c1、c3拼装成加密字符串
            result = Utils.byteToHex(c1.getEncoded()) + Utils.byteToHex(source) + Utils.byteToHex(c3);
        } catch (Exception e) {
            ExtExceptionUtils.errorNewException(new BizException(EadCode.CRYPT_ERROR), log, "SM2加密失败 e - {}", e);
        }
        return result;
    }
    /*
     * @DescrIPtion 数据解密
     */
    public static String decrypt(String privateKeyStr, String encryptedDataStr) {
        String result = null;
        try {
            byte[] privateKey = Utils.hexToByte(privateKeyStr);
            byte[] encryptedData = Utils.hexStringToBytes(encryptedDataStr);
            //将加密字节数组转换为十六进制的字符串，长度变为encryptedData.length×2
            String data = Utils.byteToHex(encryptedData);
            /***分解加密字串
             * （c1 = c1标志位2位 + c1实体部分128位 = 130）
             * （c3 = c3实体部分64位 = 64）
             * （c2 = encryptedData.length * 2 - c1长度 - c2长度）
             */
            byte[] c1Bytes = Utils.hexToByte(data.substring(0, 130));
            int c2Len = encryptedData.length - 97;
            byte[] c2 = Utils.hexToByte(data.substring(130, 130 + 2 * c2Len));
            byte[] c3 = Utils.hexToByte(data.substring(130 + 2 * c2Len, 194 + 2 * c2Len));
            SM2 sm2 = SM2.Instance();
            BigInteger userD = new BigInteger(1, privateKey);
            //通过c1实体字节生成ECPoint
            ECPoint c1 = sm2.ecc_curve.decodePoint(c1Bytes);
            CIPher cIPher = new CIPher();
            cIPher.Init_dec(userD, c1);
            cIPher.Decrypt(c2);
            cIPher.Dofinal(c3);
            result = new String(c2, UTF8);
```

```
        } catch (Exception e) {
            ExtExceptionUtils.errorNewException(new BizException(EadCode.CRYPT_ERROR),
log, "SM2解密失败 e - {}", e);
        }
        return result;
    }
}
```

加密系统把所有密钥收拢在一起，出于对数据安全性的考虑，需要定期或者不定期更换密钥。更换密钥涉及一个很严重的问题，就是之前加密过的数据，解密的时候怎么办？通常有两种方案，一是把存量数据使用老的密钥解密之后再使用新的密钥进行加密然后存储，这种方案比较耗费资源，如果数据量很大，或者数据已经被归档了，则操作起来很有挑战性。另一种方案是需要兼容多种密钥，使用哪个密钥加密的，就使用哪个密钥解密。这种方案需要能够识别出数据是使用哪个密钥进行加密的。通常会在加密的时候对加密后的数据添加标识，能够识别出数据是用哪个密钥进行加密的，解密的时候根据标识来判断使用哪个密钥进行解密。

12.1.2 链路追踪系统

使用微服务架构来搭建支付体系，解决了传统单体应用可维护性差、扩展性差和灵活性差等问题。微服务架构虽好，但也带来了很多挑战，其中故障排查就是其需要解决的挑战之一。如何在多个微服务应用中找到故障发生的根源呢？我们可以搭建一套链路追踪系统，用来还原分布式调用链，从而快速定位故障发生的节点。链路追踪系统如图12-6所示。

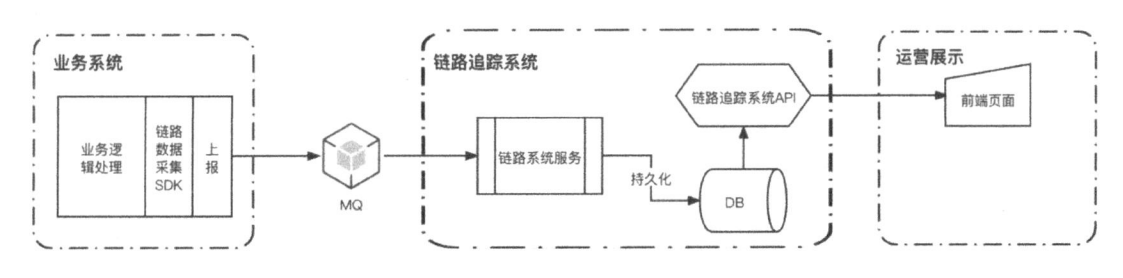

图 12-6

1. 链路追踪系统的功能

- 实现故障的快速定位：通过调用链跟踪，交易请求在支付体系内各个系统的流转轨迹可以完整清晰地展示出来。可以在业务日志中添加调用链 ID（TraceId），通过调用链 ID 结合业务日志快速定位错误信息。

- 实现各个调用环节的性能分析：在调用链的各个环节分别添加调用耗时，通过耗时可以分析系统的性能瓶颈，然后进行针对性的优化。
- 生成服务调用拓扑图：通过拓扑图可以直观看到微服务系统之间的调用关系和系统处理耗时。

2. 分布式链路追踪系统设计

（1）设计原则。

- 低侵入性：作为非业务组件，应当尽可能少侵入或者无侵入其他业务系统。
- 低损耗：服务调用埋点本身会带来性能损耗，需要实现调用跟踪的低损耗，通常会通过配置采样率的方式，选择一部分请求来分析请求路径。
- 高扩展性：作为分布式系统的组件之一，一个优秀的调用跟踪系统必须支持分布式部署，具备良好的可扩展性。

（2）日志埋点。

链路追踪需要在业务系统中做埋点，需要把 TraceId 等信息放入上下文，并打印到日志系统中。埋点的方式有很多种，既可以在客户端埋点，也可以在服务端埋点，还可以在客户端和服务端同时埋点。埋点日志通常有 TraceId、调用的开始时间、调用方 IP 地址和端口、调用耗时、调用结果、异常信息、消息报文等。

（3）分析和统计调用链数据。

一条调用链的日志散落在支付交易数据经过的各个服务器上，首先需要按照 TraceId 汇总日志。得到各个应用节点的调用链日志后，可以有针对性地对各个业务线进行分析。分析之前需要对具体日志进行整理，将日志进一步存储在 HBase 或者关系型数据库中，进而进行可视化的查询。

3. 技术选型

大的互联网公司都有自己的分布式链路追踪解决方案，比如 Google 的 Dapper、Twitter 的 Zipkin、淘宝的鹰眼、新浪的 Watchman、京东的 Hydra 等。本书以 Spring Cloud 为技术架构，Spring Cloud Sleuth 为 Spring Cloud 提供了分布式跟踪的解决方案，它大量借用了 Google Dapper、Twitter Zipkin 的设计。

下面先介绍 Sleuth 相关的术语。

- Span（跨度）：基本工作单元。Span 用一个 64 位的 ID 作为唯一标识。除 ID 外，Span 还包含其他数据，如时间戳事件、键值对的注解（标签）、SpanId、Span 父 ID 等。Span 被启动和停止时，记录了时间信息。初始化 Span 被称为"RootSpan"，该 Span 的 ID 和 Trace 的 ID 相等。

- Trace（跟踪）：一个 64 位的 ID，唯一标识，Trace 中的所有 Span 都共享该 Trace 的 ID。
- annotation（标注）：annotation 用来记录事件的存在，其中，核心 annotation 用来定义请求的开始和结束。
- CS（Client Sent，客户端发送）：客户端发起一个请求，该 annotation 描述了 Span 的开始。
- SR（Server Received，服务器端接收）：服务器端获得请求并准备处理该请求。如果用 SR 减去 CS 时间戳，就能得到网络的耗时。
- SS（Server Sent，服务器端发送）：该 annotation 表示完成请求处理（当响应发回客户端时）。如果用 SS 减去 SR 时间戳，就能得到服务器端处理请求所需的时间。
- CR（Client Received，客户端接收）：Span 结束的标识。客户端成功收到服务器端的响应。如果用 CR 减去 CS 时间戳，就能得到从客户端发送请求到服务器响应后所需的时间。

下面通过图 12-7 来了解一个简单的微服务调用链。

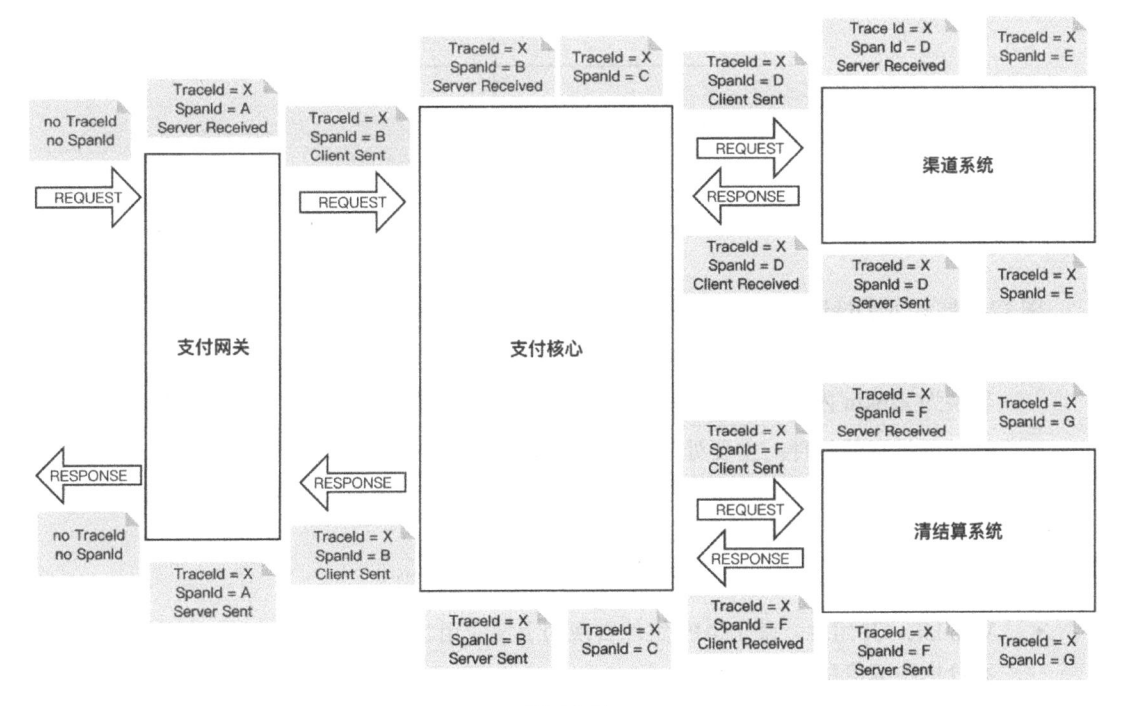

图 12-7

Zipkin 是 Twitter 的一个开源项目，基于 Google Dapper 实现。可以使用它来收集各个服务器上请求链路的跟踪数据，并通过它提供的 REST API 接口来辅助我们查询跟踪数据以实现对分布式系统的监控，从而及时地发现系统中出现的延迟升高问题并找出系统性能瓶颈的根源。除了面向开发的 API 接口，它也提供了方便的 UI 组件来帮助我们直观地搜索跟踪信息和分析请求链路明细。Zipkin 的基础架构如图 12-8 所示。

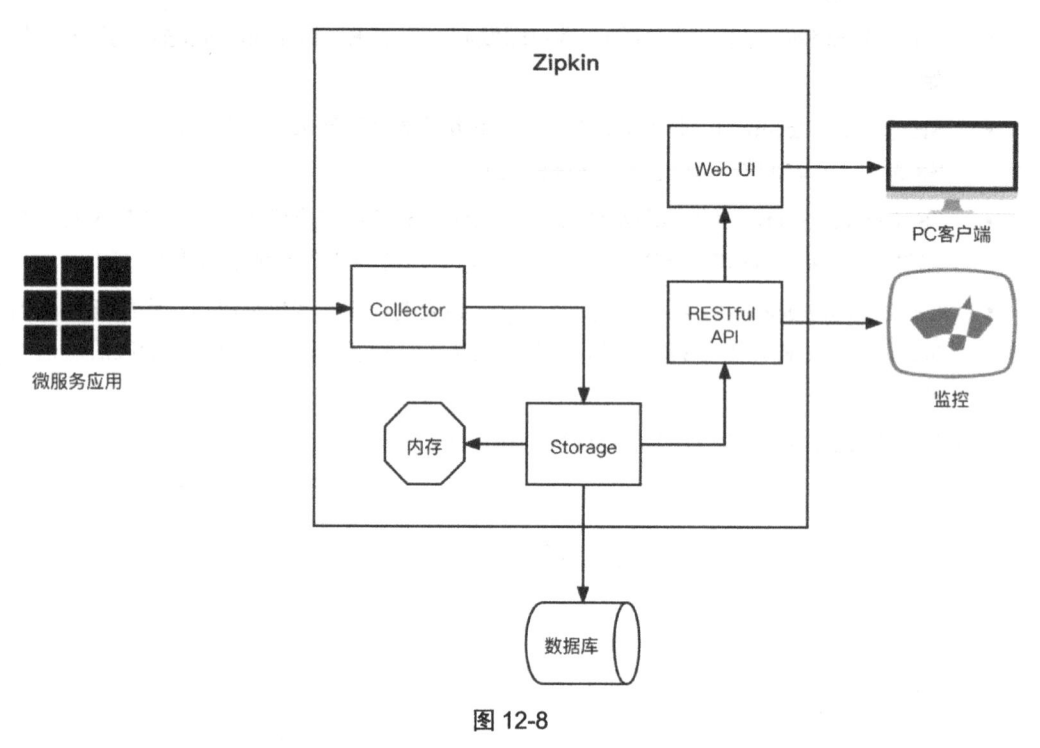

图 12-8

图 12-8 展示了 Zipkin 的基础架构，其主要由 4 个核心组件构成：

- Collector：收集器组件，主要用于处理从外部系统发送过来的跟踪信息，将这些信息转换为 Zipkin 内部处理的 Span 格式，以支持后续的存储、分析、展示等功能。
- Storage：存储组件，主要处理收集器（Collecter）收到的跟踪信息，默认会将这些信息存储在内存中。我们也可以修改此存储策略，通过使用其他存储组件将跟踪信息存储到数据库中。
- RESTful API：API 组件，主要用来提供外部访问接口。
- Web UI：UI 组件，基于 API 组件实现的上层应用。通过 UI 组件用户可以直观地查询和分析跟踪信息。

Spring Cloud Sleuth 是对 Zipkin 的一个封装，Span、Trace 等信息的生成，接入 HTTP Request，以及向 Zipkin Server 发送采集信息等全部自动完成。实现链路追踪需要先搭建 Zipkin 服务，搭建 Zipkin 服务就需要引入 Zipkin 相关的依赖包。在 pom.xml 文件中引入依赖包：

```xml
<!--增加 Zipkin 的依赖 -->
<dependency>
    <groupId>io.zipkin.java</groupId>
    <artifactId>zipkin-server</artifactId>
</dependency>
<dependency>
    <groupId>io.zipkin.java</groupId>
    <artifactId>zipkin-autoconfigure-ui</artifactId>
</dependency>
```

启动类需要加上注解@EnableZipkinServer 来开启 ZipkinServer 的功能：

```java
import org.springframework.boot.SpringApplication;
import org.springframework.boot.autoconfigure.SpringBootApplication;

import zipkin.server.EnableZipkinServer;

@EnableZipkinServer
@SpringBootApplication
public class ServerZipkinApplication {

    public static void main(String[] args) {
        SpringApplication.run(ServerZipkinApplication.class, args);
    }
}
```

配置文件 application.yml 配置了 Zipkin 服务端口、名称等：

```
server.port=9001
spring.application.name=my-zipkin-server
```

12.2 支付稳定性

稳定性是所有系统的重中之重，支付系统也不例外，维护系统的稳定性有很多思路，这里介绍一下支付链路压测和多机房互备。

12.2.1 支付链路压测

保证支付链路的稳定性，压测是必不可少的环节，全链路压测是基于生产环境，模拟业务高峰时的海量请求，对整个系统链路进行压力测试，继而进行有效的容量评估和系统调优。因为支付业务对数据敏感并且业务复杂，使得系统间调用链路难以准确全面评估，实施压测比较困难，通常会面临以下问题：

- 生产环境流量构成复杂，单机压测结果难以有效评估生产环境容量。
- 流量转化评估与实际用户行为不匹配，导致预案不能达到预期效果。
- 公共资源或服务很难在局部压测中暴露瓶颈，需要真实的高峰流量来验证。
- 链路容量不能对齐导致整体受限于短板服务，同时产生了严重的资源浪费。

以上问题归结原因主要是没有在生产环境中使用真实场景的流量去压测系统，也就无法做出准确评估。为了解决以上问题，我们从核心链路梳理、压测环境准备、压测流量构造、业务保护四个方面进行探索和实践。

- **核心链路梳理**：在压测准备阶段需要明确压测的目标链路和分支链路，排除压测风险。
- **压测环境准备**：压测全链路能够透传压测标识并正确处理压测流量，能够有效区分出压测数据和真实的业务数据。
- **压测流量构造**：结合真实的数据和需求策略分析并制定压测流量模型。
- **业务保护**：实施压测前做好业务验证，按计划实施压测，做好监控和复盘。

1. 核心链路梳理

核心链路梳理需要将多个业务线串联到一起，在实施压测过程中，由各业务团队梳理自己的核心链路，明确对下游服务的依赖，同时梳理出旁路依赖。将各业务线的核心链路进行汇总，得到最终的压测全链路。核心链路中可能会耦合外部服务但又不能参与压测，比如渠道系统依赖的三方渠道（银联、网联）。在实践中我们通过自建渠道 Mock 服务支持了多种渠道的支付请求，同时模拟渠道的支付成功率、支付回调延迟、支付通知等，形成支付全链路的闭环。

旁路依赖的梳理也是重要的一环，准确全面的梳理是后续顺利进行压测的保障。旁路依赖根据实际业务情况评估，提前准备需要 Mock 测试（Mock 测试就是在测试过程中，对于某些不容易构造或者不容易获取的对象，通过一个虚拟的对象来创建测试方法）的接口，需要降级处理的接口也需要在压测前做好降级处理。例如，风控系统提供的接口可以进行 Mock 测试，账务服务通过消息组件实现了服务降级处理。

支付业务分为收款（把 C 端消费者的资金收款到支付机构的备付金账户）和付款（把备付金账户的资金结算给商户），收款要保证实时性，付款通常在 T+1 日或者 T+N 日处理，所以针对支付业务要保证实时性的是收款业务，消费者通常的支付习惯是在输入密码后 7 秒之内完成支付。所以压测主要针对收款业务，收款业务包含支付网关、支付核心、渠道路由系统等，对渠道系统调用外部渠道系统进行 Mock 测试，最终形成一个业务闭环的核心链路。

2. 压测环境准备

核心链路依赖的环境除了业务的服务器还涉及数据库、消息、缓存、日志等，在这一阶段主要对以下几点进行考虑和支持。

压测标识透传：通过在入口流量中注入约定的标识来区分压测流量，全链路识别并透传该标识是实现全链路压测的基础。系统通过接入 APM（Application Performance Management）对系统进行监控管理和调用跟踪，天然实现了一次调用在 HTTP、RPC、线程池及中间件的信息传递，因此 APM 成为压测标识的首选载体，在实践过程中我们通过对 APM 简单改造实现了压测标识的透传和识别。

存储数据隔离：支付链路的压测最好在生产环境中，因为在生产环境中能够使用真实的配置进而实现真实场景下的测试。但是在生产环境中做压测会产生很多压测的数据，如何做到不污染生产的数据是压测要解决的一个核心问题。通常的做法是创建影子库，把压测的数据统一都放到影子库中。如何把数据放到影子库中呢？首先需要区分哪些是压测数据，可以在压测数据上打标，识别出这些标识之后经过路由判断把数据存入影子库或业务库。通常业务方和数据存储服务间存在 Proxy 代理，可以在 Proxy 代理中添加路由逻辑，区分数据应该存储在业务库还是影子库中，存储使用方完全无感知、无侵入。以 MySQL 为例，基于 Proxy 代理实现的压测数据隔离方案如图 12-9 所示。

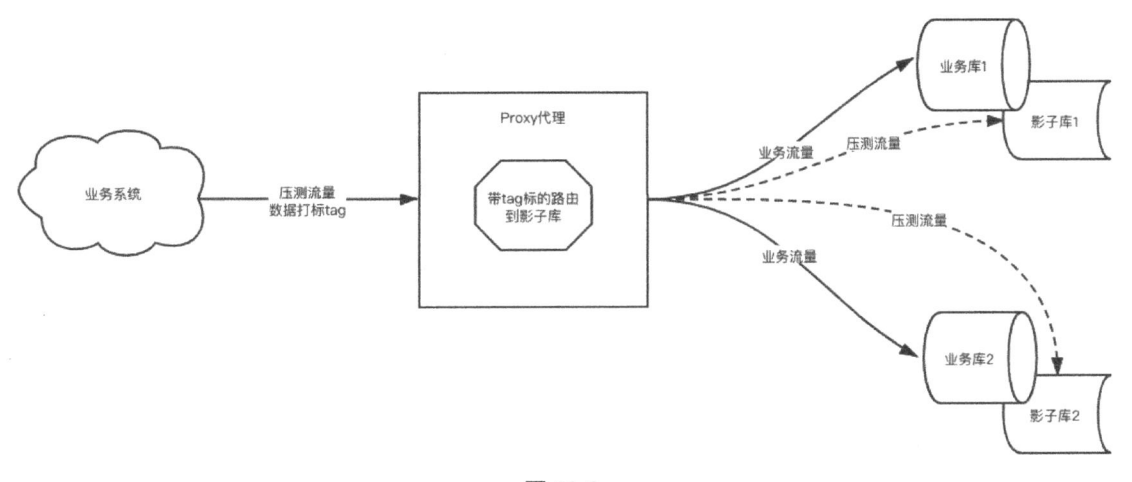

图 12-9

当业务方应用读/写 DB 时，统一与 Proxy 代理层（介于 MySQL 服务器与 MySQL 客户端之间的中间件）交互，调用 Proxy 代理时会透传压测数据的标记，代理层识别出压测数据后，读/写 DB 表时，自动替换成对应的影子表，达到压测数据和真实的业务数据隔离的目的。

消息：消息中间件没有采用新增 Topic 的方式，而是在消息体中加入了压测标识，需要降级的消费端通过订阅策略处理压测消息。例如，在 RocketMQ 的消息体中附加约定的 UserProperty 属性，消费者按需订阅。

水位：中间件对压测流量的处理基本采用了数据隔离的方式，实施压测前将影子表等填充到与原始表相同的水位是很有必要的，因为一张空表和一张含有上千万数据的表的性能表现是不一样的。

3. 压测流量构造

单接口压测时我们会提前生成一批符合接口规范的数据备用，但这种数据过于单一，并不符合真实的业务场景。比较理想的方式是在网关层抓取生产环境的日志数据进行二次处理后对流量进行回放。对已有的数据和接口调用量进行分析，结合业务策略对数据模型进行调整，得到最终的压测模型。在支付业务的全链路压测中，通过数据分析得出用户在生产环境中选择各支付方式的占比、各服务调用的占比，同时结合业务策略对用户购买指数的影响，微调收银台转化率，最终确定下单服务、渠道通知、订单查询等服务调用量配比模型。

4. 业务保护

执行压测前，对全链路进行业务和环境验证是必不可少的，各业务确保压测旁路已做好降级和数据隔离，保证压测流量不影响正常业务数据。

监控是全链路压测实施过程中评估系统健康的重要手段，可以帮助我们发现问题，及时止损。在压测过程中需要事先准备以下维度的指标：

- 核心链路服务调用量、成功率、耗时。
- 消息积压监控、Redis 水位、命中率、数据库负载等性能指标。
- 机器的基础指标。

各业务负责人需要在压测前做好自身业务的限流和降级，同时还要为正常的业务流量预留安全的处理业务的资源，不能完全依靠压测平台的熔断条件。压测也会检验我们的限流值是否合理，降级预案是否能正常执行，是否符合预期。

12.2.2 多机房互备

随着移动互联网的发展，使用移动支付的用户增长达到一定规模后，三方支付机构会面临高并发业务和海量数据的挑战，传统的单机房在机器容量上存在瓶颈。在一些极端场景下，有可能所有服务器都出现故障，例如机房断电、机房火灾、地震等这些不可抗力因素会导致系统所有服务器都出现故障，从而导致业务整体瘫痪，而且即使有其他地区的备份，把备份业务系统全部恢复到能够正常提供服务，花费的时间也比较长。为了满足支付业务的连续性，增强抗风险能力，多活作为一种可靠的高可用部署架构成为三方支付机构的首要选择。

多活架构的关键点是不同地理位置上的系统都能够提供业务服务，这里的"活"是指实时提供服务的意思。与"活"对应的是"备"，备是备份，正常情况下对外是不提供服务的，如果需要提供服务，则需要大量的人工干预和操作，花费大量的时间才能让"备"变成"活"。如果单纯从描述上来看，多活架构很强大，能够保证在灾难的情况下业务都不受影响。那么是不是意味着不管什么业务，我们都要实现多活架构呢？其实不是，实现多活架构都要付出一定的代价，具体表现如下：

第一，不同多活方案实现的复杂度不一样，随着业务规模和容灾级别的提升，多活方案会给业务系统设计带来更大的复杂度。

第二，不管采用哪种多活方案都难以完全避免跨机房甚至是跨地区服务调用带来的耗时增加。

第三，多活会带来成本的上升，毕竟要在一个或者多个机房搭建独立的一套业务系统。

因此，多活虽然功能很强大，但也不是每个业务都要实现多活。针对支付机构内部的 IT 系统、管理系统、博客站点等，如果无法承受异地多活带来的复杂度和成本，则可以不实现异地多活。而对于重要的业务，例如支付的收款能力、付款能力需要实现多活，尤其要保证客户及时付款，所以支付机构的收款能力必须实现多活，而对于付款能力，由于清结算本身就是异步处理的，实时性要求没有那么高，所以考虑成本的问题，付款能力可以不实现多活。

常见的多活方案有同城双活、两地三中心、三地五中心、异地多活等多种技术方案，不同多活方案的技术要求、建设成本、运维成本都不一样，下面我们逐一介绍这几种多活方案并给出每种方案的优点和缺点。选用哪种方案要结合具体业务规模、当前基础建设能力、投入产出比等多种因素来决定。

1. 同城双活

同城双活是在同城或相近区域内建立两个机房。同城双机房距离比较近，通信线路质量较好，容易实现数据的同步复制，保证高度的数据完整性和数据零丢失。同城两个机房各承担一部分流量，一般入口流量完全随机，内部 RPC 调用尽量通过就近路由在同机房内闭环完成，相当于两个机房镜像部署了两个独立集群，数据仍然是单点写到主机房数据库中的，然后实时同步到另外一个机房。图 12-10 展示了同城双活的简单部署架构。

服务调用基本在同机房内闭环完成，数据仍然是单点写到主机房数据库存储的，然后从主机房的数据库实时同步复制到同城备份机房。当机房 A 出现问题时,运维人员只需要通过 GSLB 或者其他方案手动更改路由方式将流量路由到 B 机房即可。同城双活可有效用于防范火灾、建筑物破坏、供电故障、计算机系统及人为破坏引起的机房灾难。

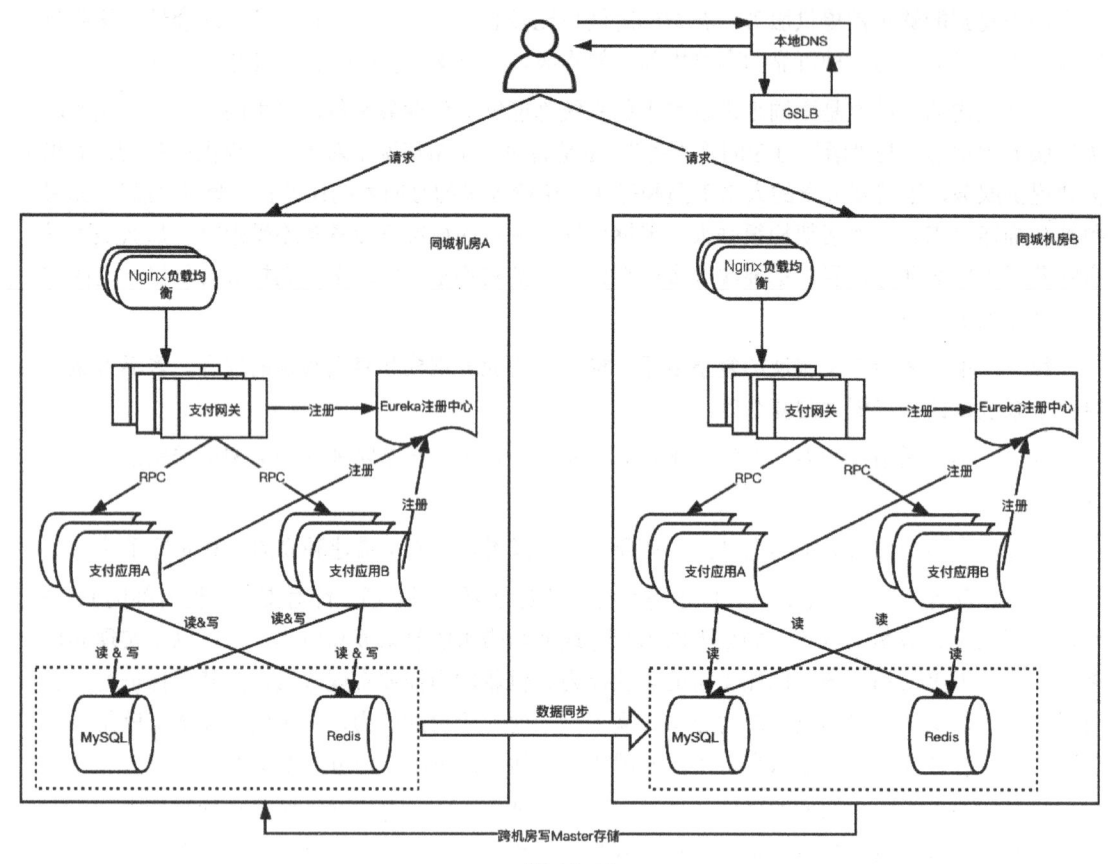

图 12-10

MySQL 采用 MHA（MHA 是 MySQL 比较成熟的高可用集群方式）部署方案，通过主从半同步方案保证数据一致性。数据库实现读写分离，读操作会就近路由到机房内数据节点，写操作会路由到 Master 节点所在机房。

Redis 采用 Redis Cluster 模式实现主从同步，读/写操作就近路由到主节点机房。采用原生主从同步跨机房的写性能较低，所以可以依靠 CRDT（Conflict-Free Replicated Data Type 是各种基础数据结构最终一致算法的理论总结，能根据一定的规则自动合并数据，解决冲突，达到强最终一致的效果）理论构建多节点双向同步，实现机房就近读/写。

同城双活方案的优点：服务同城双活，数据同城灾备，在同城不丢失数据的情况下实现跨机房级别容灾。同时架构方案较为简单，核心是解决底层数据双活。由于双机房距离近，通信质量好，底层储存例如 MySQL 可以采用同步复制，有效保证双机房数据一致性。

同城双活方案的缺点：数据库写数据存在跨机房调用，在复杂业务及链路下频繁跨机房调用增加了响应时间,影响系统性能和用户体验。当服务所在的城市或者地区网络整体故障、发生不可抗拒的自然灾害时,有服务故障及丢失数据的风险。当服务规模足够大(例如,单体应用超过万台机器)时,所有机器链接一个主数据库实例会引起链接不足的问题。

2. 两地三中心架构

两地三中心是指同城双中心+异地灾备中心。异地灾备中心是指在异地的城市建立一个备份的灾备中心,用于双中心的数据备份,数据和服务平时都是冷的,当双中心所在城市或者地区出现异常而都无法对外提供服务的时候,异地灾备中心可以利用备份数据恢复业务,如图 12-11 所示。

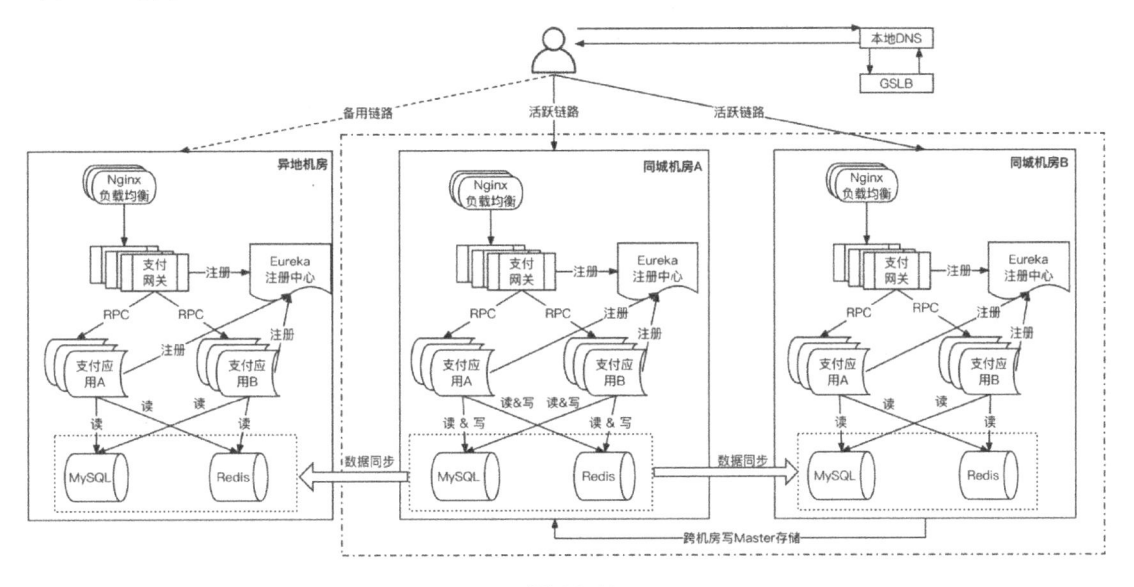

图 12-11

两地三中心的优点:在同城双活的基础上增加了灾备中心。灾备中心能实现同城双中心同时出现故障时利用备份数据恢复业务。

两地三中心的缺点:异地灾备中心服务启动耗时较长,异地的备份数据中心是冷的,平时没有流量进入,因此出问题后需要较长时间对异地灾备机房进行验证。

3. 异地多活

同城双活和两地三中心建设方案的复杂度都不高,两地三中心相比同城双活有效解决了异地数据灾备问题,但是依然不能解决同城双活存在的多个问题。想要解决这两种架构存在的弊端,就要引入更复杂的解决方案。这就是我们常说的异地多活,异地多活指分布在异地的多个站点同时对外提供服务的业务场景。异地多活是高可用架构设计的一种,与传统的灾备设计的最主要区别在于"多活",即所有站点都是同时在对外提供服务的。

异地多活面临的挑战如下：

第一，应用要走向异地，首先要面对的便是物理距离带来的延时。如果某个应用请求需要在异地多个单元对同一行记录进行修改，为了满足异地单元间数据库数据的一致性和完整性，需要付出高昂的时间成本。

第二，解决异地高延时要做到单元内数据读/写封闭，不能出现不同单元对同一行数据进行修改的情况，所以需要找到一个维度去划分单元。

第三，某个单元内访问其他单元数据时需要能正确路由到对应的单元。例如，A 用户给 B 用户转账，A 用户和 B 用户的数据不在一个单元内，对 B 用户的操作能路由到相应的单元。

第四，面临数据的同步挑战。对于单元封闭的数据需全部同步到对应单元，对于读/写分离类型的业务模式，我们要把中心的数据同步到单元。

要理解异地多活，首先需要厘清单元化的概念，所谓单元（下面用 RZone 代替），是指一个能完成所有业务操作的自包含集合，在这个集合中包含了所有业务所需的服务，以及分配给这个单元的数据。

单元化架构是指把单元作为系统部署的基本单位，在全站所有机房中部署数个单元，每个机房里的单元数目不定，任意一个单元都部署了系统所需的所有应用。在单元化架构下，服务仍然是分层的，不同的是每一层中的任意一个节点仅属于某一个单元，上层调用下层时，仅会选择本单元内的节点。单元化架构如图 12-12 所示。

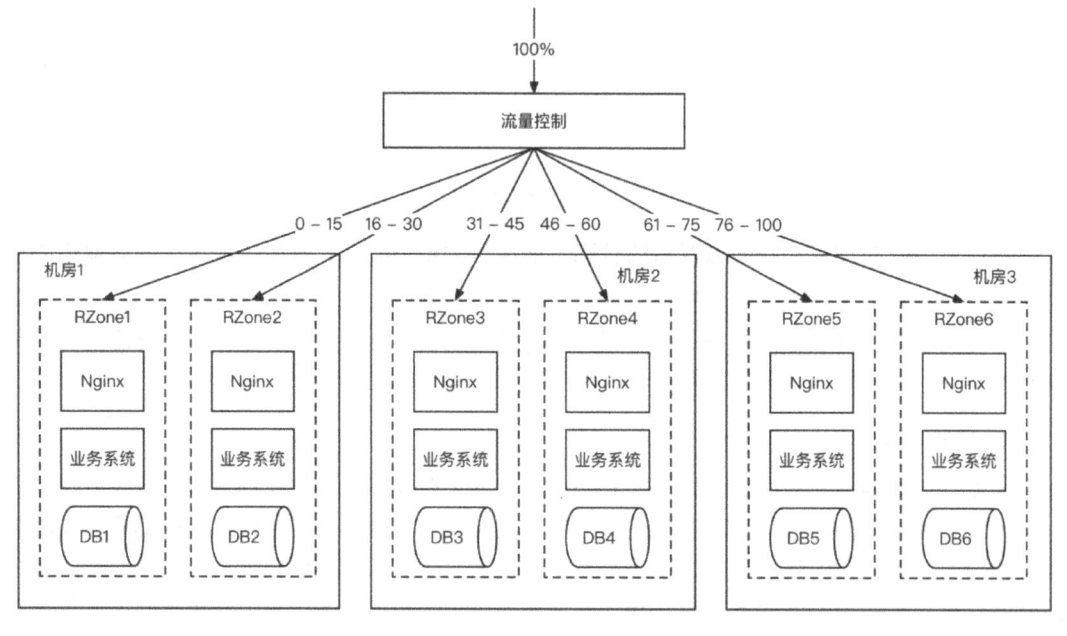

图 12-12

选择什么维度来进行流量切分，要从业务本身入手去分析。支付业务相互依赖性较强，很难单元化，但是为了保证支付业务的稳定性，理想的情况是可以单独把入金模块拆分出来实现单元化，其他模块选择适合自身的模型即可。

对于无法单元化的业务和应用，存在下面两种可能性：

第一，延时不敏感但是对数据一致性非常敏感，这类应用只能按照同城双活方式部署。其他应用调用该类应用的时候会存在跨地区调用可能性，要能容忍延时，这类应用我们称为 MZone 应用。

第二，对数据调用延时敏感但是可以容忍数据短时间不一致，这类应用和数据可以保持一个机房一份全量数据，机房之间以增量的方式实时同步，这类应用我们称为 QZone。

加上两种以上非单元化应用，我们的机房部署可能是下面这样的，每个机房有两个 RZone，MZone 保持类似两地三中心部署方式，异地机房调用 MZone 服务时需要跨地区、跨机房。而 QZone 每个机房都保持一份完整数据，机房之间通过数据链路实时相互同步。异地多活架构如图 12-13 所示。

异地多活方案的优点：容灾能力大幅度提高，服务异地多活，数据异地多活。理论上系统服务可以水平扩展，异地多机房大幅度提升了整体容量，理论上不会有性能担忧。将用户流量切分到多个机房和地区去，能有效减少机房和地区级别的故障影响范围。

异地多活方案的缺点：架构非常复杂，部署和运维成本很高，需要对公司依赖的中间件、储存做多方面能力改造。对业务系统有一定的侵入性，由于单元化影响服务调用或者写入数据要路由到对应的单元，因此业务系统需要设置路由标识。无法完全避免跨单元、跨地区调用服务，例如转账业务，我们要做的是尽量避免跨地区的服务调用。

我们需要根据自身支付业务体量和资金能力来选择多活方案，没有最好的方案，只有最适合自身的方案。

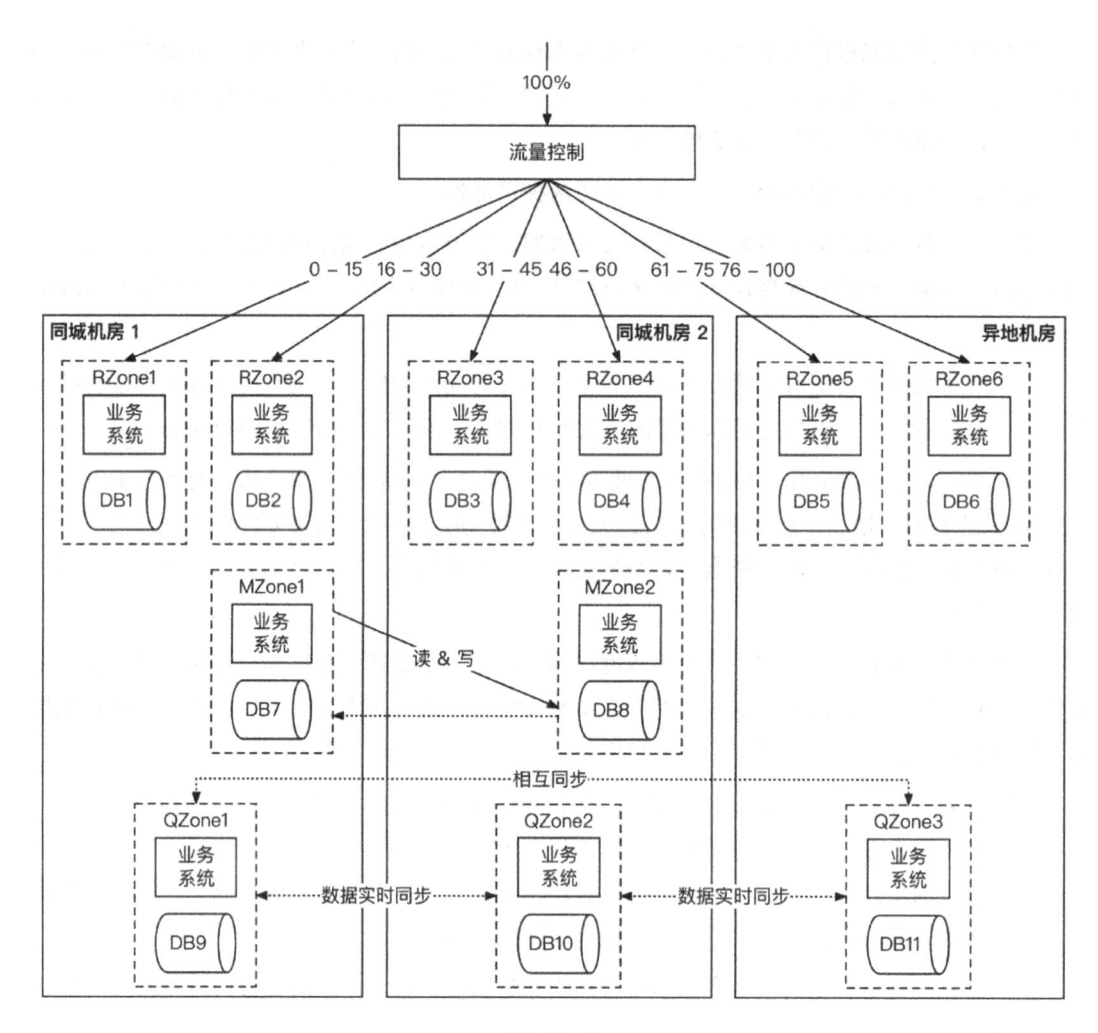

图 12-13

反侵权盗版声明

电子工业出版社依法对本作品享有专有出版权。任何未经权利人书面许可，复制、销售或通过信息网络传播本作品的行为；歪曲、篡改、剽窃本作品的行为，均违反《中华人民共和国著作权法》，其行为人应承担相应的民事责任和行政责任，构成犯罪的，将被依法追究刑事责任。

为了维护市场秩序，保护权利人的合法权益，我社将依法查处和打击侵权盗版的单位和个人。欢迎社会各界人士积极举报侵权盗版行为，本社将奖励举报有功人员，并保证举报人的信息不被泄露。

举报电话：（010）88254396；（010）88258888

传　　真：（010）88254397

E-mail：dbqq@phei.com.cn

通信地址：北京市万寿路173信箱　电子工业出版社总编办公室

邮　　编：100036